中国人民大学“十三五”规划教材

英汉笔译教程

主编　朱　源　李慧明　庞建荣
编者　朱　源　李慧明　庞建荣　牛云平　张　乐

中国人民大学出版社
·北京·

前 言

Preface

本书为中国人民大学“十三五”规划教材，旨在服务英语本科专业笔译必修课的教学与实践，同时也希冀有助于广大笔译爱好者研习笔译。本教材编撰团队长期从事英语本科专业一线笔译教学与研究，积累了丰富的教学经验和笔译练习资料。编者们同时也是译者，均有大量的译著出版，具有丰富的翻译实践经验，其中还包括跨界于企业与学术之间的资深经理人，将业界笔译实务直接融入教材之中。

本教材的翻译讲解与翻译练习以人文社科领域为主，覆盖翻译语言服务所涉及的主要文本类型及相关专题，包括翻译学、英汉语对比、词语英译汉、句子英译汉、段落英译汉、政论英译汉、新闻英译汉、文学英译汉、商务英译汉、法律英译汉、旅游英译汉、科技英译汉等诸多方面。绪论部分从不同维度对翻译学进行了概述，包括中西翻译史、翻译定义、翻译方法、翻译类型、中西翻译思想与理论、译者素养、翻译学科、翻译服务与职业标准等。第 2 单元突出对比英汉语言差异，举例说明英译汉的类型和方法。第 3、4、5 单元以语言的不同层面为单位，分别阐述并举例说明翻译的方法。其他各单元以最常见的翻译文本类型和内容为专题，阐述特征、展示译例、分析译例、提出翻译方法、提供翻译练习。全书每一单元均配有充足的翻译练习，并附参考译文。各个单元循序渐进，先翻译基础，后人文社科，最后科技。各单元之间既互相关联又相对独立，可按照教学的实际需求灵活使用。本教材的翻译资料尽可能做到丰富、恰当、新鲜；讲解阐述力求准确、明了、到位。

除了译例的选择与分析和翻译练习的设计，本教材还试图通过所提供的有关翻译的方方面面的信息，让教材使用者对翻译语言服务行业及翻译学科有一个整体的了解。本教材基本保持了以下编写体例，即概述—翻译类型—译例分析—翻译实例—翻译练习，但具体编写操作体现出编者的个人语言与设计风格，从中也可窥见各自在实际授课中的风采。

本教材各单元编撰的具体分工如下：

朱源：第 1、7、12 单元，审校、统稿全书

李慧明：第 5、6、8 单元

庞建荣：第 2、3、4 单元

牛云平：第 11 单元

张乐：第 9、10 单元

教材编写始于新冠疫情暴发，完成于疫情结束。在此期间，我们得到各个方面的大力支持，谨在此表示衷心感谢：感谢人大教务处教材委员会、外院教材建设委员会、外院教务科相关老师，中国人民大学出版社编辑程子殊和业界的张乐经理。还要感谢人大外院博士生徐坤同学为本教材收集整理资料。本书配有电子版。

本书为集思广益的结晶，致力于提供一部既方便实用又内容丰富的教材，但纰漏与不足在所难免，不妥之处希望老师和同学们提出宝贵意见。

主　编

2024 年 3 月 1 日

目 录

Contents

第1单元

绪　论

翻译服务于不同语言与文化间交流与传播的需要。中国古代典籍早就有关于翻译活动的记载："有越裳国以三象胥重译而献白雉。"（《礼记》）最早的笔译记载是越语译成楚语的《越人歌》（西汉《说苑·善说》）。西方最早的笔译记载是古罗马人安德罗尼柯（Andronicus）于公元前250年用拉丁语翻译古希腊语荷马史诗《奥德赛》。翻译活动在汉代被称为"译"，在东晋被称为"翻"，"翻译"连在一起使用始于南北朝时期。"翻译"作为现代汉语词汇具有多种含义：1）翻译行为与活动；2）译者；3）翻译文本。翻译活动按照文本类别可分为：宗教翻译、文学翻译、实用翻译。中西翻译史按照不同时期的翻译特征可有以下分期。王克非的中国翻译史划分如下：1）古代—汉唐佛经翻译；2）中近代—明清科技翻译；3）近代西学翻译；4）现代全方位翻译。谭载喜的西方翻译史划分如下：1）起于公元前3世纪的肇始期（罗马翻译希腊典籍）；2）罗马帝国后期至中世纪期（《圣经》翻译）；3）中世纪期（阿拉伯语译成拉丁语，包括大量希腊典籍转译）；4）文艺复兴期（全面翻译，促进欧洲各民族语言的形成）；5）近代期（17世纪—20世纪前期；古典+近当代作品翻译）；6）现当代期（第二次世界大战后至今；翻译进展巨大，包括机器翻译）。翻译涉及语言、社会、文化的方方面面，以下分节概述。

1.1　翻译定义

翻译的内容包罗万象，翻译的目的和要求多种多样，因此其定义也呈现出共性中的多样性。

语言学派定义：

"翻译是把一种语言文字的意义用另一种语言文字表达出来。"（《辞海》）

"翻译是用一种语言把另一种语言在内容与形式不可分割的统一中业已表达出来了的东西准确而完整地表达出来。"（费道罗夫 Fedolov）

"翻译的定义如下：翻译是用一种等值的语言（译语）的文本材料去替换另一种语言（原语）的文本材料。"（卡特福德 Catford）

“所谓翻译，是指从语义到文本在译语中用最切近而又最自然的对等语再现原语的信息。”（奈达 Nida）

文化与符号学派定义：

“翻译并非在两种语言的真空中进行，而是在两种文学传统的语境下进行的。译者作用于特定时间的特定文化之中。他们对自己和自己文化的理解，是影响他们翻译方法的诸多因素之一。”（勒弗维尔 Lefevere）

“翻译是以符号转换为手段、意义再生为任务的一项跨文化的交际活动。”（许均）

可见，语言学派的定义强调翻译过程中不同语言间形式的转换，保留语义的重要性，以及翻译结果在形式和内容上的等值和等效性。而文化与符号学派的定义认识到翻译过程和内容的复杂性，扩大了翻译的概念和范围，揭示了翻译的本质属性。翻译除了起到跨文化和语言的互相理解和交流作用外，还包括传播和保存人类文明、激发人类想象、促进人类创新等诸多作用。翻译的基本类型还可以包括语内翻译（intralingual translation）、语际翻译（interlingual translation）、符际翻译（intersemiotic translation）（雅各布森 Jacobson）。广义的翻译甚至可以包括人类理解和阐释这一最基本的精神现象（伽达默尔 Gadamer）。

1.2 翻译方法

翻译方法可以从宏观和微观两个层面加以分类。宏观层面涉及翻译的策略和方向问题。中国古代译论早就提出“文”“质”“厥中”等翻译标准和方法。西方传统译论提出直译（metaphrase）、释译（paraphrase）、拟作（imitation）等方法（John Dryden 德莱顿）。当代译论提出“归化”“异化”“通俗翻译”“深度翻译”等总体策略。

微观层面关注翻译实践中的具体技巧，如增减、倒装、词性转换、长短句转换、专有名词处理等。王宏印（方梦之，2011）将其概括为翻译技巧十种：1）斟酌词义。2）增补省译。此两条基本保持原句的结构。第一条主要包括词义的选择和引申、褒贬和搭配；第二条涉及词性的运用、信息量的控制以及对于修辞和语法的转换处理。3）灵活转换。4）调整词序。此两条是对原句结构的转换，目的是使译文顺畅。转换内容包括词类、语气、语态、句子结构、语序中的定语和状语的位置等。5）断句接气。6）正反分合。此两条指打破原文句子结构的束缚，在译句中进行逻辑调整，保证译文的连贯性和自然性。7）重心平稳。8）虚实奇正。此两条侧重翻译难点，在透彻理解原文意图和特色的前提下，灵活调整运用结构、修辞等手段，使译文信息准确、气韵通畅、主题明晰。9）略赋文采。10）综合权衡。此两条提出翻译的最高要求，即译文语言表达形式的艺术与美学效果，以及译文整体所表现的调配和转换的恰适程度。

黄忠廉等（2009）提出可具操作性的七种全译技巧：对译、增译、减译、转译、换译、分译、合译。原语语言与译语语言间的差异造成了翻译转换中的最大困难，但同时两对语言之间在语言的各个层面也存在共性。欧洲语言间的共性较大，因此彼此间的直译甚或机器自动翻译的可行性就很大。英汉语言文化间的差异很大，直译、对译以及机器自动翻译的可能性较小。其他六种翻译技巧对于英汉语对具有普遍适用性。除了文学等人文文本翻译对于风格形式的额外美学要求外，一般翻译文本的核心是语义，译文语义的清晰度和形式的可读性是衡量译文的标准。在实际翻译实践中，各种方法和技巧都需要在语言的不同层面以及逻辑思维方面灵活、综合运用，以达到译文语义清晰准确、文体恰当的目的。为了说明问题，每种技巧可概括如下：

1.2.1　增减译法

1）语法性增减：英汉语间语法范畴与项目的差异造成汉译时需要增加或减少语言成分。比如，英语名词有单复数，动词有时态和语态，汉语则无此类语法范畴，因此在汉译中需要增加词语来确切表达；同时，在保证语义准确的前提下，也可以在翻译过程中删减原语文本中的语法项目，以保证译文的顺畅。

2）逻辑形式增减：英汉语通过不同语言层级所表示的逻辑形式多有差异，因此也需要增加或减少语言成分或调整结构，以保证译文的可读性。这些逻辑形式表达方式的差异包括词语的内涵与形式，特别是关联词的逻辑内涵，以及句子成分的次序等。

3）修辞性增减：英汉语在修辞手段上的差异需要译文做出相应的增减。比如，英语一般避免词语重复，而汉语则习惯于重复名词以及需要强调的词语，以确保语义明确、修辞匀称。英语在首次用名词后常用代词，汉译时则往往重复名词或省略代词。为了使译文语义明确、生动、自然，也需要相对于原文增减词语，但前提是不歪曲原文的意思，只能增强原文的意思。

1.2.2　转译法：移位、转化、引申

移位：译语直接更换原语成分的位置。

1）定语前移：英语的后置定语包括分词短语、不定式短语、介词短语、形容词短语、定语从句。这些定语成分在汉语中一般前置，通常表现为“的字结构”，但如果原语中定语较长且复杂，汉译时一般采取先断句，再连接补充定语成分的办法。

2）主从句换位：英语主从句的顺序相对灵活，汉语的主从句顺序一般遵循动作发生的实际顺序和逻辑因果次序。如原语主从句顺序与译语表达习惯相悖，则遵循译语主从句的排列顺序。

3）否定表达转换：汉语的否定对象一般置于否定词之后，英语则常常置于谓语、主语、宾语之前，而且所否定的对象不一定就是这些成分，需要特别理清其在意义和逻辑上

的否定对象。主要否定转换形式包括：从主语转向谓语、从谓语转向状语、从谓语转向补语、从宾语转向谓语、从主句转向从句。

4）句子重心位移：英语句子结构一般为重心前置，汉语则重心后置，因此汉译时常将原文句首的重心后置。

5）状语移位：英语副词可放在动词前或动词后，汉译时一般置于动词之前。英语的时间地点状语顺序一般是越小的单位越在前，汉语正好相反。

转化：在不改变意思的前提下，此为移位的进一步、更复杂变化，可体现在词性、短语、单句和复句等诸多方面。

1）搭配关系与修饰语转化：由于英汉语思维方式的不同，其语言表达的角度、重点都会有所不同，在转换过程中需要灵活处理词语、句子的位置和关系，同时还需要适当增加语言成分，以突显原义并增强译文的可读性。

2）句子成分转化：英汉语的语法范畴与句法结构差异大。英语句子成分相对稳定、固定，而汉语句子成分则十分灵活。因此，为了保证原义准确、译文流畅，翻译时需要灵活重组句子成分，如：主语转谓语、宾语、定语、状语等；谓语转主语、宾语、定语、状语等；宾语转其他成分、定语转其他成分、状语转其他成分等。

引申：词语的外延与内涵错综复杂，英汉语间词语的对应关系更是如此，因此需要追根溯源、紧扣语境，为译文找准词语。

1）专业术语引申：各个行业领域都有术语，英语术语主要由普通词汇构成，但其词义又有严格的界定及表现形式，其汉译需要按照语境确定准确的汉语术语。

2）具体化引申与抽象化引申：原语词语常有原义与引申义之别。涉及译语，其中的原义与引申义相对于原语呈现出复杂的关系，往往不能对应。因此，需要依照语境来确定英语词语的汉译，需要将原语中的抽象或笼统的词语表达在译语中转为具体的词语表达，反之亦然，这样才能使译文清晰自然。

1.2.3 分合译法

1）分译：将复杂的原文句子与短语进行拆分是翻译的常用手段。拆分时需要注意原文句子与短语的主要信息点、句子与短语各个部分的逻辑关系、文体特点。然后，需要按照译语的表达习惯，用译语重新组合句子。显然，在准确理解原义的前提下，译语的写作能力至关重要。如果原文文体特征突出，译文则需要特别关注其语言形式的再现，在原语与译语之间为译文创造出一种平衡。

2）合译：运用汉语及汉字简练紧凑的特点，将英语原文的松散、拖沓部分压缩、贯通，以取得译文紧凑、连贯、清晰的效果。合译的单位包括对于单句中的各个相关成分的压缩、选裁和重组，对于复句中分句的缩合，对于句群中紧密相关的单句或复句的压缩组合。

译者在实践中往往是灵活、综合运用以上诸多方法来完成翻译任务，以保证译文准确、清晰、流畅、自然。

1.3　翻译类型

按照不同的翻译目的、赞助人的要求、读者的需要，除了全译外，还有各种类型的选译。黄忠廉等（2009）总结分类出12种变译方法：摘译、编译、缩译、综述（译）、译述、述评、译评、译写、改译、阐译、参译、仿作，等等。以下选最常见的翻译类型加以说明。

1.3.1　摘译

摘译也称节译，是依照不同的目的对原文进行选译，一般以内容较为完整的句群与段落为基本单位，以保证译文的相对独立性和完整性。摘译的理据主要包括原文内容的价值、预期读者的需求，以及翻译的特定目的性。摘译的益处在于其高效性，省时省力，既可以满足特定内容翻译的需要，也可以为全译开先锋、做准备。

1.3.2　编译

顾名思义，编译就是编辑后再翻译。编辑的过程包括依照翻译目的对原文内容进行选择、概述精华、重新组合、连缀句子和段落等诸多环节，尽量保存原文的意蕴和风格。但由于政治、社会、文化、传播等原因，不可避免要对原文进行删节，或适当增添内容。具体的编译技巧包括摘取、合并、增添、调序、篇内编译（限于一篇文章的编译）、篇外编译（选用多篇论题相关的文章进行编译）、书内编译（限于一本书的编译）、书际编译（选用多本论题相关的书进行编译）等。编译的翻译类型常用于新闻翻译，如《参考消息》、各种报刊媒体的国际新闻栏，也包括各行各业信息情报汇总、最新学术专业动态译介等。

1.3.3　缩译

缩译指对原文内容进行压缩性翻译。压缩的程度与篇幅取决于赞助人或特定用途的具体要求，可以是将上万字的论文或文章压缩成几百字的摘要，也可以是将几十万字的书籍压缩成一千字以内的概要。首先要做好概要。仔细阅读原文，透彻理解，抓住要点、主要情节或主要人物，用简练的语言，按照规定的字数，写出包括原文主要内容的概要。可用于外文作品缩写、向出版社提交外文书籍出版计划、向赞助人提供外文书籍或文章信息等。

1.3.4　综述（译）

综述（译）为综合相同或相关领域论题中最有价值的内容，对其进行翻译。首先是要选好原文文献，保证文献内容的质量和权威性。文献的来源与数量需要丰富、具有代表性，一般不少于五种，也不适于太庞杂。在概述不同文献的基础上，通过参照、比较、联系、提炼、抽象彼此的关系和内容，最终形成完整的综述原文，然后再完成翻译。显然，这就涉及广义的翻译，即理解—提取—概述—转换。对于原文的透彻理解和把握是任何翻译的关键，其中包括知识面、阅历、专业程度、认知能力、思辨能力、双语语言表达能力等。这实际上也是一种最为复杂的编译。如有关外国文化百科词条的撰写本质上就是一种综述翻译，其中要广泛了解和发掘该词条在原语中的历史，同时也需要联系其在译语中的情况。

1.4 中西翻译思想与理论

1.4.1 中国传统译论

中国传统译论源远流长，有关翻译标准的论述最早可追溯到东汉末年支谦（约公元3世纪）的《法句经序》，而支谦的标准取自先秦典籍文论的标准。严复（1854—1921）的“信达雅”是对我国传统译论中翻译标准的集大成，明确规定了译文效果需要达到的要求。“信”要求译文内容忠实于原文，“达”要求译语通畅达旨，“雅”要求译文语体有文采与风格。为达到这一标准，严复采取了不同的翻译方法，如：“译文取明深义，故词句之间，时有所颠倒附益，不斤斤于字比句次，而意义则不倍本文。”（意译）。由于中西句法的巨大差异，译者必须“全文神理，融会于心”，然后才能“下笔抒词，自善互备”。对于原文语言复杂、原理深奥之处，“则当前后引衬，以显其意。”（拟作）这一切皆为“达旨”，最终靠近“信”的标准。翻译标准的中心是“信”，“达”和“雅”皆为此服务。

1.4.2 中国现当代译论

罗新璋（1936—2022）归纳概括了中国传统译论中翻译标准的主要发展阶段：案本—求信—神似—化境。中国现代翻译标准，特别是文学翻译标准，继承和发展了中国传统文论与画论对于表达形式的要求。其中以神似与化境最具代表性。

翻译的“神似说”由傅雷（1908—1966）继承古代文论与画论并发扬光大。他在《〈高老头〉重译本序》中指出：“以效果而论，翻译应当像临画一样，所求的不在形似而在神似。以实际工作而论，翻译比临画更难。临画与原画，素材相同（颜色、画布，或纸或绢），法则相同（色彩学、解剖学、透视学）。译本与原作，文字既不侔，规则又大异。各种文字各有特点，各有无可模仿的优点，各有无法补救的缺陷，同时又各有不能侵犯的戒律。像英、法，英、德那样接近的语言，尚且有许多难以互译的地方；中西文字的扞格远过于此，要求传神达意，铢两悉称，自非死抓词典，按照原文句法拼凑堆砌所能济事。”他在给罗新璋的信中还重申：“愚对译事看法实甚简单：重神似不重形似。”翻译中的“形”与“神”实际上是一对辩证统一的关系，“神形兼备”则是最理想的结果。

“化境说”由钱锺书（1910—1998）提出，作为“文学翻译的最高理想”。它在保证翻译的忠实性的前提下，指出了译文的“超神入化”与其他翻译要素的关系。钱锺书在《林纾的翻译》一文中阐释了翻译中"化"的内涵与高度："'译''诱''媒''讹''化'这些一脉通连、彼此呼应的意义，……把翻译能起的作用（'诱'）、难以避免的毛病（'讹'）、所向往的最高境界（'化'），仿佛一一透示出来了。文学翻译的最高理想可以说是'化'。把作品从一国文字转变成另一国文字，既能不因语文习惯的差异而露出生硬牵强的痕迹，又能完全保存原作的风味，那就算得入于'化境'。……译本对原文应该忠实得以至于读起来不像译本，因为作品在原文里绝不会读起来像翻译出的东西。……'媒'和'诱'当然说明了翻译在文化交流里所起的作用。它是个居间者或联络员，介绍大家去认识外国作品，引诱大家去爱好外国作品，……彻底和全部的'化'是不可实现的理想，某些方面、某种程度的'讹'又是不能避免的毛病，于是'媒'或'诱'产生了新的意义。"

许渊冲（1921—2021）提出了"优势竞赛论"的文学翻译标准原则，指出翻译在"两种语言文化的竞赛"中，要"发挥译文优势，或者说再创作"。其核心内容包括"九论"：1）优化论：两种语言文字各有优劣，翻译中要发挥译语优势。2）三势论：原语与译语之间各有均势、优势、劣势，翻译中"应该尽可能发挥译语的优势，改变劣势，争取均势"。3）三似论：指译文与原文在形似、意似、神似三个方面的"对等"。4）三美论：力求传达原文的意美、音美、形美，需要"传情达意"。5）三化论：用"等化、浅化、深化"的方法，传达原文的"三美"。6）创译论：即"最高级的深化"翻译法。7）三之论："知之"，使读者理解译文；"好之"，使读者喜欢译文；"乐之"，使读者得到极大愉悦。8）竞赛论：指译文间竞赛，优胜劣汰；译文与原文竞赛，发挥译语优势。9）艺术论：肯定文学翻译的艺术性，强调其为"美化之艺术"。这套翻译标准与原则强调了发挥译语优势、译者主体性，指向"文学翻译的最高目标是（使译作）成为翻译文学"。

中国当下对于翻译标准的探讨更趋多元化，不胜枚举。许均等（2009）针对翻译标准与原则的认识提出四条建议，即合理性、互补性、历史性、发展性。翻译标准既不是绝对的，也不是一成不变的。其合理性取决于翻译的价值观和目的性，其互补性受翻译类别和多元性需求的影响，其历史性来自当时的社会文化对于翻译的要求，其发展性是由翻译标准不断变化、不断丰富、不断完善的本质所决定的。

1.4.3 西方传统译论

西方传统译论侧重于以翻译方法来探讨、制定翻译标准。古罗马演说家西塞罗（Marcus Tullius Cicero，106 BCE—43 BCE）早在《论演说家》（*De oratore*，55 BCE）和《论最优秀的演说家》（*De optimo genere oratorum*，46 BCE）中就提出翻译的"拟作"（imitation）之法。犹达欧斯（Philo Judaeus，c. 15 BCE—c. 50 CE）在《摩西生平》（*De vita Mosis*，20 BCE）中提出了"直译"（metaphrase）和"意译"（paraphrase）翻译法。之后在欧洲文艺复兴时期，这些方法与原则被重新发现，不断加强，一直到17世纪由英国诗人、文学批评家、翻译家德莱顿（John Dryden，1631—1700）将其集大成，归纳为：直译（metaphrase）—意译（paraphrase）—拟作（imitation）。德莱顿以大量的古拉丁语诗歌英译经验为基础，综合、完善了西方自古以来的翻译方法，奠定了英语世界探讨翻译问题的标准与纲要。他以“三元组合”（triad）形式明确提出了以上“翻译方法三原则”，并逐项进行了阐释。“直译”指“词对词”“行对行”地将原作者的语言转换成另一种语言，本·琼生（Ben Jonson）翻译贺拉斯的《诗艺》就用了此法。“意译”指以一定的“宽限度”翻译，不拘泥于原作者的用词，但不悖其意，也不能“变更”其意，只能“增强”其意，沃勒（Waller）翻译维吉尔的《埃涅伊德》用此法。“拟作”已不是完全的翻译，此法不但可以变更而且可以舍弃原作的“词”与“意”，只取其大意，然后可以任意“铺陈”开去，考利（Cowley）译品达和贺拉斯的“颂诗”即为此法。事实上，不同的方法适用于不同的作家与作品。德莱顿指出，像对品达这样“放荡不羁”的诗人只能用“拟作”；对语言更规范的诗人如维吉尔和奥维德可用“意译”。“拟作”是由于原作语言的难度与不可译性，但要求“拟作”者要有原作者同样的才气才能达到类似的效果。德莱顿认为文学经典翻译家的任务是传达“美”和“崇高”，因此原文中缺乏此特性的部分可以省略不译，但真正的翻译不会丢失原文的“思想”，作者的“意思”神圣不可侵犯。

18 世纪的英国翻译理论家泰特勒（Alexander Fraser Tytler，1749—1814）在其专著《论翻译的原则》中提出了“翻译三原则”。他认为出色的翻译应该是，原文所具有的特点全部被转入另一种语言，以至于能被接受语读者清晰地理解并强烈地感受到，就如同原文作品的读者所理解和感受到的一样。其具体原则如下：1）译文应该完全转写出原作的思想；2）译文写作风格和方式应该与原文的写作风格和方式属于同一性质；3）译文应该具有原文所具有的所有流畅性和自然性。

1.4.4 西方现当代译论

进入 20 世纪中期以来，随着翻译活动的大量增加、翻译学科的日益发展，翻译理论空前繁荣，其中翻译标准一直是中心议题之一。

语言学翻译等效论（Linguistic equivalence translation theories）：包括尤金·奈达（Eugene A. Nida，1914—2011）的“等效论”（equivalence theory）、约翰·卡特福德（John Catford，1917—2009）的“转换论”（shift theory）、彼得·纽马克（Peter Newmark，1916—2011）的“语义与交际翻译论”（semantic and communicative translation theory）等。

“等效论”包括形式对等、动态对等、功能对等，强调译文读者接受信息的效果。“转换论”探究原语与译语材料之间的等值替换问题，提出翻译中的转移机制，包括结构转移（structure-shift）、类型转移（class-shift）、单位转移（unit-shift）和系统内转移（intra-system shift），翻译的单位越大，译文会越流畅自然。“语义与交际翻译论”包括认知意义（cognitive meaning）、交际意义（communicative meaning）和联想意义（associative meaning）。选择翻译哪种意义取决于翻译的目的。按照语言功能，翻译涉及三种类型的文本：表情型文本（expressive text）、信息型文本（informative text）和感染型文本（vocative text）。要取得交际的成功，翻译需要注重文本的功能。翻译活动包括语义翻译（semantic translation)、交际翻译(communicative translation)。前者注重转达原文的语言特征和语体风格,如文学文本;后者强调读者对于译文的阅读效度,如应用类文本。

翻译功能目的论(Functional and skopos translation theories):汉斯·弗米尔(Hans J. Vermeer,1930—2010)将"目的"(skopos)引入翻译理论,强调译文的功能,即翻译必须符合预定的目的。基本准则包括:1)译文由其目的决定;2)译文在目的语及其文化中传递信息,该信息与原文在源语文化中传递的信息相关;3)译文传递的信息,不一定能够清晰地译回原文;4)译文必须内在连贯;5)译文必须与原文连贯;6)上述五条准则按等级排列,目的准则最为重要。评价译文的标准不再是意义的对等,而是是否符合委托书中规定的译文的预期功能。

翻译多元系统论(Systems translation theories):其中包括埃文-佐哈尔(Itamar Even-Zohar,1939—)的"多元系统论"(Polysystem theory)、图里(Gideon Toury,1942—2016)的"描述性翻译研究"(Descriptive translation studies)、切斯特曼(Andrew Chesterman,1946—)的"翻译规范"(Translation norms)等。此套翻译理论视文学翻译为一个系统,隶属于目标文化内社会、文学及历史的大系统。该理论发展了描述性翻译研究,强化了对于翻译规范和法则的探讨。

话语分析翻译研究方法(Discourse and register analysis approaches of translation studies):基于应用语言学的话语分析模式,即韩礼德的系统功能语法,探讨语言如何传达意义及社会与权力的关系。在此模式中,语言选择、沟通方式的目的和社会文化框架之间有紧密的联系,社会文化环境是篇章发生作用的最高层次,往下依次是通过话语、体裁、语域、话语语义、词汇语法等不同层面起到交际作用。朱莉安·豪斯(Juliane House)运用语域分析方法建立了翻译质量评估模式。莫娜·贝克(Mona Baker)从词语、语法、主位结构、衔接和语用等层面审视了翻译中的对等。巴塞尔·哈蒂姆(Basil Hatim)和伊恩·梅森(Ian Mason)强调翻译如何在话语层面实现概念功能和人际功能。

翻译文化转向论(Cultural turns of translation studies):苏珊·巴斯奈特(Susan Bassnett,1945—)和安德烈·勒弗维尔(André Lefevere,1945—1996)将翻译研究超越到语言之外,关注翻译与文化间的相互作用,研究文化如何影响和制约翻译的方式,将翻译视为文化与政治活动的转向,探讨随着时间而变化的翻译标准,受意识形态影响的翻译赞助人的影响,翻译即重写或改编,性别与翻译问题,以及翻译与殖民的问题等。勒菲弗尔系统地考察了影响人们接受、认可或抵制某些文学文本的要素,如权力、意识形态、机构、操纵等。他认为翻译文学的接受度取决于受主流诗学影响的文学系统内部的专业人士和受意识形态影响的文学系统外部的赞助人的权力。谢丽·西蒙(Sherry Simon)探讨了翻译学术语中性别歧视、女性与翻译的地位、女性对翻译的贡献等问题。在翻译与殖民的关系方面,影响翻译研究的主要是后殖民主义理论,如斯皮瓦克(Gayatri C. Spivak)对于"第三世界"文学的英译,其英译中出现了对原文的歪曲,以及对其中意识形态的影响的论述,翻译在殖民过程中以及在传播殖民者意识形态所塑造的被殖民者形象方面所起的能动作用等。再如霍米·巴巴（Homi Bhabha）有关中间性、第三空间、杂合和文化差异的概念。他认为后殖民时代，翻译具有颠覆殖民势力话语的特性。

翻译的哲学论（Philosophical approaches to translation）：该翻译研究方法可追溯到以伽达默尔（Hans-Georg Gadamer，1900—2002）为代表的德国哲学阐释学，侧重探究翻译的本质，即“翻译—理解—阐释—翻译”模式，所有的理解都是翻译，翻译也是理解与阐释。其中影响最大的是斯坦纳（George Steiner，1929—2020）在其专著《通天塔之后》（1975）中所论述的“阐释运动”（hermeneutic motion）的“翻译 4 步骤”：1）信赖（trust）；2）侵入（aggression）；3）吸收（incorporation）；4）补偿（restitution）。

翻译活动和翻译研究方兴未艾、与时俱进，无论是在实践中还是在研究中都不断推陈出新。最新的发展动态主要体现在与计算机技术及人工智能的结合上，如：计算机辅助翻译（CAT）、机器翻译、实证性的翻译过程研究（TPR），也包括与社科理论相结合的翻译研究范式，如认知翻译学（Cognitive Translation Studies）、生态翻译学（Eco-Translatology）、社会翻译学（Socio-Translation Studies），等等。

1.5 译者素养

英国 17 世纪翻译家德莱顿以自己的翻译经验提出了理想的文学译者应具备的素养：1）精通原语与译语；2）具备诗艺天赋；3）领会原作思绪与表达方式的变化；4）具有原作者的禀性；5）广博的知识面。他主张诗人译诗，认为这样才能达到最佳效果。英国 18 世纪翻译理论家泰特勒对“译才”进行了进一步的阐释：虽然译者不必有同原作者一样的辩才与哲学天赋，但他只有具备与原作者类似的天赋才能完全胜任翻译的职责。译者必须能洞察原作的全部精华、敏锐地注意到其推理的全过程，同时以极大的热情与精力充分领略其作品之美。译者“译诗必要有诗才”，同时还特别要具备所译诗体风格的“特别诗才”，才能做到翻译精湛。显然，泰特勒对译者素养的要求更现实，范围也更宽广。

我国近现代翻译家严复要求译者具备高超的语言文化素养和广博的知识面，同时熟悉相关学科知识。我们从严复译著中学科门类的跨越性、语言的难度、文化背景的复杂性可以看出，他本人正像梁启超所评价的那样，“于中学西学皆第一流人物”。严复的同代人语言学家马建忠对于译才的标准则更具体、更高。他首先也与严复一样感叹翻译之难、译才之缺乏，其中最突出的问题是：“通洋文者不达汉文，通汉文者又不达洋文”，因而“所译之书皆驳杂迂讹，为天下识者所鄙夷而讪笑也”。马建忠要求译者不但要兼通两国文字，还要通晓多种外文，包括欧洲语言文字之祖拉丁语与希腊语，同时还要熟悉文史哲、数理化等基本知识。梁启超则提出了更现实的标准：“然译者之所学与著书者之所学相去不远乃可以语于是。”

可见中英两国对于译才素养的要求基本相同。德莱顿与泰特勒对于文学译者是从美学的角度，从语言技能与风格到译者与原作者的性格禀赋是否吻合来高标准严要求的。严复与马建忠对于译才素养的要求则更广泛、全面。但是否译什么文类就必须是该文类的原创作家，或译哪个学科的著作就必须是那个学科的专家，这却不能一概而论。由于译者个人的人生阅历、精力、才智以及禀性的区别，现实中成功的译者的个人素养与背景也呈现出复杂性。中国古代佛经译者多为著名高僧，如支谦、鸠摩罗什、玄奘等。中国文学翻译家中则既有著名专业作家也有并无突出独创作品而同样取得辉煌翻译成就之人。前者如郭沫若、戴望舒、查良铮等，后者如朱生豪、傅雷、方平等。因此从现实来看，只能说译者应具备作家的素养和潜能，对原语原文心领神会，对译语译文驱驾自如，同时熟悉所译内容之学科。

1.6　翻译学科

对于翻译现象的反思和论述早在翻译活动开始不久后就已经出现。中国最早的译论可以追溯到东汉末年支谦的《法句经序》；早在公元前1世纪古罗马的西塞罗就已论及翻译问题。之后中西译论持续不断。翻译学科可以归结为对于翻译研究与翻译教学的系统性、体制化的创建。早在20世纪初，我国的翻译学者就已经有比较明确的翻译学科意识。蒋翼振于1927年编著的《翻译学通论》一般被认为是我国翻译学之滥觞，该书对翻译学做出界定，简述了作为学术的翻译学。吴曙天于1933年出版了我国第一部女性编著的翻译批评文集《翻译论》，收录了林语堂、郭沫若、陈西滢、曾虚白、胡适等人的译论，其中林语堂的《论翻译》提到“译学”，对翻译问题做了学理的剖析。1940年，黄嘉德编写的《译学论集》汇集了传统译家名论。董秋斯于1951年发表《论翻译的理论建设》，首次提出建立中国翻译学的主张，认为“翻译是一门科学”，强调翻译过程中有客观规律可遵循。1984年罗新璋编撰的《翻译论集》成为中国古代、现代、当代译论的集大成之选集。20世纪80年代以来，有更多的翻译学者就译学理论框架提出了自己的构想，拓展了翻译研究的维度，彰显了翻译研究的跨学科性。译学理论体系建设是译学学科建设的根基，为确保整个学科的健康发展奠定了基础。翻译界全国性的学术组织“中国翻译工作者协会”于1982年成立，2005年更名为“中国翻译协会”，其专业期刊《中国翻译》于1986年创刊。早在1984年就有少数高校设立了“翻译理论与实践”二级学科硕士专业。1987年在青岛召开的“全国翻译理论研讨会”是我国首次全国性的翻译理论与学科建设研讨会。与此相呼应，全国外语专业核心期刊《外语教学与研究》组织刊登了以“翻译学科是否是梦”为专题的学术大讨论论文。《中国翻译》杂志也曾开辟专栏，组织学者讨论翻译学的基本问题。

经过翻译界几代人在翻译理论与实践中的不断贡献，特别是21世纪以来翻译学者们的不懈努力，翻译学成体系的研究与教学建制开始在我国形成。“翻译学”专业的硕士、博士学位项目于2003年得以批准试点；本科层次的“翻译”专业（BTI）于2006年正式建立；硕士研究生层次的“翻译硕士专业学位”（MTI）于2007年建立；博士研究生层次的“翻译博士专业学位”（DTI）于2021年得到正式批准。至此，翻译教学与研究在我国高等教育体系中得到了完整、成系列的建制，为翻译人才培养和翻译学科的进一步发展奠定了坚实的基础。

西方现代翻译学科建立的标志性论文是美国-荷兰比较文学与翻译研究教授霍姆斯（James Holmes，1924—1986）1972年发表的《翻译学的名与实》（“The Name and Nature of Translation Studies”）。该文确定了翻译学的名称，界定了翻译学的研究内容，规划了翻译学的分支框架。之后欧洲志同道合的翻译学者发表了一系列具有代表性的翻译研究著作。比利时-美国比较文学与翻译研究教授勒弗维尔于1976年发表的《翻译学：学科目标》（“Translation Studies：The Goal of the Discipline”）进一步明确阐述了翻译学的目的和任务。英国比较文学与翻译教授巴斯奈特于1980年出版了《翻译学》（*Translation Studies*）。以色列比较文学与翻译教授图里于1995年出版了《描述翻译学及其展望》（*Descriptive Translation Studies and Beyond*）。这些开拓性翻译研究专论与专著奠定了现代西方翻译学学科的基础。与此同时，在英国、美国等西方多国，高校建立了更多的翻译专业，著名出版社出版了更多的翻译专业系列丛书，更多的翻译专业期刊得以创刊，更多的翻译学术研讨会在全球范围内召开。在翻译学领域，各国间的全球性学术交流与合作也频繁进行。

1.7 翻译服务与职业标准

随着经济全球化的不断发展，各国间的经贸和文化交流与日俱增，翻译已经成为必不可少的语言服务产业。中国、欧盟等对外交流频繁的国家和地区都制定了翻译服务行业规范与标准，以确保遵守翻译职业道德，使翻译行业公平、有序、健康地发展。

翻译职业道德是翻译公司与译员从事翻译服务必须遵守的准则和规范。为了提高翻译行业的法制化、规范化和市场化水平，中国翻译协会翻译服务委员会特制定了《翻译服务行业道德规范》（2005—10），主要包括以下内容：1）满足客户需求（质量、计量标准、态度、保密、满足等合理要求）。2）合作双赢（真诚公正合作）。3）行业自律、有序竞争、促进行业健康发展。4）保密。5）译文质量评定：其中《翻译服务译文质量要求》（GB/T 19682—2005）规定：（1）译文使用目的：正式文件或出版物、一般文件、参考资料、内容概要；（2）原文文体风格要求；（3）专业难度；翻译时限。6）翻译服务标准化（组织单位为中国译协翻译服务委员会，由国家标准化管理委员会颁布实施）：《翻译服务规范 第一部分 笔译》（GB/T 19363.1—2008）规定了笔译服务译文质量的基本要求、特殊要求、其他要求、译文质量评定和检测方法等。基本要求：忠实原文、术语统一、行文通顺。具体要求：数字表达、专用名词、计量单位、符号、缩写词、译文编排。根据翻译服务的特点，译文综合差错率一般不超过1.5‰（不足千字按千字计算）。万字以上（含万字）的批量译稿可采用抽检，抽检范围一般为10%～30%，万字以下的译稿可采用全部检查，或按双方约定。译文综合差错率计算公式如下：综合差错率＝KCA×【（CIDI＋CⅡDⅡ＋CⅢDⅢ＋CⅣDⅣ）/W】×100%。以上公式中每一个变量在《翻译服务规范》中都有界定和说明。

另外，中国外文局组织实施与管理“全国翻译专业资格（水平）考试”（China Accreditation Test for Translators and Interpreters）（CATTI），由中国国家人力资源和社会保障部和中国外文局联合颁发《中华人民共和国翻译专业资格（水平）证书》。该证书是聘任翻译专业技术职务的重要条件。级别由高到低分笔译一、二、三级；口译一、二、三级；另外还有最高级“资深翻译”，由专家评审的方式认定。

学术英译汉练习

1. The process of translation between two different written languages involves the changing of an original written text (the source text, or ST) in the original verbal language (the source language, or SL) into a written text (the target text, or TT) in a different verbal language (the target language, or TL). Thus, when translating a product manual from Chinese into English, the ST is Chinese and the TT is English.
2. Holmes describes Translation Studies as the discipline being concerned with "the complex of problems clustered round the phenomenon of translating and translations."
3. While the practice of translation is long established, the study of the field developed into an academic discipline only in the latter part of the twentieth century. Before that, translation had often been relegated to an element of language learning. In fact, from the late eighteenth century to the 1960s and beyond, language learning in secondary schools in many countries had come to be dominated by what was known as grammar-translation.
4. In Holmes's explanations of this framework of Translation Studies, the objectives of the "pure" areas of research are: (1) the description of the phenomena of translation; and (2) the establishment of general principles to explain and predict such phenomena (translation theory). The "applied" branch of Holmes's framework concerns applications to the practice of translation: translator training: teaching methods, testing techniques and curriculum design; translation aids: dictionaries, grammars and online resources and tools; translation criticism: the evaluation of translations, including the marking of student translations and the reviews of published translations.
5. Translation Studies is an academic research area that has expanded massively over the

years. Translation was formerly studied as a language-learning methodology or as part of comparative literature, translation "workshops" and contrastive linguistics courses. The discipline as we now know it owes much to the work of James S. Holmes, who proposed both a name and a structure for the field, but the context has now advanced. The interrelated branches of theoretical, descriptive and applied translation studies initially structured research. Over time, the interdisciplinarity and specialization of the subject have become more evident and theories and models have continued to be imported from other disciplines, but also forged from within translation studies itself.

第2单元

英汉语对比

我国著名语言学家吕叔湘曾经说过，“我相信，对于中国学生最有用的帮助是让他认识英语和汉语的差别。在每一个具体问题——词形、词义、语法范畴、句子结构上都尽可能用汉语的情况来跟英语做比较，让他通过这种比较得到更深刻的领会。”他还曾指出：“一句中国话，翻成英语怎么说；一句英语，中国话里如何表达，这又是一种比较。只有比较才能看出各种语文表现法的共同之点和特殊之点。”（吕叔湘，2014）由于英语和汉语分属不同的语系（英语属于印欧语系，汉语属于汉藏语系），它们各自在词汇、语法上有着不同的特点。

作为英语专业的学生，要想做好翻译，首先要对英语和汉语两种语言在词汇和句法层面进行比较，掌握它们的相同和不同之处，尤其要对它们的不同之处进行比较，才能更好地把握两种语言的特点，在翻译时对两种语言进行自由转换。如果不了解两种语言各自的特点，只是将一种语言逐字翻译为另一种语言，那样翻译出来的译文就会有很重的翻译腔，读起来生硬晦涩。比如，英语中常用连词 when 引导时间状语从句，于是我们很多学生在翻译中就会出现对“当……的时候”的滥用。比如：When the air moves，it is called wind. 当空气流动时，就产生风。地道的汉语完全可以只说“空气流动产生风”，或“空气流动就是风”。又如，印欧语系中有 so…that…（英语）；si…que…（法语）；so…，da…（德语）的结构，汉译时很容易造成“如此……以至于……”的对译形式的滥用。如：So fast does the electric current pass through conductors that it is difficult for us to imagine its speed. 电流通过导体如此之快，以至于我们很难想象它的速度。而这个结构，汉语通常用“得”字加上补语与之呼应，译为“电流通过导体快得让人难以想象”。当然也可以用别的形式来表达，如“电流通过导体之快（是）难以想象（的）”，等等。总之，我们不必总是将 so…that…逐字对译为“如此……以至于……”。当然，我们也不是说译为“如此……以致……”是错误的，而是不太符合汉语的表达习惯。英语和汉语的不同体现在词汇、句子、语篇等语言的各个层面。下面我们将分别从词汇层面和句子层面对两种语言进行比较。

2.1 词汇层面的比较

我们在词汇层面进行对比时，主要从英汉词汇的几个显著特点入手，包括词的搭配、具有文化含义的词（文化负载词），以及英语和汉语词汇的韵律美三个方面。

2.1.1 词的搭配

一般来说，英语词义比较灵活，词义范围较广，而且丰富多变，对上下文的依赖性较强。汉语词义比较严谨，词义范围较窄，比较精确固定，词义对上下文的依赖性比较弱。

英语词义灵活，突出地表现为一词多义。英语词义在很大程度上视所处的语境而定，这里的语境即一个词的搭配情况。所谓词的搭配（collocation），我们这里主要指两个或更多词语经常共同出现的词语组合（如动词搭配 put up with，形容词搭配 be fond of 等）。词的搭配不同，词的含义也就不同。而就整体而言，汉语同一个词的词义在不同的上下文中的差别就比较小，一词多义现象远不及英语。比如英语的 president 这个词，在不同的语境下，我们分别可以翻译为中文的"总统、总裁、主席、董事长、议长、会长、社长、校长"等；而动词 carry，则根据不同的搭配可以译为"搬、运、提、拎、挑、担、扛、抬、背、搂、抱、端、举、夹、捧"等。所以我们可以说，英语中"搭配决定意义"。

再看下面的例子：

take off glasses	摘下眼镜
take off overcoat	脱掉外衣
ride a horse	骑马
ride on a plane	乘飞机

在搭配方面，形容词修饰名词的搭配译为中文时更需要注意这样的一词多义现象，比如形容词 sharp、dull 和 intense，修饰不同的名词时，我们要考虑这些形容词中文译文的选择：

sharp knife	锋利的刀子
sharp mind	敏捷的思维
sharp eyesight	敏锐的（犀利的）眼光
sharp wind	刺骨的风
sharp turn	急转弯
sharp boy	聪明的男孩
sharp tongue	刻薄的嘴
sharp contrast	鲜明的对比
dull light	昏暗的光线
dull gray	暗灰色
dull boy	迟钝的孩子

dull sound	低沉的声音
dull pain	隐隐的疼痛
dull speech	乏味的演说
intense work	紧张的工作
intense stare	专注的凝视
intense study	认真的学习
intense hatred	深仇大恨
intense disgust	深恶痛绝
intense pain	剧烈的疼痛
intense desire	强烈的愿望
intense longing	热望
intense heat	酷热
intense sun	烈日
intense cold	严寒

以上这些形容词和名词的搭配译为汉语时，形容词的义项选择主要取决于它所修饰的中心词，即后面的名词，译成的汉语要符合汉语约定俗成的搭配，而不能机械照搬字典里这个形容词的某个单一释义。再如：形容词 pretty 的意义主要取决于其后面所修饰的名词：

a pretty garden	美丽的花园
a pretty piece of music	动听的音乐
a pretty example	恰当的例子
a pretty penny	一大笔钱

这种搭配的约定式不仅体现在"形容词＋名词"结构中形容词的一词多义上，还体现在名词的一词多义上。多义名词的义项一般由修饰它的定语作为判断依据。例如：

His father is a philosopher.
Spanish was the language of their fathers.
He is often seen as the father of British television comedy.

在以上三个句子中，三个不同的定语 his、their、television comedy 分别清楚地划定了 father 一词的三个不同义项，即"父亲"、"祖先"和"奠基人，……之父"。

我们再看 mind 这个词的汉语翻译：

the public mind　　公众意见
patriotic mind　　爱国心
high-aspiring mind　　崇高的志向
lose one's mind　　失去理智
make up one's mind　　下决心
be of the same mind　　意见一致
emancipate the mind　　解放思想

Reading is pleasure of the mind.
阅读是精神享受。/阅读是心灵的愉悦。
All inventors have a restless mind.
所有的发明家都思维活跃。
Reading is fun because it makes your mind work.
阅读之所以是种乐趣是因为读书使你思维活跃/开动脑筋。

总之，英语的词义较为灵活，译成汉语时必须考虑其搭配及使用语境，搭配不同，则意义不同。因此，在译成汉语时要适当进行变通处理，从而译为符合汉语表达习惯的、较为通顺的汉语，而不是不加考虑地照搬字典里的义项。

2.1.2 具有文化含义的词（文化负载词）

不同民族在各自的发展历程中形成了自己的文化传统和习俗，这些特征会自然地体现在语言当中。对同一个概念，不同的国家或地区的人们会用不同的事物来进行表达。比如，中国人认为"虎"是百兽之王，是"勇敢、威风、凶猛"等特点的象征，于是汉语中就有很多与虎有关的表达："狐假虎威""骑虎难下""山中无老虎，猴子称霸王""拦路虎""虎虎生威"等，而在英语里，一般是用 lion 指代汉语中的"虎"。在英语民族看来，"狮子"象征着"勇敢，威风"等，如 like a donkey in a lion's hide（狐假**虎**威）；a lion in the way（拦路**虎**）。

再比如，由于各民族历史传统、宗教信仰、民族心理、思维习惯等方面存在着差异，各种颜色词对于不同的民族而言，在视觉和心理上引发的联想和象征意义也不同，具有明显的文化烙印。汉语中红色经常表示"喜庆、热闹"，而在英语中 red 经常指人"生气，脾气暴躁"，汉语中绿色常表示"茂盛、环保"，但英语的 green 可以指"妒忌""幼稚"，如 He is green with jealousy（他醋意大发），a green hand（新手）；蓝色在汉语里可以使人联想到大海、蓝天，因而可以表示"辽阔、沉静"，而 blue 在英语里有"忧伤""高贵"等义，例如：You look blue today，what's wrong with you?（你今天看起来闷闷不乐，出了什么事?）blue-blooded aristocrats（名门贵族）。汉语里白色可以表示"洁净"，也可以使人联想到“死亡、葬礼”，因而中文有“红白喜事”，在英语中其实是指“weddings or funerals”。

除了动物名称以及颜色词在英语和汉语中有不同的联想意义之外，还有一些来源于神话传说、文学典故等的词语在翻译中也必须注意。

例如：It rains cats and dogs. 关于这个英语表达的来源有多种说法，其中之一是说来源于北欧神话，神话中猫、狗以及狼，都是暴风雨之神奥丁（Odin）的武器。不管来源究竟如何，我们在译成汉语时必须译为这个词语在英语中表达的意义，即“大雨滂沱”“大雨倾盆”，而不能照字面翻译。

例如：wear one's Sunday suit 是指许多西方人把星期天去教堂看作非常重要的社交场合，人们会穿戴整齐，打扮漂亮。因而这个短语也常常译为“打扮得漂漂亮亮”“穿得非常隆重”“穿上节日盛装”。

又比如，英语中的 the land flowing with milk and honey，来源于《圣经》。现在的巴勒斯坦地区被《圣经》称作“应许之地”，是一块“流着奶和蜜”的土地，意指“富饶的理想之地”。《圣经》中就直接译为“流淌着奶与蜜之地”。如果是在一般的语境中，我们可以将其翻译成汉语的“鱼米之乡”“富庶之地”。或者也可以译为“流着奶与蜜，非常富饶”。

看下面的句子：

How can such a disgusting yahoo really think he has charm and style?

句中的 Yahoo（雅虎）现在是一个人们非常熟悉的提供各种互联网服务的媒体公司，但如果直译显然会令人误解。Yahoo 这个词来源于斯威夫特（Jonathan Swift）的小说《格列佛游记》。在小说里，它代表一个在外表和行为举止上“有野兽习性、非常粗鲁、令人讨厌的家伙”。所以可以引申为“人面兽心之人”。这个句子可以译为：真搞不明白，像他这么个人面兽心的家伙还自以为风度翩翩。再如：

This is really a requisition from Semele，isn't it?

如果我们将其中的专有名词根据发音直译，“塞墨勒式的要求”，读者就会不知所云。这类表达我们要弄清其出处、起源。在希腊神话中，Semele 是众神之神宙斯的情人，宙斯的妻子赫拉因为嫉妒，唆使塞墨勒要求宙斯以神的面目出现。塞墨勒受到蛊惑提出了这一要求，宙斯请求她收回这个念头，但他越是请求，塞墨勒就越是坚持，最后宙斯只好悲哀地同意。但塞墨勒最终在见到宙斯真面目的那一刻，因为其肉眼凡胎无法承受伴随宙斯主神出现的雷火而被烧死。所以，这个句子可以译为：“这要求真是太过分了，不是吗?”

同样来源于希腊神话里的表达，如：to open the Pandora's box，我们可以按照其表达的意思译为“引发一系列问题”或“带来一系列麻烦”，同时因为这样的典故已经被很多中国读者所熟悉，在汉语中已经同化，所以在某种语境下也可以直译为“打开潘多拉之盒”。

Along with its medical benefits, the sequencing of the human genome has lifted the lid on a Pandora box of ethical and legal issues.

伴随医学上的种种收益，人类基因图的排序也已打开伦理和法学上的“潘多拉之盒”，引发了伦理和法律上的一系列问题。

另外，广告语也是最能体现文化意蕴的一种语言形式，其中的产品商标词大多具有特定的民族文化内涵。在同一文化环境里，由于商标词的设计者与消费者有着共同的文化预设（cultural presuppositions），消费者可以透过商标词的表层意义去领会寓于其中的深层文化意义，因而商标词对本国消费者能产生相当大的吸引力和诱惑力，起着广告促销的作用。而当我们要把这些有着丰富文化内涵的广告词译成其他语言时，生硬的音译或意译必将导致文化喻意的丧失。因此，在翻译过程中必须注意译名的本地化，即在译语中随时注意表现和丰富商标词译名内在的文化内涵。请看下列比较成功的商标词的翻译：

P & G (Proctor & Gamble)	宝洁
Coca-Cola	可口可乐
Rejoyce	飘柔
Safeguard	舒肤佳
Pentium	奔腾
Canon	佳能
Cleanin	洁灵(牙膏)
Goodyear	固特异（轮胎）
Goldlion	金利来
Colgate	高露洁
Reebok	锐步
Nike	耐克

这些商标词的翻译之所以说比较成功，是因为中译名不仅在发音上和原来的英文有比较好的契合度，而且更重要的是译名大都体现了产品的特性，如“可口”“佳”“洁”“固”“灵”“耐”等，这些词非常符合中国人的认知心理，能够在消费者心中引发好的文化联想。同样道理，当我们要把我们国内的产品出口到国外销售时，也要注意商标名词译名的当地化。比如，我们的“孔雀”牌彩电、“蝙蝠”牌电风扇，译成英文时就不宜直接用“peacock”和“bat”，因为 peacock 虽然在汉语里往往是“美丽”的代名词，但在英文里

则有“骄傲”之意（as proud as a peacock）；而 bat 在英语里则有“神秘”“死亡”“巫术”之意（run like a bat out of hell）。因此，在翻译时，要抓住英汉语言和文化的共核部分，不拘泥于原文，要顺从读者的文化习惯变洋为土或反之，在音译、意译、音义兼顾等翻译技巧中采用最佳译法。

总之，具有文化内涵词语的翻译必须引起高度重视。正如美国当代翻译理论家尤金·奈达所言，“对于真正成功的翻译而言，熟悉两种文化甚至比掌握两种语言更重要。因为词语只有在其作用的文化背景中才有意义。”

2.1.3 英语和汉语词汇的韵律美

无论是英语还是汉语，往往都会通过一些音韵手段来使词、句读起来更上口，有更好的表现力，比如英语中的头韵、腹韵、反复，汉语中的押韵、叠音、对仗等。

chop and change	变化无常
might and main	全力以赴
(w)rack and ruin	毁灭，荒废，破败
time and tide	岁月
hale and hearty	矍铄的，硬朗的
mud and mire	泥淖
weal and woe	祸福
fair and square	磊落
wear and tear	磨损
toil and moil	劳碌
near and dear	亲近
rough and tough	结实

与英语这种词组表达相似，汉语也有类似的多种构词方式：

AABB 型：

明明白白
高高兴兴
干干净净
风风雨雨
整整齐齐
破破烂烂
圈圈点点

比比划划

歪歪扭扭

另外，汉语中大量使用四字词组，常见这样的表达：

骄傲自大

生动活泼

繁荣昌盛

三令五申

奇形怪状

焦头烂额

阿谀奉承

兴师动众

以上四字词组往往是两个同义词（如“骄傲”和“自大”；“奇形”和“怪状”）的叠用，如果用英文表达，往往只需一个词（如 self-conceited；grotesque）。而汉语正是因为有大量四字词组的存在，所以读起来更加具有音韵美。因而，我们在英译汉时，可以考虑适当用四字词组，使译文更具表现力。下列英文单词我们可以分别译为四字词组：

wise	足智多谋
calm	泰然自若；沉着冷静
vague	模模糊糊；模棱两可
evasive	躲躲闪闪；闪烁其词
ignorant	愚昧无知
fair	公平合理

翻译词组或句子时我们也可以考虑使用四字词组，使译文读起来通顺上口。

To infinity and beyond.

这是迪斯尼动画大片《玩具总动员》中，巴斯在飞行前的招牌语言，翻译成“飞向宇宙，浩瀚无垠”读起来非常上口，符合口号语言的特点。

以下请看作家、学者及翻译家钱锺书的译例：

Every valley shall be exalted, and every mountain and hill shall be made low.

—Isaiah 40：4
谷升为陵，山夷为壤。
Murder your darlings.
心忍手狠，断爱灭亲。
I never could dance in fetters.
击链而舞，非吾所能。

译文四字词组的运用不仅忠实于原句意义，也很有韵律，读起来丝毫没有翻译的痕迹。

再如：

Why，at the height of desire and human pleasure—worldly，social，amorous，ambitious，or even avaricious—does there mingle a certain sense of doubt and sorrow?（Byron）

这个句子中插入了并列的五个形容词——worldly，social，amorous，ambitious，avaricious，如果要使译文读起来上口、表达力强，最好用四字词组来译：

人生百乐/世俗之欢，或功利入世，或交游酬应，或男女爱悦，或争名夺利，或贪财恋物，人在尽享七情六欲之巅、兴致最高之时，为何总略感彷徨与忧伤？

There is no courtesy in the fly；he does not care whether it is king or clown whom he tastes.
苍蝇不拘礼节，无所顾忌，无论是达官显贵，还是市井小民，它都毫不在意，都是想叮就叮，要舔就舔。

All the wisdom of the ages，all the stories that have delighted mankind for centuries，are easily and cheaply available to all of us within the coveries of books but we must know how to avail ourselves of this treasure and how to get the most from it.
书籍集众世之智，众事之慧，千百年来，怡人情，养人性，物美价廉，唾手可得。若不知如何用此财富，一切皆为徒然。

以上这些译例表明，译文如果采用一些对偶和对仗，或四字词组，读起来使人有浑然天成之感，从而不会感觉有硬译的痕迹。

2.2　句子层面的比较

英语用词造句、连句成章的最大特点是采用形合法（hypotaxis）。形合是指通过语言形式手段实现词语或句子的连接，以形显义。具体表现为，经常通过词汇手段（比如词形变化等）以及使用关联词语来显示句际关系，即注重语法关系和语义逻辑。英语中虽然大量存在着结构复杂、盘根错节、环环相扣、句中有句的复杂长句，但句子结构完整，主从分明，逻辑严谨。要正确理解英语句子的语义，必须分析并弄清词的形式、句子的结构和前后的逻辑关系。而汉语则多用意合法（parataxis）。简单而言，意合是指重意义而非形式。具体表现为：汉语的词语没有严格意义的形态变化，句子不受严谨的主谓宾结构的约束，少用或不用关联词语。汉语词语之间的关系常在不言之中，语法意义和逻辑意义常常隐含在字里行间。如汉语词语“进攻计划”和“进攻敌人”，“进攻”和“计划”的关系是修饰限定关系，而“进攻”和“敌人”是动宾关系，这种语法意义是不言自明的。而如果用英语表达，形式上则应该不同，“a plan of attack”和“attack the enemy”。总之，汉语不借助语言形式手段而借助词语或句子的意义或逻辑关系来实现它们之间的连接。所以说，英语注重语言形式上的接应（cohesion），汉语更注重行文意义上的连贯（coherence）。

再比如：If you agree，we will leave tonight；if you don't，we will stay. 译成汉语时，我们没必要把连词 if 对应译出，直接就可以说“你同意，我们今晚就走；你不同意，我们就不走。”这个假设关系在汉语中是通过整个句子的意义来表达的，不一定非要用“如果”这个字才能表达，所以我们说，汉语中句子的逻辑关系往往是隐含式的。

英语动词的语法范畴都具有一目了然的形态表现形式，而汉语则取隐含式，从字面上看不出来。比如：

During the wartime，years like these would have meant certain death for many people. Many would have become beggars and others would have been compelled to sell their children.

战争期间碰到这样的年景，很多人肯定会死去，很多人会逃荒要饭，很多人会被迫卖儿卖女。（时态隐含）

He said that by the end of the Spring term he would have been studying Spanish for two years.

他说到了春季学期末，他就学了两年西班牙语了。（时态隐含）

This medicine is commonly used today.

这种药已经用得很普遍了。（语态隐含）

If you had phoned me that day，I would have gone to meet you.

那天你来个电话，我就去接你了。（语气隐含）

从以上例句可以看出，英语动词的“时态、语态、语气”译成中文时也常常采取隐含式，不在字面上体现出来。

下面我们将从英语和汉语句子的表达方式方面再具体论述二者的特点。

2.2.1　综合语与分析语

英语是以综合性为主的语言，汉语是分析性语言。综合性语言的特点是富于曲折变化形式，例如英语的名词有数的变化，动词有时态、语态、语气的变化，代词有格的变化形式等。语法关系可以通过词形变化来体现；而汉语作为分析性语言，没有词形变化，语法关系是借助一些功能词或者词序等来表示。上文我们刚刚提及的“进攻计划”，英语需要用介词 of 来表明 plan 和 attack 之间的关系（a plan of attack），而汉语则将二者的关系隐含起来。

同样，我们用汉语说“自己做衣服会很省钱。”用英语表达时要把内在的逻辑关系用词汇手段表现出来：

If you make your own clothes，it will save you money. 或者：
You will save money by making your own clothes.

英语通过词形的变化（不同的词性）来体现话语的重点，而汉语则通过词序来体现。例如：

The criminal astonished the police by his rapid movements.
罪犯的快速行动使警察感到惊讶。
The criminal astonished the police by the rapidity of his movements.
罪犯行动之快速使警察感到惊讶。

英语动词的时态是靠动词词形变化或加助动词来表达的。汉语没有词形变化，表达时态要靠增加汉语特有的时态助词（如“着”“了”“过”等）或一般表示时间的词，如以下例句：

The old man said，“They say his father was a fisherman. Maybe he was as poor as we are.”
老头儿说：“听人说，从前他爸爸是个打鱼的。他过去也许跟我们现在一样穷。”
The table has been cleaned by Tom.
汤姆把桌子擦了。

英语谓语动词 clean 的现在完成时译成汉语时，通过助词“了”来体现，而被动语态汉语则通过介词“把”来体现。

另外，体现“英语重形合”和“汉语重意合”的典型例证是汉语常用的一些修辞手段，例如：反复、排比、对偶以及成语四字格。这些修辞形式力求简洁、匀称，因而往往不用关联词，表现为“紧缩句”。如：“不到黄河心不死。”英文相应的是“Until all is over, ambition never dies.”再如：

打死我也不说。	Even if I were to be beaten to death, I will not tell.
不进则退。	Move forward, or you'll fall behind.
物极必反。	Things will turn into the opposite direction once they reach the extreme.

综上，英语的曲折变化（词形变化），体现在动词的“时态”“语态”“语气”等方面，往往是显性表现的；而这些概念在汉语中常常是隐性表现的，这与我们所说的英语重“形合”、汉语重“意合”是一致的。了解英语和汉语两种语言的这一特点，对提高翻译的准确性非常重要。

2.2.2 人称与非人称

英语中经常使用无生命主语句，即句子主语常常用非人称结构来充当，而汉语多用人称词作为句子的主语。例如：

What has happened to you?
你出什么事了？
An idea suddenly struck me.
我突然想到一个主意。
Not a sound reached our ears.
我们没有听到任何声音。
A dizziness overcame him, blurring his vision.
他感到一阵眩晕，什么也看不见了。
There have been considerable protests against the Iraq War.
人们纷纷抗议，反对伊拉克战争。
从以上句子可以看出，汉语习惯上选择英语中的人称词作为汉语句子的主语。

再看下面的句子：

Symbols of reflectiveness passed into her face, and a note of tragedy at time into her voice.

如果我们译为：沉思的神情略过她的脸庞，而她声音中也带有一抹悲调，这样的译文虽然保留了原文结构，但读起来很欧化。我们在用汉语表达时往往首先聚焦作为主体的人，因此可以考虑译为：

她脸上略过沉思的神情，声音也一度透出悲调。

The past thirty years saw drastic changes in our society.

我国社会过去三十年发生了巨大的变化。

英语中常用表示时间的词作为主语，谓语动词用 see、witness 等，这样的句子译成汉语时往往把动词后面的宾语作为汉语句子的主语，而原来表示时间的词作为汉语句子中的时间状语。

2.2.3　主动与被动

英语与汉语相比，用被动语态的情形更为常见，而汉语则更偏向用主动句。所以，英语的被动句往往译为汉语的主动句。

A few years ago it was thought unusual that programs could ever be called up by viewers to be displayed on their TV screens at home.

观众居然能够打电话要求在自己家里的电视屏幕上播出节目，这在几年前人们还以为是一种稀罕的事情。

原英文句中有三个被动语态，但是按照汉语的表达习惯，译为中文时都用了主动语态。尤其是"It's（动词的过去分词）…that…"这样的主语从句在译成汉语时往往是用主动语态，或者是省略主语：

It has been noted with concern that the stock of books in the library has been declining alarmingly. Students are asked to remind themselves of the rules for the borrowing and return of books, and to bear in mind the needs of other students. Penalties for overdue books will in the future be strictly enforced.

同前句一样，这个句子中又有三个动词用了被动语态，但考虑到汉语的表达习惯，我们可以译为：

最近发现图书馆的藏书量惊人地下降，这一发现令人担忧。因此特要求同学们不要忘记借书还书规则，要考虑别的同学的阅读需要。今后凡借书逾期不还者，必严格按章处以罚金。

前两个被动语态译成了汉语的无主句，而后一个 will be enforced 的主语是非人称的抽象名词“罚金”，按照汉语的表达习惯，译文选择了人称主语。

再看两个英语被动语态译为汉语无主句的例子：

You are supposed to pay right after the goods are delivered.

货到后应立即付款。（无主句）

Very often，introductions are made using both first and last names.

介绍的时候，往往是连名带姓。（无主句）（冯庆华，2008）

另外，汉语中主动形式表被动意义的句子更常见一些。

The composition was written with great care.

这篇作文写得很用心。

Such questions are often settled through negotiations.

这类问题通常通过谈判解决。

还需要指出的是，英语用的被动句较汉语多，也不是一概而论的，而是存在着文体上的区别。文学性文体中被动句少，而知识性的、理论性的科学论述或新闻报道中的被动句则多一些。

英语被动语态翻译的基本原则是要遵循汉语的表达习惯，注意两种语言的差异，翻译中避免一律用汉语的“被”字句来僵化处理被动语态。

2.2.4 动态表达与静态表达

在表述动作意义时，英语往往会用静态的表述方式；而汉语却因为有多用动词的习惯，常常是动态的表述方式多于静态的表述方式。如英语中存在大量“be＋动词的同源名词”这种结构，在英译汉时往往可以化静为动，把名词译为同源的动词。例如：

He is a good eater and a good sleeper.

他能吃又能睡。（他吃得好，睡得香）

He is the baker of this beautiful cake.

好吃的蛋糕是他自己烤的。

A good leader is a consensus builder.

好的领导能促使人们达成共识。

He is a little bossy，and not a very good listener.

他有些喜欢发号施令，不愿听取别人的意见。

Send your greetings to your loved ones and be the torch bearer to happiness.
把问候带给亲人，把幸福传递给亲人。

另外，汉语更多用动态表达的原因是，英语里大量使用介词，而汉语的介词很少，也没有分词形式。因此，在将这些介词、介词短语及分词形式译成汉语时，往往译为动词。

He walked around the house with a gun.
他拿着枪，绕着屋子巡走。
Einstein was beyond any pretension.
爱因斯坦毫无矫饰、虚荣之心。
Though many amateur athletes had played for pay under false names, Thorpe had used his own name.
尽管许多业余运动员使用假名参赛赚钱，但索普使用的是真名。
Hard pressed by his father, John told the truth in spite of his wife's warnings.
约翰被他老子追急了，也就顾不得老婆的警告，说出了实情。

总之，相比较而言，英语是静态的语言，汉语是动态的语言。英语的静态修辞主要体现在名词化结构和介词的大量使用上。因此在英译汉时，往往要“变静为动”，突破这些名词及介词在形式上的限制，突出原文的动态色彩。

2.2.5　抽象表达与具体表达

如前所述，英语句子中存在大量的名词化结构，即抽象名词的使用非常普遍。将这些比较抽象、概括的词语直接译成汉语就会使译文语义含糊不清、晦涩难懂，读者也感到难以接受。通常情况下，要结合上下文和具体语境，译为汉语意义较为明确具体的词。例如：

These problems defy easy classification.

如果直译，这个句子的意思是“这些问题拒绝简单的归类”。读起来难免让人觉得晦涩、抽象。如果我们把实际的意义用具体的方式表达出来，可以译为：

这些问题难以归类。

同样的例子：

The absence of intelligence is an indication of satisfactory developments.
没有消息即表明进展令人满意。

A high degree of carelessness, pre-operative and post-operative, on the part of some of the hospital staff, took place.

医院某些医护人员在手术前后都非常粗心。

The childhood fantasy and promise of "living happily ever after" depends on our falling in love and getting married.

童年时我们就憧憬着"从此幸福地生活在一起",实现这个梦想的前提是坠入爱河,结为夫妻。

从以上例句可以看出,在翻译这些英文的抽象名词和名词化结构时,汉语往往采用非常具体化的表达,将原来的抽象名词译成具体的动词。

2.2.6 重复表达与替换表达

英语一般情况下不去重复使用一个词语,除非是有特殊的修辞目的。为避免重复,英语往往通过替代、省略等手段。而对于汉语而言,词汇重复的情况比较常见。这也可能出于修辞的考虑,也可能只是语法的习惯使用方法。比如:

The language varies with different genres of writing: a political essay differs from technical writing, a news report is not the same as a literary work, a written article is quite distinct from oral speech.

不同文体所用语言不同:政论性文章与科技文体不同,新闻报道和文学作品不同,书面材料和口头报告不同。

英语原文表达"不同"这个意思,分别用了 vary、differ、is not the same as、distinct from 四个不同的表达,而译为汉语时表达效果更好的是重复"不同"这个词,这样句子的语义得到了更好的强调。

Maybe the purpose of all this is to find out if America today is as strong as when we fought for our independence or when we fought for ourselves as a Union to end slavery or as strong as our fathers and grandfathers who fought to rid the world of Nazism.

原句 find out 后的宾语是 if 引导的三个宾语从句,后两个 if 省略,同时,同级比较 as strong as 其实有三个比较对象,而在第二个比较对象 when we fought for ourselves 前面省略了 as strong as,这是英语多用省略式的典型表现。要使译文符合汉语表达习惯,就应补全原文省略的成分,进行必要的重复:

也许这一切的目的就是要考验一下，看看今日的美国是否还和我们当时为独立而战时一样强大，是否还和我们当年为废除奴隶制而团结奋战时一样强大；是否还和我们的父辈当年为消灭法西斯而战时一样强大。

以上译文三次重复“是否和……时一样强大”，这样的排比句式在汉语中很常见，三次重复使得原句要表达的意思得到了很好的加强。

So we chase happiness and equate it with wealth and success, without noticing that the people who have those things aren't necessarily happier.

于是，我们追求幸福，把幸福同财富、成功相提并论，却没有注意到享有成功和财富的人未必更幸福。

从上面这两个句子可以看出，英语多用代词代替前面出现的名词，而汉语则相反，需要适时地重复名词。英语中，即使“一代到底”也不会引起误解。

2.2.7　简单句与复杂句表达

总体而言，英语句长，汉语句短。英语句子镶嵌环扣，层次交叠。句中有作用灵活的不定式、介词短语、分词以及由 who、that、which 引导的定语从句等，因此句子可以很长，但组织严密。

汉语句段不仅有句子，还有词组，形成长长短短的“板块”。板块流散铺排成语段，即所谓“流水句”(run-on sentences)。

汉语语段扩展呈流散型，而英语语段扩展则呈聚集型。看下面这个英文简单句，用汉语应该如何表达：

The car wound through the village and up a narrow valley, following a thaw-swollen stream.

小汽车沿着一条冰融水涨的小溪，蜿蜒而行，流过村庄，爬越峡谷。

英语中经常有较为复杂的长句，译成汉语时经常需要对长句进行拆分，拆分时往往要对原句各结构、各部分按照时间顺序进行重新排序，使译文更加符合汉语的表达习惯。例如：

And he knows how ashamed he would have been if she had known his mother and the kind of place in which he was born, and the kind of people among whom he was born.

这个句子如果按照“if…句型”，译为：“如果她了解他的母亲，知道他出生的地方及他出生在什么人中间，他该感到多么羞愧。”，读起来有些别扭，因为三个宾语使得这个句子头重脚轻。所以，我们会按照汉语的时间顺序，译为：“他出生在这种地方，出生在这一类人中间，有这样的一位母亲；这些要是让她知道了的话，他知道该多么丢人。”

下面我们再看英文的这个长句：

Many man-made substances are replacing certain natural materials because either the quantity of the natural product cannot meet our ever-increasing requirement，or，more often，because the physical properties of the synthetic substance，which is the common name for man-made materials，have been chosen，and even emphasized，so that it would be of the greatest use in the fields in which it is to be applied.

首先我们分析句子结构：主要框架为 SVO，包含两个以 because 引导的原因状语从句；而在第二个原因状语从句中，又嵌套了一个非限定性定语从句和一个 so that 引导的结果状语从句。译成汉语，我们就很难保持原有的结构，要对词序进行必要的调整，并根据句意断为短句：

人造材料通称为合成材料。许多人造材料正在替代某些天然材料，这或者是由于天然材料的数量不能满足日益增长的需要，或者更多的是由于人们更看重合成材料的一些物理特性并加以强调而造成的。因此，合成材料在其应用领域将具有极大的用途。

这个译文将原文断为三个句子。特别要指出的是，译文将原文的非限定性定语从句 which is the common name for man-made materials 独立出来，放在了译文句首。这样的处理方法使译文读起来流畅，句子关系明确，符合汉语的表达习惯。这样调整语序的译法值得借鉴。

英汉语对比英译汉练习

词汇对比练习

1. 请翻译以下词组和句子，特别要注意一词多义现象。

(1) delicate skin

(2) delicate health
(3) delicate stomach
(4) delicate porcelain
(5) delicate vase
(6) delicate upbringing
(7) delicate living
(8) delicate diplomatic question
(9) delicate difference
(10) delicate surgical operation
(11) delicate ear for music
(12) delicate sense of smell
(13) delicate food
(14) delicate features
(15) heavy blow
(16) heavy traffic
(17) heavy odor
(18) heavy heart
(19) heavy weather
(20) heavy smoker/drinker
(21) heavy schedule
(22) heavy sea
(23) heavy casualties
(24) heavy losses
(25) heavy applause
(26) heavy fighting
(27) heavy crop
(28) This war is becoming the most important story of this generation.
(29) It's well organized this year, but last year was a different story.
(30) Do you expect me to believe that ridiculous story?
(31) There are stories going around that they are having an affair.
(32) Some reporters who were not included in the session broke the story.
(33) Her story is one of the saddest.
(34) I have to cook up a story this time.

2. 翻译以下词组和句子，请特别注意一些词的文化色彩。

(1) A lucky dog
(2) Love me，love my dog.
(3) dragon lady
(4) the family skeleton
(5) sandwich man
(6) to have one's foot in the grave
(7) Man proposes，God disposes.
(8) You can argue about that till the cows come home.
(9) His sister is really a member of the sandwich generation.
(10) They are willing to talk turkey and end the war.
(11) Our company only employs experienced people but not any Tom，Dick or Harry.
(12) We had been trying to tell him politely to go home，but he hadn't understood. Then someone said that the last bus left in four minutes' time，and the penny dropped.
(13) He went into a restaurant. After a salad，he felt better.

3. 翻译下列词组和句子，请尽量用汉语的四字词组来译。

(1) now or never
(2) mend or end
(3) high and dry
(4) hook or crook
(5) miss the boat
(6) overwhelming evidence
(7) Searching for one's self，one's identity，is a universal trait throughout the world.
(8) It was a bright September afternoon，and the streets of New York were brilliant with moving men.
(9) He sat there and watched them，so changeless changing，so bright and dark，so grave and gay.
(10) He spoke with firmness，but his face was very sad and his eyes at times were dim.
(11) Without industry and frugality nothing will do and with them everything.
(12) Youth means a temperamental predominance of courage over timidity，of the appetite for adventure over the love of ease. This often exists in a man of 60 more than a boy of 20.
(13) The risks of the academically superior children who had promotion within school are

that emotional and social development can get left behind, storing up problems for later.

(14) The earthworm has his digging; the bee her gathering and building; the spider her cunning network; the ant her treasury and accounts.

(15) He withdrew, nursing a childhood anger that would blossom into violent crime, a loss of touch with his own feelings and angry outbursts.

句子对比练习

1. 翻译下列句子，请注意时态、语态、语气等的译法。

(1) It is already two years since he was Secretary General of the U.N.
(2) But for your help we couldn't have succeeded in the experiment.
(3) If you would be interested, I should be very glad to send you a copy of my book.
(4) David wants to buy a car, so he is saving up.
(5) David is saving up for a car.
(6) We will not attack unless we are attacked.
(7) If winter comes, can spring be far behind?

2. 翻译下列句子，请注意人称和非人称句的转换。

(1) There was great excitement among the crowd as they waited for the president to arrive.
(2) A strange peace came over her when she was alone.
(3) A great elation overcame them.
(4) Alarm began to take entire possession of him.
(5) Her illness prevented her from attending the important international meeting.
(6) There are still some doubts on the part of the students' parents.
(7) Nature seldom provides me with the word, the turn of the phrase, that is appropriate without being far-fetched or commonplace.

3. 翻译下列句子，注意被动语态的译法。

(1) The book has been translated into many languages.
(2) Last year the region was visited by the worst drought in 60 years.
(3) This difficulty can be avoided in several ways.
(4) It was widely acknowledged that our business is going downhill.
(5) Great efforts should be made to inform young people especially the dreadful conse-

quences of taking up the habit.

(6) This company was founded with the vision that customers could <u>be best</u> <u>served</u> through direct relationships.

4. 翻译下列句子，注意静态与动态的转化。

(1) Mary is a better collaborator than Jane.
(2) He is the murderer of his wife and is to be executed for his crime.
(3) The computer is a far more careful and industrious inspector than human beings.
(4) I'm in the book business.
(5) I used to be into Barbies，but now I'm into books.
(6) You are now with the BBC.
(7) “My life is in your hands，” the man declared.

5. 翻译下列句子，注意抽象名词的译法。

(1) Often North Americans will understand their Asian audience's lack of eye contact as a sign of disapproval when in fact the lack of eye contact is a sign of respect.
(2) And this industry，visible to our neighbors，began to give us character and credit.
(3) The accumulation of new data during the past decades has brought a refinement of some earlier views and concepts.
(4) Any discourtesy shown to Chinese people by any official of the government will be the cause for immediate dismissal.

6. 翻译下列句子，请注意重复和替换的表达方式。

(1) He hated failure；he had conquered it all his life，risen above it，and despised it in others.
(2) A good play serves to educate and inspire the people.
(3) He broke all connections with his past，and with the old society in every way.
(4) Ambition is the mother of destruction as well as of evil.
(5) The monkey's most extraordinary accomplishment was learning to operate a tractor. By the age of nine，the monkey had learned to solo on the vehicle.
(6) His wife was a little sharp-faced woman who bullied her husband when he was sober and was bullied by him when he was drunk. (J. Joyce)

7. 翻译下列句子，请注意长句的译法。

(1) Men and nations working apart can create problems，men and nations working togeth-

er can solve them.

(2) The snow falls on every wood and field, and no crevice is forgotten; by the river and the pond, on the hill and in the valley.

(3) In a rather crude form, the cutting and polishing precious stones was an art known to the ancient Egyptians, and in the Middle Ages it became widespread in northwestern Europe.

(4) We should live each day with a gentleness, a vigor, and a keenness of appreciation which are often lost when time stretches before us in the constant panorama of more days and months and years to come.

(5) This land, which once barred the way of weary travelers, now has become a land for winter and summer vacations, a land of magic and wonder.

第3单元

词语英译汉

词语是语言表达的最基本单位，无论是翻译句子、段落还是全文，最终都需要具体落实到词语的选择、搭配和组合上，即汉语所谓的“措辞”或“推敲”。第 2 单元“英汉语对比”中明确显示，中英词语在内涵和外延等诸多方面存在不对应性。在较为复杂的文本中，只靠查词典并不能保证译文准确与地道，熟练掌握双语的常用词汇，拥有较大的词汇量是一个好译者的基本功，同时对于英译汉过程中词语处理的特点也需要有基本的了解。现以译例说明。

3.1 词义选择与引申

我们在第 2 单元“词的搭配”中讲了英语一词多义现象比较普遍，一个词所表达的意义可与汉语中多个不同的词对应（比如 sharp、delicate、mind、story 等都是典型的多义词），翻译成汉语时要根据语境选择词义。

另外一种情况是，一些词语的选用蕴含着作者或说话人的态度与情感，这种情感可能是褒义抑或是贬义，或者是中性用法。在翻译的时候就要结合语境选用合适的词义。比如：ambitious，可以翻译成“有雄心的，有抱负的”，也可以译成贬义的“有野心的”；result，可以翻译成积极意义的“成果”，也可以译成消极意义的“后果”，或者就是中性意义的“结果”；名词 cry 可以翻译为褒义的“怒吼”，或中性的“呼声”，也可以翻译为贬义的“叫嚣”；动词 die，可以译为中性意义的“死亡”，委婉意义的“与世长辞”，或贬义的“一命呜呼”。看以下例句：

The captain's example incited the men to bravery.

船长的榜样激发了水手们的勇敢精神。

He was sentenced to two years in prison for inciting racial hatred.

他因煽动种族仇恨被判入狱两年。

We had a very deep conversation about love and death.

我们进行了一次关于爱情与死亡的严肃的谈话。

Material possessions and concerns come and go, and ultimately cannot bring deep and lasting happiness.

物质财富的拥有和追求来去无常，终究不能带来真正而又持久的幸福。（徐莉娜译）

除了要注意词的情感色彩外，还要注意词的语体色彩。比如：white snow，普通文体我们可以译为“白雪”，而文学文体我们可以译为“皑皑白雪”；red flower，普通文体可以译为“红花”，而文学文体则可以译为“红艳艳的花儿”；lively，普通文体译为“生动的”，带有汉语语体色彩则可译为“栩栩如生”或“生动活泼”；great contribution，普通文体译为“巨大贡献”，带有汉语语体色彩可译为“丰功伟绩”；meager food，普通文体译为“简单的食物”，带有汉语语体色彩则可译为“粗茶淡饭”。

翻译中往往会遇到一些不可直译成汉语的词，或者说如果直译成汉语就会令人费解，这时往往通过词义引申或进行释义，以使译文表达通顺，符合汉语的表达习惯。例如：

Rubber gives way to pressure.

橡胶受压就会变形。

His popularity could start hemorrhaging at any moment.

(hemorrhaging，大出血)

他的声望随时都可能一落千丈。

3.2 增词法

增词是最为常用的翻译技巧之一。由于英语和汉语不同的表达习惯，在翻译时往往需要增加一些词来使译文更加通顺，符合汉语的表达习惯。但增词要注意做到“加词不加义”，也就是说，增加的词必须是根据具体语境非增不可的词。一般来说，增词的方法主要是用于以下三种情况：1）语法的需要；2）语义的需要；3）修辞的需要。

3.2.1 语法的需要

3.2.1.1 英语的名词有单复数之分，而汉语的名词在形式上没有复数形式；同时，汉语有单位量词，而英语没有。在翻译时有必要增加适当的词来使译文符合汉语的表达习惯。

The lion is the king of animals.

狮子是百兽之王。

He stretched his legs which were scattered with scars.

他伸出双腿，露出腿上的道道伤痕。

The mountains began to show their long blue shadows over the valley.
群山开始向山谷投下一道道蔚蓝色长影。

I was extremely worried about her, but this was neither the place nor the time for a lecture or an argument.
我真替她万分担忧，但此时此地既不宜教训她一番，也不宜与她争论一通。(添加量词)

3.2.1.2 英语中常用省略句，译成汉语时要按照汉语的习惯，适当进行增补。

Seeing falsely is worse than blindness and speaking falsely than silence.
所见不真，犹不如盲；所言不实，不如缄默。(增补省略的 is worse)
Reading makes a full man, conference a ready man and writing an exact man.
读书使人充实，讨论使人机智，写作使人严谨。(增补省略的 make)

3.2.1.3 英语动词有时态、语气、语态等的变化，而汉语没有对等的词形表现形式，翻译时往往要增加一些表示时态和语气的词：

The terrorists, he argues, were counting on our cowardice.
他说恐怖分子原以为我们会懦弱。
It has been years since I skated last. Now I can't skate as fast as I could.
我已经有许多年没有溜冰了。我现在溜得也不如以前快。

3.2.1.4 英语中有一些句式暗含了条件或结果，译成汉语时也要增加适当的词传达出原文中暗含的意思：

If he were here.
他要是在这里，那可就好了。
I should like to talk with him.
可能的话，我愿同他谈一谈。
Suppose the preparatory work should not be completed.
准备工作完成不了，那可怎么办？

我们再看一个句子：

Next to no wife, good wife is best.

这句话可以直译为：除了没老婆之外，有好老婆最好。

一般来讲，英文最高级的句子应该是在原级和比较级基础上进行比较的，所以译文可以考虑把隐含的意义增补出来，译为：

没有老婆最好，有个好老婆次之，最差是娶了个坏老婆。

译文中画线部分是原句没有明示但隐含其中的句意。

3.2.2 语义的需要

3.2.2.1 英语中常常有一些比较抽象概括的名词，在译成汉语时往往要增加一个辅助性名词，使其语义更加具体、清晰。以下英语单词我们在翻译时往往会增加一个范畴性的辅助性名词：

solution 解决方案
preparation 准备工作
tension 紧张局势
darkness 黑暗现象
backwardness 落后状况
madness 疯狂行为
antagonism 敌对情绪
unemployment 失业现象
jealousy 嫉妒心理
complacency 自满情绪

在翻译中我们应根据具体语境，适当增词来使这些抽象名词的意义具体化。请看下面的句子：

Oxidation will make iron and steel rusty.
氧化作用会使钢铁生锈。
We should live each day with a gentleness, a vigor, and a keenness of appreciation….
我们应以和善的态度、旺盛的精力、真诚的感激（敏锐的感受力）来度过每一天……

与以上使抽象名词具体化对应的是使具体名词抽象概括化。英语中有些非常具体的名词（如下文的 patriot、father，以及 judge)，在一定语境中表达的意义是基于词的基本义而概括、抽象出来的和语境密切结合的较为灵活的意义，在翻译时要适当增词来更好地表达语义：

He felt the patriot rise within his breast.

他感到一种爱国热情在胸中激荡。

He allowed the father to be overruled by the judge, and declared his son guilty.

他让法官职责战胜了父子私情，因而判决他的儿子有罪。

以上三个具体的词 patriot、father、judge，根据语境，分别较为灵活地扩展译为：爱国热情、父子私情、法官职责。

3.2.2.2　英语中存在大量的并列成分，译成汉语时可以适当增加一些总结概括性的词语，如“所有这一切”“上述各项”“凡此种种”“综上所述”等，使译文的结构更加紧凑，表达的内容更加清晰。例如：

The thesis summed up the new achievements made in electronic computers, artificial intelligence and space technology.

论文总结了电子计算机、人工智能和太空技术三方面的新成就。

Rene Sedillot suspected that there were two forms of colonialism, colonialism in its undeclared and paternalist form, supposed to liberate oppressed peoples, and economic and financial colonialism.

勒内塞迪认为有两种殖民主义，其一是打着去解放被压迫民族的旗号，以非公然的家长制形式出现的殖民主义；其二是经济和金融的殖民主义。

To be or not to be, that is the question:
Whether it is nobler in the mind to suffer
The slings and arrows of outrageous fortunes
Or to take arms against a sea of troubles,
And by opposing end them?

生存还是毁灭，这是一个值得思考的问题。
是默然承受暴虐命运的毒箭，
还是挺身反抗人世无涯的痛苦，
通过斗争把它们扫清。
这两种行为，哪种更高贵?

译文用“这两种行为”对原文中进行比较的两个不定式进行了总结，读来语义更加连贯。再看一例：

Why, at the height of desire and human pleasure—worldly, social, amorous, ambitious, or even avaricious—does there mingle a certain sense of doubt and sorrow? (Byron)

功利入世，交游酬应，男女爱悦，争名夺利，抑或贪财恋物，人生百为，在尽享欢愉之巅时，为何总略感彷徨与忧伤？

此译文中的“人生百为”，是对句子中所列情形的概括性表达，使句子表达的意思逻辑更加清晰、结构更加紧凑。当然，也可以把这类总结概括的词语放在句首，即先总后分：

世俗之欢，或功利入世，或交游酬应，或男女爱悦，或争名夺利，或贪财恋物，人在尽享七情六欲之巅、兴致最高之时，为何总略感彷徨与忧伤？

3.2.2.3　增加表达逻辑关系的连接词将原文中词语间的语义关系表达出来：

The Negro lives on a lonely island of poverty in the midst of a vast ocean of material prosperity.

这句中 lonely island of poverty 和 vast ocean of material prosperity 在意义上有对比对照的含义，因而可以译为：

黑人仍生活在贫困的孤岛上，尽管放眼四周，是一片繁华景象。

The Negro is still languishing in the corners of American society and finds himself an exile in his own land.

如同上个例句，an exile in his own land，在语义上也有形成对照之意，所以译文可以增加表达转折意义的词：

黑人依然在美国社会的角落中饱受痛苦；美国虽是他们的家园，而他们却感到流落异乡。

3.2.2.4　增加解释性的词语

英语中的一些“形容词＋名词”和“名词＋名词”的结构，在译成汉语时有时要增加解释性的词语以使读者更好地理解。例如：

The patient's immune system would reject the new heart as a foreign object.
病人的免疫系统会对新移植的心脏有排异反应。
The president now is on a poverty tour.
总统目前正在访问贫困地区。

I am pleased to be here to offer a U. S. business perspective on one of today's great quality challenges：building a high skill and high wage workforce.

我很高兴能来此介绍一下美国商界对当今我们在劳动力素质方面所面临的巨大挑战的看法，这项挑战就是如何建立一支高技术、高薪金的劳动队伍。

翻译时要结合上下文把词的内含意思翻译出来，而不能只是简单的字面意思。例如：

How all occasions do inform against me，
And spur my dull revenge.
我所见到，听到的一切，就好像在对我谴责，
鞭策我赶快进行我的蹉跎未就的复仇大愿！
（朱生豪译《哈姆雷特》）

从译文我们可以看出，译者不是简单地字面对译，而是在进行释义性翻译，这样的译法有助于目的语读者更好地理解原文。另外，新闻报道、标题等语言都非常简练，翻译时有时要适当增词，使译文易于理解：

Older，wiser，calmer.
人愈老，智愈高，心愈平。

这个句子只有三个形容词的比较级，如果直译为"更老，更智慧，更平和"，表达的意思有些令人费解。译文分别给形容词选择了一个适配的主语，这样读起来是比较地道的汉语，是值得借鉴的译法。再看以下新闻标题：

Japanese dash to the US to say "I do"

"I do"一般都是在教堂里牧师主持的婚礼上，新人发誓时说"我愿意"。根据新闻的内容，译者适当增加了几个词：

日本情侣蜂拥美利坚，牧师面前誓言"我愿意"

这样，这个标题就点明了新闻的内容，使读者一目了然。

Murder your darlings.
心忍手狠，断爱灭亲。

这是钱锺书的又一非常好的译例。译文非常准确地反映了英文 murder 和 darlings 两个词结合在一起的含义。

3.2.3 修辞的需要

有时增词主要是从修辞的角度考虑，使译文更有韵律感，读起来更上口。例如：

He was a patriotic，adventurous and romantic writer.
他是一个具有爱国热情、探索精神和浪漫风格的作家。
What can easily be seen in his poems are his imagery and originality，power and range.
显而易见，他的诗歌形象生动，独具一格，而且气势磅礴，题材广泛。

以上两个例句的译文都使用了汉语的四字词组，读起来朗朗上口。

A scientist constantly tried to defeat his hypotheses，his theories and his conclusion.

这个句子的谓语 defeat 后面有三个宾语，如果按照原文直译为“科学家经常设法推翻自己的假设、理论以及结论”，则不符合汉语动宾搭配的习惯，不如适当增加与后面宾语更加搭配的动词。译为：

科学家经常设法否定自己的假设、推翻自己的理论，并放弃自己的结论。

3.3 减词法

减词是指在翻译时，省略一些原文中有，但译成汉语时不出现也不会影响意思表达的词。主要有以下几种情况。

3.3.1 省略冠词、代词及物主代词等

从英语语法的角度讲，这些词必不可少，但译成汉语时往往需要省略。例如：

A horse is **a** useful animal.
马是有用的动物。（省略表示类别的不定冠词）

She told the police George never gave her any information about his address at Geneva fearing that she would in one way or another leak **it** out.

她告诉警察，乔治从未向她透露他在日内瓦住址的信息，唯恐她会有意无意地（将它）泄露出去。（省略宾语代词）

Steve rose up，grinding **his** teeth，pale，and with fury in **his** looks.
史蒂夫站起身来，咬牙切齿，脸色苍白，满脸怒气。（省略物主代词）
Money can buy **you** a house，but can't buy **you** a home.
钱可以买到房子，却买不到家。（省略泛指的人称代词）

从以上例子可以看出，如果把每一个冠词、代词都翻译出来，译文读起来就非常别扭，完全不符合汉语的表达习惯。所以，在英译汉时对不影响意思的代词应尽量删减。

3.3.2　省略连接词

英语重形合，汉语重意合，因而汉语中用的连接词比英语要少，汉语词句的逻辑关系常常是暗含的。在英译汉时，在很多情况下，不需要把连接词翻译出来。例如：

If winter comes，can spring be far behind?
冬天到了，春天还会远吗？
Whatever you like to do，just do it.
想做什么，只管去做。
I can't trust him，**because** he is not honest.
他不老实，我不能信任他。

3.3.3　省略同义词

英语中有时一对同义词同时出现，翻译时根据汉语的表达习惯，往往可以省略其中的一个而并不减损原文的意思。

The two **model variants** of the socialist economic mechanism are to be distinguished from the point of view of market function.

这里的 model variants 如果译为“模式变体”，则略感生涩，其实意思就是通常我们理解的“模式”之意：

对于社会主义经济体制的两种<u>模式</u>需要从市场功能的观点来加以区别。
（也可以译为“不同模式”）
Thank you for your **advice** and **counsel.**
谢谢你的<u>忠告</u>。
I found this very profitable in diminishing the intensity of insular prejudice.

我发现（常年居住国外）非常有助于减少狭隘偏见。

这里省略了 intensity，按照逻辑“减少、减轻”肯定是指量或强度，所以按照汉语的表达习惯，就不用把 intensity（强度）这个词译出来。

3.4 转换法

转换是翻译中常常用到的方法，包括词性转换、句子成分转换、视角转换、表达方式转换、抽象与具体转换等。

3.4.1 词性转换

英语中的词类在译成汉语时往往没必要也不可能保持原来的词性不变。换句话说，翻译中不存在词类对应的关系，英语单词在译成汉语后往往会发生词性转换的情况。例如：

After this failure, he began to plan his **new** future.
这次失败后，他开始重新规划自己的未来。（原文的形容词 new 在译文中转换为副词“重新”）
To them, he **personified** absolute power.
在他们看来，他就是绝对权力的化身。（原文的动词 personify 在译文中转换为名词“化身”）
In the fission process the fission fragments are very **radioactive**.
在裂变过程中，裂变碎片具有强烈的放射性。（原文中的形容词 radioactive 在译文中转换为名词“放射性”）
Glass is more **transparent** than plastic cloth.
玻璃的透明度比塑料布要好。（原文中的形容词 transparent 在译文中转换为名词“透明度”）
The **pallor** of her face indicated clearly how she was feeling at the moment.
她苍白的脸色清楚地表明了她那时的情绪。（原文中的名词 pallor 在译文中转换为形容词“苍白的”）

同样的译法见下面两个句子：

I can note the **grace** of her gesture.
我可以看到她优雅的举止。
In all this great **serenity** of ocean it is seldom that we espy so much as another ship.
在这广袤宁静的大海上，我们难得看见其他船只。

以上三个例子中，“抽象名词＋of＋名词”的结构，翻译时往往可以将这个抽象名词转换为形容词：pallor—pale；grace—graceful；serenity—serene，然后再和其后所修饰的名词一起考虑，分别翻译为：苍白的脸色；优雅的举止；宁静的大海。

我们再看英语副词转换为汉语形容词的例子：

Hopefully，it will be done early next month.

下月初完成这项工作是大有希望的。（原文中的副词“hopefully”在译文中转换为形容词“有希望的”）

She was **pardonably** proud of her wonderful cooking.

她以高超的烹调技艺为傲，这是情有可原的。（原文中的副词“pardonably”在译文中转换为形容词“情有可原的”）

前面在对比英语和汉语的特点时讲到，英语中有很多的名词化结构，而汉语使用动词的情况较多，因此英语的一些名词化结构译成汉语时往往转换成动词。例如：

I'm afraid I can't teach you swimming. I think my little brother is **a better teacher** than I.

恐怕我教不了你游泳，我想我弟弟教得比我好。（原文中的名词 teacher 在译文中转换为动词“教”）

Let me be your **banker.**

你需要钱，我可以借给你。（原文中的名词 banker 在译文中转换为动词“借给”）

Talking with his son，the old man was the **forgiver** of the young man's past wrongdoings.

和儿子谈完话，老人宽恕了儿子年轻时做过的错事。（原文中的 forgiver 在译文中转换为动词“宽恕”）

上面的 teacher、banker、forgiver 如果直译为“教师”“银行家”“宽恕者”，既不符合原义，也不符合汉语的表达习惯，所以应该转换成汉语的动词。

The **sight** and **sound** of our jet planes filled me with special longing.

看到我们的喷气式飞机，听见隆隆的机声，我感到心驰神往。（原文中的名词 sight 和 sound 在译文中转换为动词“看到”和“听到”）

此外，我们在第 2 单元“英汉语对比”部分已经讲过英语介词的使用要远远多于汉语，因而在翻译时英语中的介词往往转换为汉语的动词：

A force is needed to move an object **against** inertia.

为使物体克服惯性而运动，就需要一个力。(原文中的介词 against 在译文中转换为动词“克服”)

Happiness isn't **about** what happens to us, it's **about** how we perceive what happens to us.

幸福不取决于/在于我们生活中发生了什么事——而取决于如何看待所发生的事。(原文中的介词 about 在译文中转换为动词“在于”/“取决于”)

3.4.2 句子成分转换

词性转换往往引起句子成分转换。在翻译过程中，为了使译文通顺、符合汉语的表达习惯，往往可以调整句子结构，使原文的句子成分发生转换。例如：

Care must be taken at all times to protect the instrument from dust and damp.

这是一个抽象名词做主语的被动语态句子，翻译时可以考虑用汉语的无主句：

应当始终注意保护仪器，不使其沾染灰尘和受潮。(原文中的主语在译文中转换为谓语)

同样的句子还有：

Careful comparison of them will show **you** the difference.

只要仔细把它们比较一下，你就会发现不同之处。(原文中的主语在译文中转换为状语，原文中的间接宾语在译文中转换为主语)

This watch never **varies** more than a second in a month.

这块表一个月的误差从不超过 1 秒钟。(原文中的谓语 vary 在译文中转换为主语“误差”)

It was a very **informative** meeting.

会上透露了许多信息。(原文中的定语 informative 在译文中转换为动词“透露”)

The news that greeted us in Guangzhou and our visits later to various places turned **anxiety** into joy.

通过在广州的见闻以及随后在各地的访问，我们的忧虑已化为喜悦。(原文中的宾语在译文中转换为主语)

英语中像 greet 这样的动词还有 see、witness 等，主语往往是无生命主语，而译成汉语时这些动词后面的宾语往往转换为句子的主语。

3.4.3 视角转换

She has been a widow only for six months.

她丈夫死了至今还不过半年。

You are quite a stranger here.

这儿的人不认识你。

There is always a place for you at our table.

请你随时来吃便饭。

Students get a discount of 15% on air fares.

学生机票可打八五折。

以上这些例子都是在翻译时换了一个视角，和前一小节“句子成分转换”近似，转换视角后的译文更符合汉语的表达习惯。

3.4.4 表达方式转换

英语中有一些特殊的表达方式，如表示时间的 dozen、decade、score、quarter 等，译成汉语时往往需要转换为汉语常用的表达方式：

Four score and seven years ago our fathers brought forth on this continent a new nation.

87 年前，我们的先辈在这块大陆上建立了一个新国家。

During the first part of his life, Watt studied weather and storm.

瓦特年轻时研究天气和风暴。

About **a quarter of a century** ago, a riot broke out in this city.

大约25 年前，城里爆发了一场骚乱。

She will be back in **the last ten days of July**.

她将在七月下旬回来。

此外，翻译年龄的表达方式时也需要注意，比如：in one's sixties 可以译为“年逾花甲”；over seventy years old 可以译为“年过古稀”。

3.4.5 抽象与具体转换

在具体语境中常常需要把原文中比较抽象的词语转换为具体的词语，也就是说从“虚”转换为“实”；或者把原文中意义非常具体明确的词语在译文中转换为抽象的表达，即由“实”转换为“虚”。

由虚转换为实，即抽象转换为具体的例子：

Although the world is full of suffering, it is **full** also **of the overcoming of it.**
虽然世界多苦难，但是苦难总是能战胜的。

Located at the mouth of the Hudson River, New York City is the busiest port of the country. It **handles** 35% of the country's international shipping and can **handle** more ships than any other port in the world.

handle 的词义比较笼统、模糊，翻译的时候应该结合语境明确其义，可以具体译为：

纽约市位于哈德孙河口，是美国最繁忙的港口城市。它的吞吐量为美国国际海运量的35%，来往的船只/泊船量比世界上任何港口都多/大。

His addition completed the list.

此句的主语是 his addition，这个抽象名词结构实际表达的意思是：add him (to the list)，所以可以译为：

把他添上，名单上的人就齐了。

The upper society then had not lost its **exclusiveness** nor its **brilliance.**
当时的上流社会依然焕发着奇光异彩，而且依然壁垒森严，不容下层人涉足。

由实转换为虚：

They (missiles) reach their programmed positions within a few seconds of each other and detonate. Anything nearby is **a goner.**

句中的 goner 是 agent noun，虽然是名词形式，但主要表达的是动词意义，所以在翻译中将名词具体化：

导弹以几秒之差相继到达程序制导目标引爆。附近的一切顷刻化为乌有。

同样的例子：

The major contributors in component technology have been in the semi-conductors.
元件技术中起主要作用的是半导体元件。

另外，在翻译习语、谚语时，往往采用这种抽象和具体相互转换的译法。例如：

A good conscience is **a soft pillow.**

此谚语里的 soft pillow 是非常具体的名词，如果直译为“柔软的枕头”，难免令人费解，所以将其概括化，译为：

良心过得去，睡觉才安稳。

同样，Love lives in cottages as well as in courts 中的 cottages 和 courts 也是非常确指的名词，我们可以概括其义，将 cottages（茅屋）和 courts（宫殿）抽象化，进而译为：

爱情无贵贱，贫富皆有之。

3.5　习语的翻译

英语习语包括成语、谚语、俗语、俚语等，其结构既有短语，又有分句，还有句子。

在翻译这些习语时首先要正确理解其意义，弄清它们与汉语习语在意义和文化特点等方面的异同，同时还要充分考虑原文中浓郁的民族气息和独特的语言风格。

从英汉对比的角度看，英语习语与其对应的汉语比较，主要有以下四种情形：(1) 形义完全相同；(2) 形义部分相同；(3) 看似相同，实则不同；(4) 英语习语在汉语中找不到相对应的习语。下面我们从以上四种情况看英语习语的表现形式及对应的译法：

1）形义完全相同

这种情形主要是指，英语的习语无论是从用词还是从表达的语义上看，在汉语里都能找到对应的习语。例如：

Barking dogs do not bite.	吠犬不咬人。
More haste, less speed.	欲速则不达。
spend money like water	花钱如流水。
Like father, like son.	有其父必有其子。
Choose the lesser of the two evils.	两害相权取其轻。

2）形义部分相同

这种情形主要是指英语习语表达的概念在汉语里也有，只不过两种语言所用的比喻形象不同。例如：

as strong as a **horse**　　力大如牛

talk **horse** 吹牛
drink like a **fish** 牛饮

英语中有很多含有 horse 的习语，而相对于汉语往往都要译成“牛”，这很可能是因为中国是传统的农耕文化，牛对于中国人来说是更为重要的生产工具。英语和汉语都有大量包括动物名称的习语，译成汉语时往往会选择不同的比喻形象。例如：

teach a **pig** to play on a flute	赶鸭子上架
a **lion** in the way	拦路虎
kill the **goose** to get the eggs	杀鸡取卵
like a **cricket** on a **hot grill**	热锅上的蚂蚁
like a **donkey** in a **lion**'s hide	狐假虎威
better be the head of a **dog** than the tail of a **lion**	宁为鸡头，不为牛后/凤尾
When the **cat** is away, the **mice** will play.	山中无老虎，猴子称霸王。

除有关动物的习语外，还有其他比喻形象不同的习语：

look for a needle in a **haystack**	海底捞针
make **bricks** without **straw**	做无米之炊
as dry as **sawdust**	味同嚼蜡

One **boy**'s a boy; two boys are half a boy; three boys are no boy at all.
一个和尚挑水吃，两个和尚抬水吃，三个和尚没水吃。

以上习语所表达的意思在汉语里都有相应表达，只不过汉语中会用不同的比喻形象，如英文中的“马”在汉语里往往对应的是“牛”（吹牛、力大如牛等）。翻译这类习语时，直接借鉴汉语的习惯表达不失为一种简明便捷的译法。

3）看似相同，实则不同

英语中的这类习语，第一眼看上去感觉正好和汉语里的某个习语对应，所以往往会被直接翻译成汉语的某个习语，但实际上并不是汉语习语所表达的意思。对待这类习语要特别细心，要结合上下文判断其是否符合上下文的逻辑意义。如：pull one's leg，容易被看成是汉语所表达的“拖后腿”，而实际上这个习语的意思是“欺骗或戏弄某人”；a walking skeleton，容易理解为“行尸走肉”，但实际的意义是指一个人“皮包骨，骨瘦如柴”；eat one's words 会直接使人想到汉语的“食言”，但实际上这个英语习语的意思是“承认说错，收回前言”；“Seas refuse no rivers.”看字面容易理解为“海纳百川”，而实际的意思是指“贪婪，贪得无厌。”可见，对待英语的习语要特别小心，要密切结合上下文来判断一个习语的意思，望文生义、想当然地直接翻译有时会弄出笑话。

4）英语习语在汉语中找不到对应的习语

英语中有一些习语是在特定的历史、社会语境中产生的，带有明显的英语文化特征，在汉语中找不到与其相匹配的习语。如：to soft soap 是指冤枉或错待一个人后说一些抚慰或赞扬的话使对方宽心；as fit as a fiddle 是指非常健康；to face the music 指承担后果；to bring down the house 指博得满堂彩，听众掌声雷动；to pay through the nose 指被人敲了竹杠；"Never make two bites if a cherry." 字面意思是"不要分两口吃一颗樱桃。"实际意思是：如果不是复杂的工作，最好一次性干完，不要拖泥带水。这些习语中所用的比喻形象（如 soap、fiddle、cherry）在汉语中都没有类似的比喻意义，理解这些英语习语时要整体把握。

关于将以上不同类型的英语习语译成汉语，我们主要采用以下几种方法：直译、直译加注、意译、归化。下面我们分别讨论：

3.5.1　直译

My uncle John gives me money! Pigs might fly if they had wings.

说我叔叔约翰给我钱！要真是那样猪也会长翅膀飞上天了！

A stitch in time saves nine.

一针及时省九针。

A swallow does not make a summer.

一燕不成夏。（也可以借用汉语的"独木不成林"。）

直译可以保留原文独特的表现手法以及原文所体现的异域文化，借以丰富汉语的表达手段，对于翻译来说是优选的译法。

3.5.2　直译加注

直译加注是指对一些英语习语按字面意思直接翻译为汉语，同时再加上简单的几个字来点明这个习语的意思，这样既保留了英语的生动表达，又使译文容易理解。

This was a red rag to the bull.

这简直是朝着公牛摇晃红布，<u>火上浇油</u>。

While it may seem to be painting the lily, I should like to add somewhat to Mr. Cook's excellent article.

我想给库克先生的大作稍加几笔，尽管这也许是给百合花上色，<u>多此一举</u>。

If the sky falls, we shall catch larks.

天塌下来正好抓云雀，<u>何必杞人忧天</u>。

She is the sort of doormat in her family.

她在家就是门口的脚垫，十足的受气包。

从以上习语的翻译来看，如果不加后面的解释性词语，读者理解起来很可能有一定的困难，所以采用了直译加注的形式。

3.5.3 意译

一些英语习语如果直译不能明确完整地表达语义，往往采取意译的方法：

She found herself to be a fifth wheel in the family.
她感到自己成了这个家里多余的人。
Nine tailors make a man.
要有绅士风度，穿着必须考究。
Every man must carry his own cross.
人人都要忍受生活中的苦难，承担自己的生活负担。
People who live in glass houses should not throw stones.
己有过，勿正人。

3.5.4 归化

归化译法就是套用汉语习语来翻译英语习语。当直译出的意义不易被理解和接受，或如果进行意译，则失去了英语习语生动形象的特点，这时可采用归化译法。

have a wolf by the ears
骑虎难下
Give a dog an ill name and hang him.
欲加之罪，何患无辞。
Blind love mistakes harelip for dimple.
情人眼里出西施。
It's easy to be wise after the event.
事后诸葛亮。
Nothing is easier than fault-finding.
站着说话不腰疼。
Murder will out.
纸包不住火。
The grass is greener on the other side of the hill.

这山望着那山高。

May as well be hanged for a sheep as a lamb.

一不做，二不休。

Two of a trade never agree.

同行是冤家。

A new broom sweeps clean.

新官上任三把火。

恰到好处的归化法可以使译文地道简洁、生动活泼，便于译入语读者理解和接受。如前所述，一些英语的习语可以通过直译来保留原文中生动的形象，比如："A swallow does not make a summer." 我们可以用归化法译成汉语的习语"独木不成林"，也可保留原语的形象，直译为"一燕不成夏"。"You may take a horse to the water，but you can't make it drink." 可以用归化法译为"老牛不喝水，不能强按头"，也可以保留原来的比喻形象，直译为"牵马河边易，逼它饮水难"。是用归化法翻译还是保留原文中的比喻形象进行直译取决于具体的语境。同时，我们也可以采取直译加注的形式，既保留原语的生动形象，又可以让译入语读者很好地理解。

词语英译汉练习

1. 词义选择与引申

翻译下列句子，请注意画线词的译法。

(1) Aggressive nations pose great threat to world peace.

(2) Today's executives are hungry，competitive，and aggressive.

(3) He was smooth and agreeable.

(4) The classic Greek civilization knew of seven metals：gold，silver，copper，iron，tin，lead and mercury.

(5) The holographic image must be viewed by looking directly through the film. Consequently, the size of the film limits the size of the audience that may view it at one time.

(6) Colors can give more force to the form of the product.

(7) My little romantic friend formed visions of the future for herself.

(8) She was vexed by the persistent ringing of the phone.

2. 增词法

翻译下列句子，请根据具体情况，适当增词。

(1) The avenue is flanked by rows of new buildings.

(2) The governor made an inspection tour in the eastern provinces.

(3) The first electronic computers came into use in 1958.

(4) The Bakers are from New York City.

(5) The best conductor has the least resistance and the poorest the greatest.

(6) The advantages of the hall are bright, spacious, fashionable and without echo.

(7) We have rounded up four destroyers. Admiral Pound would be happier with six.

(8) Heated, water will change into vapor.

(9) She is on her listening tour of New York.

(10) Our rushing is understandable, but costly.

(11) For many families, especially in Singapore, two incomes are a necessity.

(12) A new kind of aircraft—small, cheap, pilotless is attracting increasing attention.

3. 减词法

翻译下列句子，请根据具体情况适当减词。

(1) He shrugged his shoulders, shook his head, cast up his eyes, but said nothing.

(2) If I had known it, I would have joined in it.

(3) His son was wise and clever, but her daughter was silly and foolish.

(4) She was surprised and taken aback.

(5) The inauguration took place on a bright, cold, and windy day.

(6) For those who have enough psychological imagination, it is a good plan to imagine an argument with a person having a different bias.

(7) Now we have solved the problem and have arrived at the same conclusion as they arrived at.

4. 转换法

翻译下列句子，请做适当转换。

(1) Below 4℃, water is in continuous expansion instead of continuous contraction.

(2) Sodium is very active chemically.

(3) I have the honor to inform you that your request is granted.

(4) The design aims at automatic operation, easy regulation, simple maintenance and high productivity.

(5) She ran over the lawn, up the path, up the steps, across the veranda, and into the porch.
(6) They worked long hours on meager food, in cold caves, by dim lamps.
(7) The baby doubled its weight in a year.
(8) Do not complain if your game is not going well; a good game is bound to happen sooner or later.
(9) Her mother is in her fifties.
(10) He was open now to charges of willful blindness.
(11) He is a valuable acquisition to the team.
(12) Nowadays a student heading for college may pack a frying pan along with his books.

5. 习语的翻译

将下列习语翻译成汉语，注意其属于哪一种形式。
(1) Trim the sail to the wind.
(2) birds of a feather
(3) A lion at home, a mouse abroad.
(4) burn one's boats
(5) laugh one's head off
(6) to cry wine and sell vinegar
(7) a wet blanket
(8) to face the music
将下列习语译成汉语，注意选用适当的方法。
(9) Advice and correction roll off him like water off a duck's back.
(10) Two blacks do not make a white.
(11) You are flogging a dead horse by asking him to lend you money—he hasn't even got enough for himself.
(12) Have two strings to your bow.
(13) at one's wit's ends
(14) against a rainy day
(15) Two heads are better than one.
(16) Like cures like.
(17) The tongue cuts the throat.

第4单元

句子英译汉

句子是翻译过程中的基本单位，一般翻译实践中首先以句子为翻译单位；只有原文内容与形式过于复杂，才需要拆解原句，在译文中重新组合。因此，句子的翻译方法尤为重要。本单元我们主要讲解英语中比较有代表性的几种句型的翻译方法。

4.1 定语从句的译法

英语中定语从句的使用比较普遍。英语的定语从句译成汉语时，既可以译为前置定语，也可译为后置定语（独立成句），还可以译为状语从句。下面我们分别来看：

4.1.1 前置法

前置法即把定语从句翻译成汉语的前置定语，例如：

The sun, which had hidden all day, now came out in all its splendor.

那个整天躲在云层里的太阳，现在又光芒四射地露面了。

Mr. Murdoch who owns the *New York Post* indicated that U. S. newspaper's editorial strategies were to blame for their financial problems.

拥有《纽约邮报》的默多克先生指出，美国报纸的编辑战略应为报纸财务的问题负责。（冯庆华，2008）

这两个句子是典型的定语从句前置译法，在这种情况下，定语从句往往都比较短，翻译时按照汉语的表达习惯前面加个“的”字即可。

4.1.2 后置法

有的定语从句比较长，结构比较复杂，表达的意思相对比较独立，对所修饰的成分起补充、说明作用。这时，往往把定语从句后置，译成并列的分句。如上文的那个例句也可以译为并列句：

The sun，which had hidden all day，now came out in all its splendor.

太阳整天都躲在云层里，现在又光芒四射地露面了。

They were striving for the ideal which is close to the heart of every Chinese and for which in the past，many Chinese have laid down their lives.

他们正在为实现一个理想而努力，这个理想是每个中国人所珍爱的；在过去，许多中国人曾为这个理想而献出了自己的生命。

4.1.3 译为状语从句

因为英语中有些定语从句兼有状语从句的职能，表明原因、结果、目的、让步、假设、转折等，翻译时应善于从原文的字里行间发现这些逻辑上的关系，然后译成汉语中各种相应的偏正复句。例如：

He insisted on building another house，which he had no use for.

他坚持要再建一幢房子，尽管他并无此需要。（让步状语从句）

We know that a cat，whose eyes can take in many more rays of light than our eyes，can see clearly in the night.

（人们知道，）（由于）猫的眼睛比我们人的眼睛能吸收更多的光线，所以猫在黑夜里也能看得很清楚。（原因状语从句）

The study found that non-smoking wives of men who smoke cigarettes face a much greater than normal danger of developing lung cancer. The more cigarettes smoked by the husband，the greater the threat faced by his non-smoking wife.

如果我们把画线部分直译为“吸烟丈夫的不吸烟妻子”会显得非常生硬、别扭，完全不符合汉语的表达习惯。这个定语从句相当于汉语里的紧缩复句：妻子不抽烟而丈夫抽烟；或者，也可以用一个并列复句表达：妻子不抽烟，而丈夫抽烟。全句可以译为：

这项研究表明，妻子不抽烟而丈夫抽烟，妻子得肺癌的危险性比一般人大得多。丈夫抽烟越多，妻子受到的威胁也就越大。

He wishes to write an article that will attract public attention to the matter.

他想写一篇文章，以便能引起公众对此事的关注。（目的状语从句）

We should live each day with a gentleness，a vigor，and a keenness of appreciation which are often lost when time stretches before us in the constant panorama of more days and months and years to come.

这个定语从句又蕴含一个 when 引导的时间状语从句。综观全句，定语从句表达的意思与主句的语义有一定的对照、对比关系，因而可以按照意思译为：

我们应以和善的态度、旺盛的精力，真诚的感激（敏锐的感受力）来度过每一天；而当日子像永无止境的画卷，日复一日，月复一月，年复一年地延伸下去时，这态度、精力和感激之情（敏锐的鉴别力），常常会悄然消失。

4.2　长句的译法

我们在第 2 单元“英汉语对比”中已经介绍过英语和汉语在句子结构方面的特点，即英语句长，汉语句短。

英语中的长句很常见，句子层层嵌套，句中有作用灵活的不定式、介词短语、分词以及由 who、that、which 引导的定语从句等，因此，句子可以很长，但结构严密。而汉语句段不仅有句子，还有词组，长短错落，形成长长短短的“板块”。这些板块流散铺排成语段。我们来看下面的这个例子：

I was standing in an eerily beautiful snowscape，windswept and sparkling white，with the horizon defined by little hummocks，or “pressure ridges” of ice that are pushed up like tiny mountain ranges when separate sheets collide.

这是一个典型的英语长句，内含分词短语（windswept and sparkling）；介词短语（with…）；定语从句（that are pushed up…）；定语从句中又内嵌了状语从句（when…）。这些成分其实都可以看作独立的语义单位。翻译时先将该句按语义单位进行切分，切分后进行适当调整，将每个语义单位拓展为汉语独立的小句：

展现在我眼前的是一片摄人魂魄的美丽雪景，寒风凛凛，冰晶闪闪，白雪皑皑。天边是连绵起伏的小冰丘，也叫做“挤压垄”。“挤压垄”由冰块碰撞挤压而成，看上去像是一个个小山脊。（徐莉娜，2014）

以上译文将原文拆分成若干个小句，即所谓的“流水句”。流水句是英译汉的表现手段。

总体来讲，英语长句的翻译主要有以下两种方法：顺序法、逆序法。下面我们分别介绍。

4.2.1　顺序法：按照英文句子中语言单位的顺序译成中文

If the resistance of the floor could be entirely removed，any horizontal force could start the box moving and once started it would continue to move indefinitely unless a force were exerted to stop it.

假如地板的阻力能完全去掉的话，那么任何水平力都能使箱子运动，而且一旦开始运动，它就无止境地运动下去，除非施加一个力使它停止。

4.2.2 逆序法：译文的顺序和原英文句子的顺序相反

It therefore becomes more and more important that, if students are not to waste their opportunities at universities, there will have to be much more detailed information about courses and more advice.

英语中以 it 作为先行词的主语从句，译成汉语时往往需要先把后面从句的意思表达出来，因为英语可以先出现代词，然后再出现代词所代替的名词；而汉语则先出现名词，之后才可以用代词来替代名词。可以译为：

因此，如果要使学生充分利用他们上大学的机会，就得为他们提供关于课程的更为详尽的信息和指导/作更多的指导。这个问题显得越来越重要了。

再比如：

It is a truth universally acknowledged that a single man in possession of a good fortune must be in want of a wife. (J. Austen: *Pride and Prejudice*)

凡有钱的单身汉总想娶位太太，这已成了一条公认的真理。

当然，这个句子顺序译为“有一条举世公认的真理，那就是，凡有钱的单身汉总想娶位太太。”也未尝不可。翻译这样的主语从句在处理语序的时候要具体情况具体分析。

下面我们看另一种情形：

He was puzzled that I did not want what was obviously a “step up” toward what all the Americans are supposed to want when they grow up: money and power.

所有美国人受的教育是长大成人后应该追求金钱和权力，而我却偏偏不要明明是朝着这个目标“迈进”的工作，他为之大惑不解。

将以上句子的译文和原文进行对比可以看出，在译成汉语时用了和原句相反的语序，这是因为，英语在一个句子里往往先说个人的感受，再说与感受有关的动作，最后再说最初发生的事情；而汉语则相反，往往按照事情发生的顺序来叙述，最后才说个人的感受。

这是英语和汉语在表达感受时的句子语序安排。再如：

I was keenly delighted when I felt the fragments of the broken doll at my feet.

娃娃摔碎了，我的脚碰着碎片，心里高兴极了。

I was filled with wonder when I consider the immeasurable contrast between the two lives which it connects.

从这一天开始，我的生活和以前迥然不同，一想到这一点，我就感到非常兴奋。

以上这种表达感受的英文句子在译成中文时往往采用逆序的方法。

这个过程体现在理解和表达两个阶段上。其中分析句子的内在逻辑关系、确定翻译单位是理解阶段，而对原句进行调整和重构属于表达阶段。

下面我们以一个长句为例，来看看如何分析、理清句子的内在逻辑关系，并确立翻译单位：

The great difficulty of introducing radically new computer architectures which requires customers to rewrite most of their software excluded the possibility for these techniques to find their way to the commercial marketplace.

首先，我们要进行句子分析。这个句子的主要结构是：the great difficulty… excluded the possibility…

句子的主语 the difficulty 包含两层意思。其一，introducing radically new computer architectures is difficult（引进全新的计算机结构体系非常困难）；其二，radically new computer architectures require customers to rewrite most of their software（全新的计算机结构体系要求客户改写他们的大多数软件），而这两层意思的内在逻辑关系是：因为引进全新的计算机结构体系要求客户改写他们的大多数软件，所以非常困难；而这个困难又 excluded the possibility…。这样来看，整个句子的翻译单位应该有如下几个：

① The great difficulty… excluded the possibility…

② new computer architectures require…

③ …difficulty（is difficult）

④ techniques to find their way to the commercial marketplace

⑤ excluded the possibility（is impossible）

了解内在逻辑关系、确立翻译单位后，我们再重新调整顺序。译文可以这样表达：

采用全新的计算机结构体系，势必要求用户改写其大部分软件，因此难以付诸实施，这些技术也因而不可能/（难以）投放到商品市场。

如前所述，英语句子内嵌成分多，一个名词短语，尤其是 of 短语，往往相当于一个句子，应该被视为独立的翻译单位。如 the difficulty of introducing… 相当于 introducing the new computer architecture is difficult。同样，我们再看下面的句子：

As relations between China and Australia develop，the continuing importance of expanding trade will be balanced by the development of close contact over a broad range of political issues.

这个句子中的主语 the continuing importance of expanding trade 相当于一个句子，"Expanding trade is continuously important"，应该作为一个独立的翻译单位，译为："扩大贸易仍将是重要的"。全句可以译为：

随着中澳两国关系的发展，扩大贸易仍将是重要的，相应地，还要在一系列广泛的政治问题上建立密切的联系。

另外，还要指出的是，在分析句子内在的逻辑关系时，要特别注意一些名词的修饰语，这个修饰语往往不是简单地表明后面所修饰名词的特点、性状等，而是和句子中的其他成分也有一定关联。例如：

He crashed down on a protesting chair.

句中名词 chair 前的修饰语 protesting 实际上不是简单的一个定语，因而不能简单地译为："他猛然坐到一把吱呀作响的椅子上"。事实上，这个修饰语 protesting 和前面的谓语动词 crash 有因果关系。句子实际表达的意思是：

他猛然坐到椅子上，椅子被压得吱呀作响。

再例如：

These were good questions，because they called for thought-provoking answers.

句中的定语 thought-provoking 不是直接修饰 answers，不能译为"令人深思的答案"，而是和前面的 good questions 有关，所以应该译为：

这些问题问得好，（因为）要答上来需要动一番脑子。

从以上这几个分词修饰名词（protesting chair；thought-provoking answers）的例子可以看出，分词和所修饰的名词之间的关系不是简单的“定语＋中心词”的关系，翻译的时候要善于根据上下文判断出内在的逻辑关系，进行灵活处理。

4.3　否定句的译法

否定是所有语言都有的语法范畴，几乎所有语言都有特定的否定表达方式。另一方面，语言的否定包含形式否定和内容否定两个方面。也就是说，否定的形式不一定表达否定的意义，而肯定的形式表达的可能是否定的内容。在翻译实践中，我们常常会遇到各种含有否定意义或是否定形式的句子，由于英、汉两种语言表达否定的方式不尽相同，我们要准确理解英文中否定意义或否定形式所表达的实际意义，在翻译时用符合汉语表达习惯的方式翻译出来。

4.3.1　英语的肯定形式译为汉语的否定形式

英语中存在着许多非标记性的否定表达，即形式上是肯定的，但表达的意义并非一定是肯定的。我们也可以把这种否定看作是含蓄否定。这种含蓄否定可以体现在词汇层面，也可以体现在句子层面。译成汉语时我们可以通过用否定词或其他手段来实现。例如：

词汇层面：

look fixedly	目不转睛
keep still	不动声色
ill at ease	感到不安
wash one's hands off	洗手不干，不再管
wet behind the ears	年轻没经验的，乳臭未干的
turn one's back on	不理睬

句子层面：

Opportunity knocks only once.

机不可失。

Did I get your name right?

我没弄错你的名字吧？

Wet paint.

油漆未干。

The author should be the last man to talk about his works.

作者最不宜谈论自己的作品。

It is far from me to do anything to hurt you.

我决不想做任何事来伤害你。

英语的一些习语、谚语，在形式上是肯定的，译成汉语时往往用否定的形式：

Hungry dogs will eat dirty pudding.

饥不择食。

It takes two to make a quarrel.

一个巴掌拍不响。

A bird in the hand is worth two in the bush.

双鸟在林不如一鸟在手。（也可以译成肯定形式：一鸟在手胜过二鸟在林。）

Great books are always contemporary.

名著永不过时。

英语中的含蓄否定还体现在修辞性问句和感叹句上。一些修辞性问句，特别是特殊疑问句的修辞性问句，译成汉语时可以用否定句：

What do I care?

我才不在乎呢！

I should worry!

我才不在乎呢！

有时英文的祈使句实际上表达的是对句子所述内容的一个否定态度，这样的句子在形式上往往是肯定的，而暗含的态度实际上是否定的，而且是比较强烈的否定。例如：

Catch me doing that.

这句话在形式上是肯定的，而实际上表达的说话人的态度是否定的，译为：

我才不会干这种事呢。

同样：

But try looking a widow in the eye and talking about all the good that has come of this.

谁都不忍心看着在袭击中失去丈夫的妻子的眼睛而大谈恐怖袭击带来的好处。

英语中还有一些表示比较的句子，形式上是肯定的，译成汉语时往往用否定形式：

My guess is as good as yours.
我的猜测并不比你的高明。
You ought to know better to do that sort of thing.
你不该做那种事。
know better（than）（to）do sth.，表示的意思是否定的，是“不该做……”之意。

The old man has seen better days.
这位老人的状况大不如前（今不如昔）。

With Silicon Valley's notorious housing prices in mind，I expected to see a much worse house.

expect 这个词后面常常跟一个比较级，译成汉语时往往要用否定式“……没想到……”，这个句子可以译为：

（由于）对硅谷房价出奇的高早有所闻，（所以）看到房子还过得去，这我真的没有想到（真出乎我的预料）。

同样，
I have read your articles. I expected to meet an older man.
我读过你的文章，没想到你这样年轻。

4.3.2　英语的否定形式译为汉语的肯定形式

英语中一些含有否定表达的句子在译成汉语时往往可以译成肯定形式：

I can't agree with you more.
完全同意你的看法。（是十分强调的说法）
Your work leaves nothing to be desired.
你的工作做得十分令人满意。
We can't recommend this book too strongly.
此书必须大力推荐。

当然，“can not（never）… too …”的结构也可以译成“再……都不为过”。

The lion is no less cruel than the tiger.

狮子与老虎同样残忍。

4.3.3 双重否定

英语双重否定的形式译为汉语时，有时译为肯定形式，有时为了加强语气，翻译时仍保留原文否定的结构。

Not without some doubt.

带着几分疑惑。

Nothing is unexpected.

一切都在意料之中。

Never fail to come to me.

务必来找我。

She is not a little interested in certain techniques of English-Chinese translation.

她对英译汉的一些技巧极有兴趣。

She told him in no uncertain terms that she would not marry him.

她很坚决地告诉他她不愿嫁他。

Not for nothing does a weasel pay a New Year visit to a chick.

黄鼠狼给鸡拜年一定有目的。

He cannot speak English without making mistakes.

他说英语每说必错。(加强语气可以译为：他说英语不出错是不可能的。)

No one can read it without crying.

谁读此书都要落泪。(加强语气可以译为：凡读此书之人无不潸然泪下。)

Some parents would refuse to deny anything to their children.

这个句子虽然没有明确的否定标记，但 refuse 和 deny 是两个表示否定意义的词，所以双重否定可以译为肯定：

有些家长孩子要什么给什么。(对孩子有求必应)

再看一个例子：That person is nothing but an ignoramus!

在“nothing but…”结构中，but 相当于一个含有否定意义的关系代词，即 that not，所以，这个句子的实际意思是：That person is nothing if he is not an ignoramus. 所以可以译为：

那人是一个十足的蠢货/(简直就是)。

同样，“He never opens his mouth but telling a lie.”意思是：“He never opens his mouth when he is not telling a lie.”，应该译为：他一开口就说谎。

4.3.4 “There is no…but…; It's…that…”等特殊句型

如上节所述，在“否定词+but”的结构中，but 是一个含蓄否定关系代词，即一个含有否定意义的关系代词。所以，“否定词+含蓄否定”的“There is no…but…”的意思是“没有……不是（或没有）的……”，按照汉语的表达习惯，一般译为肯定式而非否定式。例如：

There is no rule but has exceptions. 意思是“没有规则没有例外”，所以按照汉语的表达习惯译为：

条条规则都有例外。(凡规则皆有例外。)

同样，

There is scarcely a man but has his weak side.

人皆有缺点。

类似的句型还有：“It's …that…not…”，意思是“再……也不可能”，“无论怎样……也不会”，译成汉语时往往用肯定形式：

It's a good horse that never stumbles.

这句话的意思是：再好的马也不可能不失蹄，所以按照汉语的表达习惯可以译为：

马有失蹄。

It's a good workman that never blunders.

智者千虑，必有一失。

值得指出的是，“It's…that…not…”这个句型中的 not 有时不出现，成为一个含蓄的否定，其意思依然是“无论怎样……也不会”“再……也不能”，这时翻译成汉语，往往依然用否定形式。例如：

It's a silly goose that comes to the fox's sermon.

再笨的鹅也不会去听狐狸布道。

It's a wise father that knows his own child.

无论怎么聪明的父亲也不见得都了解自己的孩子。

通过以上各节对英语中各种否定句翻译的讨论，我们可以看到，在翻译实践中，我们常常会遇到各种含有否定意义或否定形式的句子，如不注意，很容易掉入陷阱，导致误译。除此以外，还有部分否定、全部否定、否定的转移等问题，都需要我们在翻译实践中高度重视。

4.4 容易译错的句子

在翻译实践中，常常有一些句子容易译错。这其中的原因，或者是因为一些词或者特殊的表达方式容易使读者望文生义，导致误译，或者是因为语法上的理解错误从而导致误译。作为英语学习者，我们应特别留意这类特殊结构及表达方式，从而正确理解并正确翻译。下面我们从以下两个方面来分析一些容易译错的句子。

4.4.1 望文生义——细节词汇错误

1）Nobody will be the wiser.

误译：谁都不更聪明。

wise 除有“智慧的”“饱学的”之外，还有“知道的”意思，上面例子中的 wise 就是这个意思，所以句子应该译为：听完他的解释，我们还是不明白。

需要指出的是，在这个用法里，wise 通常用比较级：None the wiser＝no wiser than before＝as wise as before。

2）The smoke betrayed where the dwelling lay.

误译：炊烟背叛了住所。

betray 这个词最常见的意思是“背叛”，所以有：～one's country，～a friend，～one's trust，～a secret 等，另外一个意思是“显现”（to show，to reveal）的意思。例如，His behavior betrayed his intention.（他的行为显出其企图。）

所以，这个句子可以译为：炊烟起处有人家。

3）One or two of the jewels would never be missed.

误译：一两粒宝石是不会丢掉的。

miss 这个词往往会被认为是“丢失、遗失”的意思，在这里其含义是：notice the absence or loss of something，即“意识到……不在了”，所以句子的意思应该是：丢一两粒宝石是绝对发现不了的。

4）He is one of the institutions of the place.

误译：他是当地的机构之一。

institution 除了“机构”的意思外，还有“众所周知的人物”之意。所以，这句话应该译为：他是当地知名人物之一。再看下面的句子：

Self-congratulation should be taken in small doses. It is habit-forming, and most human institutions are far gone in addiction.

自歌自颂只可偶一为之，多必成瘾，而大多数的名人显贵都已成为瘾君子了。

（钱歌川，1982）

5）The teacher is satisfied that John's lateness was an accident.

误译：约翰的迟到只是个意外，老师对此很满意。

satisfied除了“满意的”意思之外，还有“相信”之意。所以，正确的译法是：老师相信约翰迟到是个意外。

再如：

He satisfied the police that he was honest. 他使警察相信他是诚实的。

Are you satisfied of my truthfulness? 你相信我说的是真话吗？

6）This failure was the making of him.

误译：这次失败是他造成的。

这里的making意思是“成功之道”（the process of becoming something or becoming successful）。所以，这句话的意思是“这次失败实为他成功的基础”。

同样，the making of a surgeon，可以译为“外科医生的成功之道”。

另外，如果making用复数形式makings，意思则是“素质”“气质”之意。

He has in him the makings of a poet.

他有诗人气质。

7）He took my advice in good part.

误译：他接受了我的大部分建议。

这里的part不是“部分”之意。take something in good part是一个固定表达，意思是“对……不见怪”“欣然接受”，这句话的意思是：他对我的建议欣然接受。

再如：The teacher took the students' practical joke in good part. 老师对学生们的恶作剧没怪罪。与take something in good part相反的表达是take…in bad（ill）part：见怪，不乐意地接受。如：

She took my comments on her thesis in ill part.

她对我关于她论文的评论不乐意接受。

8）Twenty failed, myself among the rest.

误译：二十人不及格，我不在其列。

among the rest的意思是“其中之一”，所以正确的译法是：二十人不及格，我正是其中之一。而for the rest的意思才是“至于其他”。

9）They made an example of the man.

误译：他们以此人为榜样。

make an example of sb. 不是“以某人为榜样”的意思，而是“惩罚某人以警示他人”，所以正确的译法应该是：他们对他进行惩罚以儆效尤。与这个短语容易混淆的是 set an example to sb.，意思是“为……树立榜样”。例如：

If you want others in your business to change，you must set an example for them to follow.

如果想让企业中的人做出改变，你必须以身作则。

10）It is the man behind the gun that tells.

误译：枪炮后面的人可以讲话。

tell 做不及物动词时的一个意思是“have effect”，“有影响”“奏效”，所以这个句子的意思是“重要的是人而不是武器”，也可译为：胜败在人而不在武器。

再如：

Money is bound to tell.

钱到效生。

11）There are friends and friends.

误译：有很多很多的朋友。

这个句式，虽然重复名词，其实意思是“各种各样的……”“……与……不同”，所以正确的译法是：朋友有种种不同。有损友，也有益友。再如：

There are dinners and dinners.

晚餐与晚餐不同，有粗茶淡饭，也有山珍海味。

12）Mike made a portrait of Maggie，which flattered her.

误译：迈克给麦琪画了幅肖像，这使麦琪非常开心。

flatter 这个词除了基本的意思“讨好”“奉承”外，还有“使显得更漂亮”“使胜过本人”之意，所以正确的译法应该是：迈克给麦琪画了幅肖像，画像比她本人漂亮。

再如：

The pink dress flattered her figure.

粉红色连衣裙使她体型尽显窈窕。

13）Though we expected some absences，the staff were there to a man.

我们以为有人缺席，实则都到齐了。

to a man 的意思是“全部”“无例外地”。

14）I will teach him to deceive others.

误译：我要教给他如何骗人。

这个句子的结构不是常见的 teach somebody to do something，正确的译法是：我要教训他一下，看他还敢欺骗别人。teach 在这里的意思是“惩戒”“教训（某人不要干……）”，一般用在非正式场合，一般将来时中。再如：

I'll teach you to call me a liar.

你敢说我说谎，我就对你不客气。

4.4.2　语法关系错误

1）We parted the best friends.

误译：我们把最好的朋友分开了。

part 在这里是不及物动词，后面的 best friends 不是宾语，而是做主语的补足语，句子的意思是：We became best friends when we parted. 所以正确的译法是：我们分别时已成为最好的朋友。类似的结构还有：

He went away a little boy，and came back a general.

他走的时候还是一个小男孩，回来时已成为一名将军了。

She came back a changed girl.

她回来时大变了一个人。

这些句子里的谓语动词都是不及物动词，后面的名词所起的作用不是宾语，而是主语的补足语。

2）He is ignorant to a proverb.

误译：他一个谚语都不懂。

to a proverb 的意思是“出了名的”（像谚语一样家喻户晓的），相当于形容词 proverbial，“格言般的”“众所周知的”。这里的介词 to 表达的是“结果”。这句话正确的译法应该是：他的无知是出了名的。

类似的用法还有 to a wonder，意思是“令人惊讶的”“好极了”。例如：

He is thrifty to a wonder.

他的节俭令人吃惊。

3）It was not that he had plenty of money.

误译：他并不是很有钱。

It 在这里不是指后面的从句，而是个一般性代词，意思是 reason，而 that 的意思是 because，所以正确的译法是：并不是因为他很有钱。

完整的形式是：“It is not that… but that…”“不是因为……而是因为……”

4）He stole her a watch.

误译：他偷了她一块表。

her 在这里是间接宾语，正确的译法是：他为她偷了一块表。

同样的，双宾语结构，buy sb. a book 给某人买了本书。

如果表达“他偷了她一块表”，英语则是“He stole a watch from her.”

5）We should think twice before using fortified cleansers，and pressuring our doctors to give us antibiotics for every infection.

误译：我们应该在使用强力清洁剂时三思而行，每一次发炎都要敦促大夫给我们开抗生素。

此句谓语 think twice before 后面跟了两个动名词，using 和 pressuring。误译的原因在于没有意识到 pressuring 前依然有 think twice before（三思而行，做……时要慎重考虑）。所以，正确的译法应该是：

我们应该慎用强力清洁剂，同时也不能一有感染就强求大夫开抗生素。

句子英译汉练习

1. 翻译下列定语从句。

(1) I have never had much patience with the writers who claim from the reader an effort to understand their meaning.

(2) He didn't remember his father who died when he was three years old.

(3) How can anyone hope to be a qualified teacher, who doesn't know what the students are thinking and demanding?

(4) The big problem of comprehension of the English text and the bigger problem of how to express it in rich, present-day Chinese which ranges from the classical to the colloquial, both have to be solved in the course of translation.

(5) My assistant, who had carefully read through the instructions before doing his experiment, could not obtain satisfactory results, because he followed them mechanically.

(6) And I take heart from the fact that the enemy, which boasts that it can occupy the strategic point in a couple of hours, has not yet been able to take even the outlying regions, because of the stiff resistance that gets in the way.

2. 翻译下列长句。

(1) A World Bank report released at the time of the conference, which ended on 10 November, insists that Vietnam's overall growth will depend more on its own policies than on the volume of external financing.

(2) The 180-page document, with more than 300 articles and eight annexes, definitely covers every conceivable issue dealing with the seas, from the definition of what constitutes an island to the jurisdiction over fish that live in fresh water but spawn in the ocean.

(3) As I lie awake in bed, listening to the sound of those razor-sharp drops pounding on the pavement, my mind goes reeling down dark corridors teeming with agonizing

flashbacks, and a chill from within fills me with dread.

(4) As a last resort, conditions permitting, we may seek at home medical service, namely, diagnosis and treatment from abroad, to use professional terminology, telesatdiag, as compared with vis-à-vis consultation, say, in an ill-equipped, poorly staffed hospital, particularly on an acute, severe or, in physician's view, unidentified case, undoubtedly a most effective therapeutic device available.

(5) The invariable legend is either that the consumers are sovereign—their demand steers the allocative process—or that they are at the mercy of the producers in the market, who influence them through subtle advertising, denial of choice, and price manipulation.

3. 翻译下列词组及句子，注意肯定与否定的相互转换。

(1) Sad to recall.

(2) Prices of ticket vary.

(3) He is anywhere to be found but in his office.

(4) Out of sight, out of mind.

(5) It's by no means accidental.

(6) This thesis leaves much to be desired.

(7) You can never be too careful about English-Chinese translation.

(8) The thought of returning to his native land never deserted him amid his tribulation.

(9) If students are not to waste their opportunities at universities, there will have to be much more detailed information about courses.

(10) It's a long lane that has no turning.

(11) Yet the process of achieving gender equality is still an ongoing one.

(12) He dived into the water fully clothed and rescued the children.

(13) Osborne was Sedley's adopted son, and had been one of the family anytime these 23 years.

(14) Great books have more ideas per page than most books have in their entirety. That is why you can read a great book over and over again and never exhaust its contents.

(15) With this pseudo-melting-pot bull shit, he was skirting the issue.

(16) When a man is wrapped in himself he makes a little pretty package.

(17) A child whose life is full of the threat and fear of punishment is locked into babyhood.

4. 翻译下列句子，注意容易误译的词或结构。

(1) His mistakes betrayed his lack of education.

(2) She has the makings of a fine musician.

(3) He went away an enemy, and returned a friend.

(4) He is kind to a fault.

(5) All his classmates came to his birthday party to a man.

(6) Every shot tells.

(7) There are merchants and merchants.

(8) That color doesn't flatter many people.

(9) If you ever think he is lazy, think again.

第5单元

段落英译汉

段落，或称语段，一般指大于句子而又小于语篇、能承载比句子更复杂的思想且具有关联意义的语言片段或句子组合。在某种程度上说，段落翻译是最适合考察翻译实践的单位。这是因为，翻译是一种涉及语言、文本、社会文化等诸多层面的跨文化信息交流，单句翻译往往缺少一定的上下文语境支持，而段落翻译则摆脱了单句翻译中孤立地解读信息的拘囿，将考察对象扩展到由若干相互关联的句子组合又具有独立语义的语段，有利于译者在更充分的文本信息的基础上，从整体上把握原文含蕴，考察句间逻辑关系及词义、句义，构建与原文相似的译文认知环境，在有效传递原文本信息功能的基础上，使译文连贯、畅达。从文本类型角度看，典型的段落翻译，通常至少涉及一个或一个以上的句群，提供了借以判断文本类型和文本功能的上下文语境，可借助左邻右舍，选择相应的翻译策略和方法。但与篇幅较大的语篇翻译相比，段落翻译技能在文本分析和训练上更具灵活性，有助于学习者循序渐进，夯实翻译基础。总之，段落翻译不仅涉及语义转换、句式转换，还可能涉及特定的文本信息转换和文体的转换，在实践上更具典型意义。

5.1 英汉段落差异与翻译

英文段落在思维模式、词法、句法，尤其是组织结构和衔接等方面与汉语段落存在较大差异，具体体现在以下方面。

5.1.1 段落的组织结构

英汉段落最突出的差异在于组织结构。典型的英语段落，一般由主题句或核心句统领，多呈“主题句—阐述句—总结句”式，焦点信息多置于段首；相比之下，汉语多采用“展开型”思维方式，呈现“流水型句式”，无明显主题句，按事情发生的先后展开叙述，以意统形，多动词，无形态的屈折变化，结构松散。因此，在段落翻译中，英语形合和汉语意合之间的转换，可能涉及对整个句子内部、句际之间的句架调整或重组。有时也涉及连接词的增添或删减，以顺应译入语的叙述习惯。

5.1.2 语段的衔接

有关英汉语段在衔接上的差异，以下方面值得注意：

(1) 衔接是英语中连句成段、确保段落语义连贯的重要手段，对段落整体性的构成起着主导作用，是准确理解英文段落必不可少的一环。在使用频率上，英文段落采用衔接手段往往高于汉语。

(2) 一般而言，汉语段落的衔接方式因文体类型不同而有所区别，论述类、说明类的文体在连接词的使用上略多于文学性强的叙述类、描写类文体。

(3) 在衔接手段上，英文衔接多为显性，即段落的句子内部及句际之间常常借助显性衔接手段体现逻辑关联。相比之下，汉语段落的词句之间的语法关系，需要靠段落内部句际之间的逻辑意义来实现，或呈现隐性衔接。

常见衔接手段

衔接主要包括语法衔接和词汇衔接。英文段落常见的衔接手段，主要包括指代、替代、省略、连接、照应等，通常借助连接词、关系代词、介词、分词、副词、序列词，以及同义词、近义词或从句等各种形式来显现各种组合关系。尤其要注意以下情况：

1) 同义复现

英文一般不喜欢重复，因此词汇的同义、近义、反义同现以及具有因果、修饰等组合搭配关系的词的复现，较为多见。英文复现不仅对语篇有衔接作用，还避免了词语的单调重复，显示出英语用词多变的特点，可增强语言表现力，使行文逻辑更为紧密，而汉语则出于衔接或修辞目的，较多运用省略或词汇重复等手法。

2) 指称衔接

指称，又称照应关系，包括指示代词（this、that 等）、人称（人称代词、物主代词等）、定冠词（the）等指称关系，体现句中或句际在语言表达上的粘连性和语境关系，是英文段落语义衔接的重要手段。由于英汉两种语言在指称上存在一定差异，翻译时需作调整，具体如下：

(1) 英语中的 it 可回指，可下指，可远指，也可近指，可译为“这”，也可译为“那”。而 any 为任指，译为汉语的任指关系后，一般添加“也”或“都”字，如：Anyone will do，译为“谁都可以”。

(2) 英语代词预指汉译时一般需要还原为被指代的人、物或事件名称，或改英语预指为汉语回指。

(3) 英语叙述代词先行，如“Though it…，China…”，而在汉语中，往往是先用名词，再用代词，译为“虽然中国……，但……”。

(4) 代词 it 汉译时，不宜亦步亦趋地用“它”替代，以免意思含混，不能达意，或不符合汉语习惯，可尝试转换为名词。

总之，段落翻译涉及衔接手段处理时，要通过辨析原语段的语义复现、指称照应等衔接形式，找到原文内在的语义、语法和逻辑关联，理解原文的深层含义，并视上下文的需要，根据译入语习惯进行衔接转换。有的可作隐性处理，以求简洁、自然、通畅，有的则需要准确地将这些逻辑关系表现出来，以确保译文能清楚地传达原文的语义和语法关系，并达到忠实于原文信息的效果。掌握英汉两种语言在衔接手段上的差异，有助于提高对原文的准确解读。

5.2　英汉段落翻译中的择词

翻译过程就是语言转换过程，段落翻译提供了英汉比较的语境和语体，转换归根结底要落在表述和措辞上。从选词上看，英汉两种语言在表意范围、搭配关系、词义色彩以及习惯用法等诸多方面，存在许多不完全对等之处。因此，在英文段落汉译过程中，选词需要顾及原文的左邻右舍，根据上下文确定词义，同时还要根据译入语的搭配关系、句子成分之间的关系和语言习惯等因素，确定每一个词在段落中同上下文语义相契合的对应语义，以力求充分、贴切地表达词语的含义，使译文得体、适宜。当字面意思无法达意或译入语中没有恰当的对应表述时，可以考虑灵活变通，而不是囿于原文，简单机械地逐字死译。当某一词难以与另一成分搭配时，可考虑增词、调整词序，甚至改变整个句架等翻译技巧，以求词义搭配得当，译语顺畅。此外，还要注意词的褒贬色彩、措辞的具体与笼统、形象与抽象、肯定与否定，以及英语的一般用语与汉语成语的互换等。

5.3　文本类型与段落翻译

一般而言，在着手翻译英文段落之前，需要对其文本类型进行分类判断。在对原文的文本类型有准确判断的基础上，才能针对不同的文本功能、语域，进一步制定相应的翻译策略和翻译方法，确保译文能最大限度地呈现原文的文本特点，以更好地体现翻译的目的。根据语言功能，最常见的文本，主要分为信息型文本、表达型文本及呼唤型文本等类型，其文本特点具体如下：

1）信息型文本

此类型文本重在传递信息，内容为主，形式为辅，凡旨在表现事实、信息、知识、观点等的文本，皆属于信息型功能，包括说明书、专业报告、商业信件、官方文件、新闻发布、会议纪要、论文、教材参考书、各类非虚构类书籍以及各技术领域的文献等。信息型文本重客观性陈述，逻辑性较强，翻译时力求以文本为中心，语言简朴、明了。

2）表达型文本

此类型文本以作者为主导，重在表情达意，主要包括文学作品、政论文本、讲话稿、自传、随笔、个人通信等。表达型文本强调创造性构建，重形式，翻译时注重忠实原作者的思想内容、表达方式和写作风格。

3）呼唤型文本

此类型文本关注信息接受者的反应，以引导和感染受众为目的，主要包括告示、广告、宣传、劝导性文字、通俗小说等，翻译时需注重语言的可读性、感染力和效果。

翻译理论家纽马克将翻译分为语义翻译和交际翻译，认为语义翻译具有直译和忠实翻译的优势；交际翻译集归化、意译和地道翻译的优势。事实上，表达型文本和信息型段落翻译，重在信息内容和形式，适合用语义翻译策略，而呼唤型段落翻译，注重读者反应，可考虑侧重交际翻译策略。但需要指出的是，文本的功能并非完全单一，例如领导人的演讲，属于表达型和呼唤型并重的文本。总之，动态的语段作为翻译单位，比孤立、静态的单句更利于全面的观察。由于不同语段可能涉及不同体裁、语域和文本类型，对译者而言，建构文体意识对顺利完成语段翻译尤为重要。

5.4 段落翻译的过程

翻译分为理解和表达两个过程。具体到段落翻译，更需要在通段阅读的基础上，准确把握原文段落的遣词造句，同时需根据上下文，在译入语中选择适当的词汇和表达手段，而无论是遣词还是造句，如其文本特征要求对应的译文通晓畅达，则译文应主要以汉语的表达逻辑为准则，调整语句，以避免晦涩难懂、别扭生硬。此外，在段落初译后，一般仍需反复审校，以发现错讹，这也是从整体上对段落进行把控，二次润色加工的过程。

5.5 段落长难句常用翻译方法

翻译英文段落常会涉及长难句的处理，这也是段落翻译的难点所在。对长难句句法、语义的准确把握，是长难句翻译的先决条件。在译文的表达过程中，可从复杂的从句、短语嵌套的复合句中找到入手点，找出该段落的语义逻辑链。以下为长难句常用的翻译方法：

5.5.1 直译与意译

由于段落翻译涉及不止一个单句，极有可能整个语段既有直译也有意译，即直译和意译相结合。不过，无论是直译还是变通，都是依据具体的上下文需要而定。一般而言，如原语段在语言、文化上与译入语之间存在的认知和思维习惯上的差异不大，可考虑基本保留原文句式，按照原文表层含义进行语际转换。换言之，如直译能达意，可选择直译。如直译的译文效果不佳，语句欠通顺，难以达意，甚至影响上下文理解时，则可考虑意译。需要强调的是，意译并非胡译，而是在不损害原文内涵的基本前提下，对原文结构作出调整，以求上下文的通畅。

5.5.2　顺译与逆译

段落翻译通常涉及多个句子，也就是说可能涉及一个或一个以上的句群，因此，译文语句在顺序上的铺排，往往不仅涉及句子内部，还会涉及句际之间。顺译和逆译是不同的语序处置和调整。如果英文段落在叙述层次上与汉语相近，可以顺承原文语句的铺排和扩展次序进行信息转换，例如，状语从句在前、从句在后的长复合句，仅含名词性从句的复合句等，均可顺译。而在更多情况下，由于两种语言在行文习惯和叙事方式上的差异，翻译时可能需要进行语序调整。比如典型的英语段落，语序具有突出焦点的作用，其焦点位置多在句首；而汉语常常采用正序，惯于按事情发生的先后顺序依次叙述，先背景再结果，先说明事实，再表态，或前因后果，需要强调的信息置于句末。翻译时需要按照汉语的习惯，对原文的排列顺序进行逆向处置，重组句式，即将原文的前置焦点信息作后置处理，按时间发生顺序，依次译出各个事件，使句子前后连贯，逻辑关系一目了然。此外，英语的修饰语，既有前置也有后置，而汉语修饰语则多为右侧信息，翻译时，要依据译文需要，作顺序调整。

5.5.3　拆分与组合

拆译法，又称分译法，是段落翻译常用的处理长难句的变通手段之一。拆分主要包括以下情形：

其一，拆词，即将难译的词析出，译成独立的单句，或将原文段落中不好处置的成分，单独析出另译。需要拆译的词，多为形容词或副词。

其二，拆句，即根据译文需要拆分句子，重新组合，如英语定语太长，或多重定语，可按汉语习惯，将结构或信息复杂的长句在适当地方断开，拆分成短句；一句话说一件事，靠意思自然相连，或在前半部分定语之后加上逗号，再用“其”断开，代替这部分定语，继续叙述；非限定性定语从句，常采取此法。具体而言，拆分句子时，通常可以借助语义标志词，如连词、关系代词、介词、不定式符号 to、分词以及标点符号等；非限定性定语从句等也是断开的标志。特别是段落翻译中涉及长难句的处理，需要瞻前顾后，充分利用上文和下文，围绕句中各种形态的动词，包括谓语动词、非谓语动词、名词化动词等，将英语长句切分为零碎成分。再如，有些英语介词具有动词功能，翻译时视情况，照顾汉语多用动词的习惯，将句子断开，介词译为动词，处理为短句，更合乎汉语读者的阅读习惯。总之，拆分法试图通过句式的变通，达到使译文通畅的效果。

组合法，又称合译法，将原文的两个或几个分开叙述的句子或两个分句合并重组，使译文语气更紧凑，句式更合乎汉语习惯。又如，英语重客体思维，汉语偏向主体思维，翻译时，角度变化，也可能涉及句式的重组。

综上，由于英汉段落在信息焦点位置、上下文的语义和语法关联手段上的差异，汉译时可依据需要，作出直译、意译、顺译、逆译、拆分、组合等不同选择。尤其是英文段落中各类从句、短语嵌套的复合句较多，段落翻译可能涉及长难句的处置，必要时可能需要对原文的段落化整为零，按意群重新切分。因此，译者要熟悉中英文语段的结构及各自在句式和表达习惯上的特征，掌握多种翻译方法和技巧，以便实现有效转换。

5.5.4 增补与省略

由于英汉两种语言的差异，增补与省略，在段落的长难句处理中多有涉及。

增译，主要出于语法、意义或修辞需要，包括增补动词、形容词、副词、名词、表示名词复数的词，增补表示时态的词——汉语中强调时间概念的词汇，如“着、了、过”，以及强调时间对比的词汇，如“已经、将要”等。另外，也包括增补原文中的省略部分，比如增补表示逻辑关系或平衡结构的词语，或增补并列结构等。例如，翻译以现在分词开头的英文句子时，可在分词前添加主语。

省略，主要从修辞角度，省略重复出现的词或短语、可有可无的词；也有从语法角度作出的省略，比如省略代词、冠词、动词。尤其值得指出的是，英译汉中，省略“的”字，是一种隐形连贯性的语法手段，由于语境和情景提供的信息，省略“的”字可使译文结构简练、紧凑。

5.6 段落翻译实例

Passage 1

On hearing him speak one could be forgiven for thinking that we are at a turning point in our understanding of the world; he is a saint leading a lost people to the Promised Land. Bruner has earned the lofty regard with which he is held by his colleagues, disciples and generations of students.

聆听其发言，令人油然想到：我们正处于认知世界的转折点。产生这样的念头，或许无可厚非；布鲁纳是一位引领迷途之众走向应许之地的圣者，他赢得了同事、弟子及几代学子的崇高敬意。

本段落由两个独立的并列句和一个复合句构成，前两句均为一般现在时，最后一句为完成时，句子之间的内在关联通过时态及分号得以清楚呈现。从衔接角度看，首句 On hearing him speak one could be forgiven for thinking that we are at a turning point in our understanding of the world 中出现 him，one，we，our 等指示性代词，具有典型的英文行文特点，翻译时作了调整，将 him 译为“其”，one 译成泛指的“人”，our 省略不译；而其中的 could be forgiven for thinking 后接原因关系词 for，为显性衔接，逻辑清楚，语义明晰；译文略去显性连接词，通过句式拆分重组，译为“产生这样的念头，或许无可厚非”，用隐性方式表达原文的显性语义。以上处理方式，均旨在使译文更自然流畅，更能体现汉语习惯。

Passage 2

Identifying shifts in the Earth's climate requires decades of data，not just the observations of 2019 or any other single year. Climate change moves slowly，which is part of its calamitous power. Huge fires in California and Australia are probably worsened by the phenomenon—but no blaze can unequivocally be pinned on it，a fact seized on by those who would rather avoid the subject. Yet in the growing strength and coherence of climate protests，something did change discernibly in 2019.

确定地球气候的变化，需要数十年的数据，而不仅仅是2019年或其他任何单一年份的观测数据。气候变化缓慢，这是其灾难性力量的一部分。加利弗尼亚州和澳大利亚的大火可能会因这一现象而恶化，但没有一场大火可以明确地归咎于此，这一事实被那些宁愿回避这一话题的人抓住了。然而，随着气候抗议活动的力度和连贯性不断增强，2019年确实发生了明显变化。

从文本类型看，本段落主要具有表达、评述功能，可以考虑语义翻译和交际翻译相结合的策略，以兼顾内容和传达效果。原文段落中有多处衔接手段，翻译时需加以注意。"Climate change moves slowly，which is part of its calamitous power."一句为复合句，关系代词which作为衔接手段，引导非限定性定语从句，对主句的信息进行补充说明，也是从句断开的标志。本句可采取顺译法，在逗号处拆译，单独处理为以指称代词"这"为主语的独立句。Huge fires in California and Australia中in引导的介词结构后置部分为名词fires的修饰语，汉译时根据译入语习惯，处理为以"的"字结构为标志的前置信息："加利弗尼亚州和澳大利亚的大火"。the phenomenon中的定冠词the为衔接手段，具有指别功能，借助上文及实际情景，译为"这一现象"。but no blaze can unequivocally be pinned on it中的被动式，可译为省略被动字眼的结构"可归咎于此"。同位成分a fact seized on by those who would rather avoid the subject拆译为汉语的独立句："这一事实被那些宁愿回避这一话题的人抓住了"，实现了句法层面上的调整，使译文更合乎目标语的阐述习惯。"Yet in the growing strength and coherence of climate protests，something did change discernibly in 2019."一句，从结构上看，介词短语in the growing strength and coherence of climate protests作状语，可译为汉语的时间状语结构"随着……"；主句中的助动词did起强调作用，翻译时可根据汉语习惯调整句式，译为"2019年确实发生了明显变化"。

Passage 3

Microsoft is currently running an interesting set of hardware experiments. The company is taking a souped-up shipping container stuffed full of computer servers and submerging it in the ocean. The most recent round is taking place near Scotland's Orkney Islands, and involves a total of 864 standard Microsoft data-center servers. Many people have impugned the rationality of the company that put Seattle on the high-tech map, but seriously—why is Microsoft doing this?

微软目前正在运行一组有趣的硬件实验。公司将一个装满计算机服务器的集装箱淹没在海里。最近一轮实验是在苏格兰奥克尼群岛附近进行的，总共涉及 864 台合乎微软数据中心标准的服务器。很多人都指责微软把西雅图放在高科技地图上的合理性。不过，说真的，微软为什么要这么做呢？

本段为信息型文本，翻译策略侧重内容忠实，表意明晰，文从字顺。原文涉及丰富的指称衔接手段，汉译处理翻译策略和方法具体如下：原文第二句中的显性衔接指代词 it，汉译时在不影响理解的前提下，根据上下文作省略处理，构成汉语的隐性衔接。第三句由于上文关系，主语 The most recent round 省略了 experiment，为隐性衔接。翻译时，根据汉语的表达需要，增补为“最近一轮实验”。standard Microsoft data-center servers 根据汉语的词语搭配习惯，增译为“合乎微软数据中心标准的服务器”。词语搭配，也是衔接的重要手段之一。第二句的 the company 中，定冠词 the 具有指别功能，根据上下文的衔接关联，汉译时可还原为“微软”，表意更明晰。why is Microsoft doing this 中 this 为指示指称，翻译时保留了显性衔接。

Passage 4

Both degrees and jobs in computing are becoming increasingly specialized. For this reason, it is more important than ever to fully research a computing degree program so that you can be certain that the program will provide you with the knowledge and experience that you need for your career. However, it is not always easy to pick the right program just from the name of the program or the department. Although naming is becoming more standardized, there is still some variance from school to school and program to program. In conclusion, knowing exactly what kind of computing you want to do for your career and finding the right program can be helpful in securing your dream job after graduation.

计算机专业的学位及相关工作变得日益专业化。因此，全面地了解一个计算机学位项目，以确保该项目能提供未来职业生涯所需的知识和经验，这比以往任何时候都更为重要。然而，仅凭项目名称或院系名称选出适合的项目，并非总是易事。尽管命名越趋标准化，但不同学校、不同项目之间，仍存在一些差异。总之，准确地知道自己未来具体的计算机职业方向，并找到匹配的项目，这对确保毕业后找到理想工作是有所裨益的。

这是一个由“主题句—拓展句—结论句”三部分组成的典型的英文段落。从逻辑语义上看，首句为主题句，拓展句部分由显性关联词 for、however、although 衔接，对主题句作阐述、延伸，并以 In conclusion 收尾。考虑到该语段具有说明、阐释的文本功能，汉语译文以显性衔接方式基本保留了原文的逻辑结构词。译文“这比以往任何时候都更为重要”中的“这”，采取了指代替换的衔接手段。

Passage 5

What are the philosophers doing when they are at work? This is indeed an odd question, and we might try to answer it by first setting out what they are not doing. There are, in the world around us, many things which are understood fairly well. Take, for instance, the working of a steam engine. This falls within the fields of mechanics and thermodynamics. Again, we know quite a lot about the way in which the human body is built and functions. These are matters that are studied in anatomy and physiology. Or, finally, consider the movement of the stars about which we know a great deal. This comes under the healing of astronomy. All such pieces of well-defined knowledge belong to one or other of the sciences.

哲学家们究竟在干什么？这确实是一个奇怪的问题，而要回答这一问题，我们不妨先看看他们没做什么。在这个世界上，我们对身边的许多事物已有十分的了解，比如，蒸汽机的工作，这属于力学和热力学范畴。我们也相当熟悉人体构造及其功能，这些都是解剖学和生理学的研究对象。再如我们了解甚多的恒星运行，则属于天文学范畴。诸如此类，大凡定义明确的知识，均属于某一具体学科。

本语段为信息型文本，从结构上看，采用问句对答的形式，进行举例说明论证。语段中出现多处代词作为衔接手段，详见画线部分，包括指称代词 this、it、they、these 等，人称指示代词 they、we、us；以及语法衔接手段，如连接词 and、or；序数词 first、again、finally 等。翻译时，要考虑汉语在语义和结构上的衔接习惯，在相应处作转换、调整或省略，以求得译文在内容上忠实，在行文上通畅。如 one or other，通过同义关系来完成语义的连贯，译为“诸如此类”，而不是刻板效仿原文的字面结构译为“一种或其他种”。在翻译中，要学会辨别衔接手段，并作灵活的衔接转换，在涉及隐性和显性衔接的处理时，一般而言，可以保留原文的显性衔接，或显露原文的隐性信息。也可以隐藏原文的显性信息，或保留隐性衔接。

Passage 6

Unlocking iPhone X at a glance is more of a personal preference. But, if you find it more convenient then you can try FaceUnlockX. It has become one of the few jailbreak tweaks available for Apple's latest smartphone iPhone X. Have you jailbroken your iPhone X? Would you try FaceUnlockX on your device?

解锁 iPhone X，乍看去，主要是个人偏好。但如果你觉得更便捷的话，不妨试试人脸识别解锁 iPhone X，它已经成为苹果最新智能手机 iPhone X 上为数不多的越狱操作之一。你在 iPhone X 上越狱过吗？你会在手机上尝试这款 iPhone X 人脸解锁吗？

本段落为广告翻译。根据功能翻译理论，广告翻译应注重突出译文的“呼唤”功能，注重信息传递的效果，译文尽可能取得近似原文的读者效应。要顺应原文的文本类型、风格、语域和体式等方面的标准和规范，在内容上能准确传达原文信息和功能，在形式上又符合译语规范和文化标准，能被译语读者普遍接受。“越狱”一词对 iPhone 用户而言非常熟悉，稍对科技有些兴趣的苹果老用户，都会尝试通过各种渠道将苹果手机拿去越狱，以获得更高的系统权限，让封闭的苹果手机更具有可玩性。“越狱”，即破解 iOS 原生系统限制，实现更多的功能。

Passage 7

A list of accomplishments, however enormous, gives an inadequate picture of a scholar like Bruner. Not only is he widely honored by a grateful public through numerous honorary degrees and awards such as the Bolzan Prize, Europe's major intellectual award, he is venerated by his students who benefit from his encouragement and support as well as his often penetrating insights and advice.

尽管已经详列布鲁纳的诸多成就，但对于展示他这样贡献卓著的学者，仍恐难以尽列无遗。布鲁纳不仅广受公众赞誉，有包括欧洲重要的才智奖巴尔赞奖（Bolzan Prize）等众多褒项和荣誉学位加身，他还备受学生推崇，他对学生的鼓励和支持以及常常入木三分的见解和建议，令学生受益匪浅。

本语段从文本功能看，属于表达型为主的文本，具有评论性功能。原文多处采用连接词作显性衔接，语体庄重、逻辑关系紧密、层次分明，译文保留了原文的连接词衔接手段。译文充分利用汉语四字结构的优势，如“入木三分”“受益匪浅”，言简意赅，含蕴丰富，行文严谨，语体紧凑。原文出现多处衔接时，翻译时需考虑译入语的语言习惯，妥当处理。

Passage 8

Apple isn't the only handset manufacturer working on this kind of technology. At Google's event this week, the company introduced a Call Screen feature that utilizes Google Assistant to help weed out spam calls. Additionally, an update to the company's phone app from earlier this year sends spam calls directly to voicemail.

苹果并非唯一的一家致力于此类技术的手机制造商。谷歌在本周的活动上，推出了一项屏幕呼叫功能，借助谷歌助手，帮助清除垃圾电话。此外，今年初谷歌还对其手机应用程序进行了升级，将骚扰电话直接转接进语音信箱。

本段落为信息型文本，首句的 this kind of technology 和 this week 两处均采用了指代衔接手段。英文为避免重复，多用指代，汉语有时则需重复所指代的内容。文中的 a Call Screen feature that…一句中，关系代词 that 为语法衔接，汉译时可采取省略法，将句子前后切分，译文用逗号隔开，充分利用汉语的隐性衔接特点，实现语义的连贯。Additionally 为具有衔接功能的连接词，可直译为“此外”。

Passage 9

Blockchain technology can also be used for non-financial purposes. For example, the Inter Planetary File System (IFPS) uses blockchain to decentralize file storage by linking files together over the Internet. Some digital signature platforms now use blockchain to record signatures and verify documents that have been digitally signed. Blockchain can even be used to protect intellectual property by linking the distribution of content to the original source.

区块链技术也可用于非财务目的，例如星际文件系统（IFPS）利用区块链技术，通过互联网文件链接，实现去中心化文件存储。一些数字签名平台，使用区块链，对文件的数字签名进行记录和验证。区块链甚至可用于知识产权保护，其方法是，将内容分发链接到原始资源。

本段落主要阐明区块链的用法，属于信息型文本，具有说明功能，旨在传递信息。文中有较多专业术语，如 Inter Planetary File System、blockchain、decentralize file storage、digital signature platforms 等。翻译时，应考虑术语精准度，还要兼顾译文本地化和可读性，力求通俗易懂，实现准确传递信息的目的。

Passage 10

In terms of a timeline, Gates said he's aligned with Dr. Anthony Fauci, the nation's top infectious disease expert, on his prediction that there will be a viable vaccine by the end of the year, or early 2021. He said he and Fauci are in constant contact. In February, Gates, who along with his wife Melinda, run the Bill and Melinda Gates Foundation, pledged up to $100 million to help contain the coronavirus outbreak around the world. They said the funds would be used to help find a vaccine for the virus, limit its spread and improve the detection and treatment of patients.

就疫苗开发时间表而言，盖茨表示，他与美国顶尖传染病专家安东尼·福奇博士（Dr. Anthony Fauci）的预测一致，即到今年年底或2021年初将有可行的疫苗出现，并称他一直和福奇保持联系。今年2月，盖茨和妻子梅琳达（Melinda）共同管理的比尔和梅琳达·盖茨基金会承诺捐助1亿美元，帮助遏制世界各地的新冠病毒疫情。他们表示，这笔资金将用于帮助研发新冠病毒疫苗，限制其传播，并改善患者的检测和治疗。

本段落基本采用顺译法，文中有些地方按照汉语行文习惯，进行了一些断句和拆译，同时也作了相应的增补。例如，They said the funds would be used to help find a vaccine for the virus 一句中，被动结构 would be used 译为不带“被”字的汉语句式，the virus 则对其指代作了还原处理，译为“新冠病毒”。此外，在选词方面，原文中的 he said 和 they said，灵活处理为“表示”，更合乎本段落的语体风格。

段落英译汉练习

1. Angering legislators increased the chance of a bad outcome. Back when Google，Facebook，Twitter and others were babies，the answer that politicians gave on the question of content liability was clear. Laws such as America's Communications Decency Act (CDA)，passed in 1996，largely shielded online firms from responsibility for their users' actions. Lawmakers reasoned that the fledgling online industry needed to be protected from costly lawsuits. They were to be thought of more as telecoms providers，neutral venues on which customers could communicate with each other.
2. Bruner and Miller organized the first “Center for Cognitive Studies” at Harvard where Fellows and Visitors rallied together to remake psychology by changing the very idea of mind from that of a passive record of what happened into that of an ongoing，dynamic information gathering and hypothesis testing system. It was the cognitive revolution that was to suggest to Bruner that he may，after all，have something to contribute to education. It is impossible to overestimate the impact of the Center for Cognitive Studies on the development of modern psychology.
3. Among those keeping close track were virologists and other specialists at the U. S. Centers for Disease Control and Prevention，the country's flagship public health agency. Founded in 1946 to fight malaria in southern states，the CDC is at the vanguard in the fight against infectious diseases throughout the nation. It employs some 22,000 epidemiologists，biologists，behavioral scientists and others. Recent successes include rapid responses to contain the Zika，MERS and Ebola viruses.
4. Using mostly cash from venture-capital firms and other investors，Luckin expanded rapidly，opening more than 4,500 stores across China in a short span of time and overtaking Starbucks，which had 4,292 stores in the country as of December. Luckin used low prices and cheap delivery to sell coffee to millions of Chinese consumers，situating

many of its stores close to Starbucks outlets in a fierce battle for market dominance.

5. While the number of people seeking first aid fell below the 1.5 million who filed claims the week before and mark the 12th weekly drop in a row, the slide is slowing. And last week's tally was greater than the 1.3 million to 1.4 million economists expected. Initial jobless claims are the nation's most reliable gauge of layoffs, and in an investors note, *Oxford Economics* said the latest numbers "paint a picture of a job market in turmoil. Initial claims fell only slightly from last week, reminding us that layoffs in some areas remain widespread."

6. Virtual reality is essentially the use of technology to create the illusion of presence in an environment that isn't really there. It works by sending information to various senses, such as sight and hearing, that fool our brains into experiencing something virtual. The illusion is often completed by the presence of interactivity, in other words, the virtual world responds in some way to your presence.

7. Shares of Tencent plunged as much as 10% following Trump's Aug. 6 executive order, erasing nearly $35 billion in market value as investors worried that the tech conglomerate's gaming operations and other business interests in the U.S. would be under threat. Tencent holds a large stake in Fortnite maker Epic Games Inc., owns League of Legends developer Riot Games Inc., and has invested in Uber Technologies Inc. and Snap Inc.

8. Research suggests that if ten or more vaccines are in development, there is a 90% chance of finding one which works. Once one of these candidates proves to be effective, billions of doses will need to be distributed quickly. But it is impossible to know in advance which candidate will succeed. Governments should therefore help pharmaceutical firms produce vast quantities of a range of different vaccines—ideally, numbering tens of billions of doses in all—long before regulatory approval is or is not granted. The winning vaccine could thus start to get to people quickly, even as doses of failed vaccines might be thrown away unused.

9. However, even as COVID-19 has immobilised the world, it is making some people appreciate the benefits of mobility. Many voters in rich countries have noticed that doctors are often migrants: 53% in Australia, 29% in America. The same is true of nurses, care-home workers and virus-busting mop-wielders. When people bang pots for healthcare workers, they applaud a lot of foreigners. Migrants are also over-represented among those who make it possible for others to work safely and productively at home, by harvesting and processing food, delivering parcels and fixing software bugs. They

turbocharge innovation, too. Some 40% of medical and life scientists in America are foreign-born. Vaccine research depends on large teams of talents from all around the world. Half the big American tech firms were founded by first- or second-generation immigrants.

第6单元

政论英译汉

政论文形式多样、范围广阔，凡从政治角度阐述、解释、说明、评论某种观点、立场、政策的语篇，包括针对时事政治和社会问题等发表的新闻评论、政治报告、政治文件、政策、政治人物的讲话或演讲词、声明等，均属政论范畴。政论文具有一定的严肃性，与政治、意识形态、社会环境、权力等因素有着千丝万缕的联系，有的政论性语篇，甚至直接牵涉重大问题或重要的政治立场和观点。在全球政治经济一体化高速发展的今日，政论翻译也越趋重要。

6.1 政论语篇的文本特征及翻译要旨

功能是文本定性的最好依据，政论性的话语方式，是一种特定的语境类型和交际领域，有别于日常语言、科技文章和文学作品。政论翻译作为一个重要的领域，有其鲜明的专业特色及严格的翻译标准，不容差错。就翻译层面而言，不同的政治文本，有其自身的语境、文本类型、文体特征和语用惯例，需要不同的翻译策略，遵守一定的原则。政论文本的主要特征如下：

1）政治性与准确性

从文本类型上看，尽管政论文本形式多样，但无论是政治文献、报刊评论、政治评论，还是政治人物的演讲和发言，政论文本的受众都是公众，主题大多有较强的政治性，与政治思想、政治活动、政治关系有关。在所有文类中，政论语篇功能与意识形态的联系最为紧密。因此，政论话语的转换，首先要注意语言规范，用词严谨，力求忠实反映原作的政治观点、立场和政策，不作曲意发挥，确保政治含义的准确性。这就要求译者下笔之前，吃透原义，尤其要捕捉每一个词语、概念、观念在政论语境中的含义，避免由于理解或表达上的不确切，从而影响信息的精准、有效传达。举例如下：

The ongoing military activities conducted by <u>any actor</u> in the area of separation continue to have the potential to escalate <u>tensions</u> in this area，<u>jeopardize</u> the ceasefire between the two countries，and pose a risk to the local civilian population and United Nations personnel on the ground.

任何一方在隔离区进行的军事活动仍有可能加剧这一地区的紧张局势，危及两国之间的停火，并对当地平民和驻留当地的联合国人员构成风险。

上文具有典型的政论文本特征。其中一些词语或短语，在特定语境具有特定含义，应注意译文措辞的准确性，如 any actor 可译为“任何一方”；介词结构 on the ground，根据上下文，译为“驻留当地的”，语义更确切明了；名词 tensions 译为“紧张局势”，增补范畴词“局势”，既符合政论语体特征，也遵从了汉语习惯。动词 jeopardize 译为“危及”，语义忠实、语体得当，精准传达了政论性文体的气势。

2）庄重性与逻辑性

从话语方式看，政论语篇分为书面语篇与口头语篇，前者包括政府报告、政治文献、政策、报刊时评等，一般而言，语体正式，逻辑严谨，论述精练，具有权威性和庄重性；后者包括政治人物的发言、演讲、口头报告等，由于交际者特定的地位、身份和场合的庄重，精心准备的口语体也和带有政论性和艺术性的论说文一样，呈现出书面语特征，用语规范雅正，言简意赅，逻辑缜密。例如：

As our country leaves the European Union, my Government will ensure that it continues to play a leading role in global affairs, defending its interests and promoting its values.

随着我国离开欧盟，本政府将确保其在全球事务中继续发挥领导作用，捍卫其利益并宣传其价值观。

原文中的 it、its 译为“其”，用语规范雅正，简洁得体，同政论文本的语体相契合。

总之，典型的政论性文本，无论是口头形式还是书面形式，都呈现出政论语体的庄重性和逻辑上的严密性。政论语篇翻译需要通过严格的遣词造句来体现其缜密的逻辑思辨，以取得语气、风格上的对等。

3）鼓动性与修辞性

鼓动性，是政论语篇重要的语体特征。政论性文体往往观点明确、旗帜鲜明、论述带有强烈的思想感情，具有较强的宣传性和鼓动性。首先，要实现语篇功能的对等，重点在于选词，即在深刻理解原文的基础上，选出词义、色彩恰切的对应表达。如在政论语体中，slay 一词译为“杀戮”，可呈现出和原文对等的语体特征和感情色彩。其次，政论文体频繁采用修辞性表述，以增加感染力，吸引受众。政论语篇中隐喻的使用最为常见。通过大量的战争隐喻、体育隐喻、建筑隐喻、旅行隐喻等修辞手段，政论文本的准确性和严密性得以同生动性、形象性相结合。总之，翻译时需领会政论语篇的政治性和规范性特点，力求准确至上。最后，要注重语域功能对等，根据文体风格选择措辞，对语义和语气细加推敲，同时要学会识别和理解修辞手段的语用功能，力求译文在语体上与原文保持一致，前后衔接连贯、逻辑清晰，如实再现政论语篇的修辞色彩，在译文中实现动态对等。

6.2　政论隐喻的汉译

政论性语篇大量采用隐喻修辞手段，以达到更加鲜明、生动、具体化的效果。翻译时需尽量实现隐喻的表达目的，在译文中灵活处理。

6.2.1　政论隐喻的翻译方法

1）直译法

直译，是政论隐喻最常见的方法。如果隐喻在语用上与译入语相吻合，可采用直译法，保留原有形象，忠实传达原有喻义。例如：

(1) The president, in speech to Congress, calls to "restart the engine" of the economy.

总统在国会演讲中呼吁"重启美国经济引擎"。

(2) Now that the present President has secured another four years, he doesn't have to walk the tightrope between the Sierra Club and the AFL-CIO.

如今现任总统又获得四年连任时间，无须在塞拉俱乐部和美国"劳联-产联"之间走钢丝。

例（1）中的 engine 直译为"引擎"，例（2）的 walk the tightrope，直译为"走钢丝"，保留了原文鲜活的形象，既传达了原意，也保持了原文风格，取得与原文相似的效果。

2）意译法/释义法

由于认知和表达方式的差异，一些政治隐喻如果直译无法传达原有的语义和效果，可考虑意译，即舍弃源语中的具象和隐喻，作抽象化处理，或采用解释性方法，灵活调整为一般表述，译出引申义映射和内涵阐释，使译文简明、易懂，以实现跨文化交际的目的。例如：

(1) Many skeletons are rolling out of the government's cupboards.

政府不断爆出丑闻。

句中的 skeleton 的字面意思为"骷髅"，此处采取释义法，译为"丑闻"，保留了贬义色彩，达到了双语转换的效果。

(2) In effect, they now roped the President into a diplomatic process, forestalling for now, the risk of a pre-emptive strike.

事实上，他们现在已经把总统牵扯进了一个外交进程，暂时阻止了一场先发制人的打击风险。

由于两种语言隐喻使用的差异，具象的隐喻 rope，无法直译，采用释义法，抽绎出原隐喻的基本含义，概括为“牵扯”，更便于译入语读者理解。

（3） It would mark the most significant power reshuffle since the President has come in.

这会是总统上台以后意义最大的权力重组。

句中的 reshuffle 一词，本义为“重新洗牌”，灵活转换为“重组”，主要是考虑到语境和风格的需要，通过源语隐喻的抽象化，实现了其表达功能。

政治语篇中体育隐喻屡见不鲜，这是因为政治和体育一样，充满竞争和冲突。例如：

After a four-year battle，the State's Ethics Commission threw in the towel，giving up its fight to force people in the State to disclose its donor rolls.

经过四年斗争，该州道德委员会认输了，放弃了强迫该州人公开捐款名单的努力。

习语 throw in the towel，源自拳击类体育活动，字面意思为“扔毛巾”，是拳手承认失败希望终止比赛的讯号，由于文化认知差异，如果直译无法达意，可以意译为“认输”“放弃”“承认落败”等。

3）直译加注法

直译后，可在文中适当附加解释性注释，也可以采用脚注或尾注的方法。例如：

The expectation at the moment is that this week will be just as fruitless as the last.

当下的预期是，本周将和上周一样，无果而终。

4）替代法/重构法

替代，也称变换，通过变换，实现修辞功能的代偿。由于一些政论隐喻在译入语中出现空缺，翻译时将源语的喻体相应转换为汉语的其他喻体，使译入语读者感到形象易懂，同时也达到隐喻目的和效果。例如：

（1） Preventing terrorist network is a war without guns.

防范网络恐怖主义是一场没有硝烟的战争。

译文采用灵活转换隐喻的方法，求得变通。

（2） Birds of a feather：PTI，JI，AJIP join forces for local government polls.

物以类聚：PTI、JI、AJIP 加入地方政府民调队伍。

birds of a feather 替换为“一丘之貉”，隐喻重构，有异曲同工之妙，实现功能对等。

6.2.2 常见政论隐喻的分类与英译汉

政论语篇中最常见的隐喻包括体育隐喻、战争隐喻、建筑隐喻、动物/昆虫隐喻等。以下从政治隐喻的不同分类出发，观察不同翻译方法的具体操作。

1）体育隐喻

英文政论语篇运用大量体育运动隐喻。具体如下：

(1) The WTO provides a forum for negotiating agreements aimed at reducing obstacles to international trade and ensuring a level playing field for all.

世贸组织为谈判达成协议提供了一个论坛，这些协议旨在减少国际贸易障碍并确保人人享有公平竞争的环境。

a level playing field 引申为“公平竞争的机会”，意译。

(2) A staggering 1.2 million New Yorkers work in health care, more than in retail or manufacturing or any other industry.

令人震惊的是，120 万纽约人在医疗保健行业从业，多于零售业、制造业或任何其他行业。

stagger 意为“蹒跚；踉跄；摇摇晃晃”，引申为“使震惊；令人难以相信”，此处为隐喻意译。

(3) The President has chosen to kick-start the economy by slashing interest rates.

总统选择通过大幅降低利率来重振经济。

2）战争隐喻

在政治新闻或领导人演讲中，战争隐喻或军事隐喻频频用于描绘政策或政治现实。常见的战争隐喻词汇有 war，revolution，battle，struggle，campaign，combat，under attack，under siege，frontline，launch，defend，rally 等。举例如下：

(1) Aiming for a late-April showdown in the Senate, advocates for the elderly are waging all-out war against a budget proposal that would limit cost-of-living increases for Social Security.

为了 4 月下旬在参议院摊牌，老年人的支持者正在全力反对一项限制生活成本增高的社保预算案。

waging all-out war 显示战胜困难的强大决心和毅力，采用意译法，译为“全力反对”。

(2) With the TV station firmly entrenched in the abyss of the ratings sewer, the radio host is predicting a shift in the political viewpoint of the cable news network.

随着该电视台深陷收视率泥潭，电台主持人预计，有线电视新闻网的政治观点将发生转变。

entrenched，意为“壕沟”，此处的隐喻作动词用，引申为“陷入沟壑”，转换为汉语的隐喻“泥潭”，保留修辞功能。

3）建筑隐喻

常见的建筑隐喻有 blueprint，groundwork，basis，collapse，fall apart，crumble，foundation，pillar，project，engineering 等。

(1) Senate Budget Committee Chairman unveils 2020 budget blueprint.

参议院预算委员会主席公布2020年预算案。

blueprint 原义为“蓝图，愿景，计划”，此处 budget blueprint，直译为“预算案”。

(2) The collapse of the president's summit with his counterpart was made inevitable by the misreading of each other's intentions at their first encounter.

总统与其对手的首脑会晤无果而终是不可避免的，因为他们在首次会晤时彼此的意图就不一致。

collapse 在政论语篇中常用于形容政治上的失败或崩溃，喻指首脑会晤无果而终，此处采取意译法。

4）动物/昆虫隐喻

"Thousands of bees" swarm the government.

数以千计的游说者蜂拥来到政府。

借助本体群蜂（a swarm of bees）映射喻体游说者，二者具有鲜明的共性：蜂拥而至，纷至沓来。

5）天气自然隐喻

政论语篇中，常见的天气隐喻有 freeze，flood，storm，earthquake，cloud，hail 等。举例如下：

(1) "The chorus became an earthquake—and the people turned out by the tens of millions, and they were all united by one very simple, but crucial demand, that the government must put its own citizens first, because only then, can we truly make our country again."

这样的呐喊变成了一次地震，千万的国民参与其中，他们团结在一起，为了一个非常简单但至关重要的诉求：政府必须把本国公民放在第一位，只有这样，我们才能真正地让自己的国家重新伟大起来。

earthquake 采取直译法。

(2) "Immigration crisis: Official: 'A tsunami of people crossing the border'"

移民危机：官方："大量人口涌入边境"

tsunami 意为“海啸”，此处指人数众多，省去意象，抽绎出其含义，采用意译法。

(3) "We have begun to drain the swamp of government corruption by imposing a five-year ban on lobbying by executive branch officials."

"我们已经开始通过实施五年禁止行政部门官员游说的禁令，来消除政府腐败的泥潭。"

drain the swamp 字面意思为“抽干沼泽地”，这里采取意译法。

6）疾病隐喻

政治语篇的疾病隐喻，常用于描述政治弊端或社会问题，体现意识形态。具体如下：

（1）It is no measure of health to be well adjusted to a profoundly sick society.

无法用健康标准去很好地融入一个病入膏肓的社会。

隐喻 sick 直译为“疾病”。

（2）Violence has been an epidemic in some of the cities.

暴力在一些城市蔓延开来。

epidemic 有“流行、蔓延”之意，此处为隐喻直译。

（3）The membership was not the cause of the ailment，so losing its economic advantages is no remedy.

成员资格不是造成经济衰退的原因，因此失去其经济优势是无法补救的。

ailment 本义为“疾病；烦闷；失调”等，此处作隐喻，采用意译法，译为“经济衰退”。

7）旅途隐喻

政论语篇常借旅行/交通领域的某些特点，构成隐喻。具体如下：

（1）The former President encountered many stumbling blocks from the Republicans and insurance companies when trying to pass health care reform.

上届总统在试图通过医改时，遇到了来自共和党和保险公司的许多障碍。

stumbling block，喻指遇到的障碍。

（2）It's a story with a simple truth：that violence is a dead end.

这揭示了一个朴素的真理：暴力是死路一条。

dead end 有“死胡同”之意，可采用隐喻替换法，译为“死路一条”。

6.3　政论语篇常用翻译技巧

1）语序调整法

由于英汉叙事习惯和重心的差异，语序调整是政论语篇翻译中最为常见的技巧。具体而言，从汉语的表述习惯看，通常原因在前，结果在后；条件在前，事实在后，先发生先说，后发生后说；英语重结论，评论先行，而汉语重结果，重心后置，因此往往从句在前，主句在后。举例如下：

（1）As many as 25 soldiers were killed and another 60 are missing after the rebels attacked two army bases.

反叛者袭击了两个军事基地，造成25名士兵丧生，另有60人失踪。

（2）The government has deployed troops in the country's north under the agreement.

根据达成的协议，政府已经在该国北部部署了军队。

(3) The war against terrorism will only be won if we have the people with us.

我们只有得到人民的支持才能赢得反恐战争的胜利。

(4) Transatlantic relations have been strained ever since the new president took office.

新总统上台以来，大西洋两岸关系一直紧张。

2）语态转换法

英语政论文体注重逻辑性、客观性，被动语态使用频繁，而汉语则语句明快，自然有力，以主动句式为多见。因此，政论文体汉译时要避免“翻译腔”。一般而言，除了译为汉语的“被”字结构外，还可译为不带“被”字的表述。举例如下：

(1) The Prime Minister argued that he should not be charged with corruption.

该国总理辩称，他不应受到贪污指控。

(2) This way of manipulation may be classified as a tool of soft power, which is “the ability to get what you want through attraction rather than coercion or payments.”

这种操纵方式可以归类为软实力的一种工具，这是一种“通过吸引而不是胁迫或支付手段来得到想要的东西的能力”。

(3) A new independent regulator will be established to scrutinize environmental policy and law.

政府将建立一个新的独立监管机构，以审查环境政策和法律。

3）词类转换法

(1) They believe that a fundamental change in the governance of Britain is the key to all other necessary changes.

他们认为，从根本上改变英国的治理方式，是促成其他一切必要变革的关键所在。

(2) My Government will be at the forefront of efforts to solve the most complex international security issues.

我国政府将站在解决最复杂的国际安全问题的最前沿，一道努力面对最紧迫的全球挑战。

4）增词法

政论语篇翻译中，由于语言习惯和文化背景差异，出于语法需要、句式调整需要或修辞需要，可采用增词法。在不违背原义的前提下，增词法一般有助于提高译文的流畅性。举例如下：

(1) The WTO has already determined that the subsides on both sides were illegal.

世贸组织已经认定，双方获得的补贴都是非法的。

(2) Brexit is not the only trouble for the Prime Minister.

英国脱欧并不是首相面临的唯一麻烦。

5）减词法

减词法将原文中需要而译文中不需要的词语省去，使译文更为简练、精简，并合乎汉语表达习惯。英语中代词多用，而汉语中代词少用，尤其是英语的指称照应是语篇衔接的重要手段，人称指称必不可少，而汉语人称关系模糊的情况则很常见。一般而言，在不影响原义的情况下，英译汉中一些代词可不译，且不损害原义。另外，政论文体中的修饰关系十分复杂，除特殊情况外，汉语一般不宜超过两个“的”字，能不用“的”字，尽量不用。举例如下：

(1) In his statement, the president says the armed forces he withdrew from the war-hit country will redeploy and stay in the region to monitor the situation.

总统在声明中称，他从战争地区撤出的武装部队将会重新部署并留在该地区，以监测局势。

(2) The Security Council reiterates its call for all parties in Yemen to adhere to resolving their differences through dialogue and consultation.

安理会再次呼吁也门各方坚持通过对话和协商化解分歧，摒弃为实现政治目标而诉诸暴力的做法，不进行挑衅。

6）正说反译/反说正译法

在政论文中，英语原文中有些词语是肯定的（正说），但译成汉语可能需要转换角度，处理为否定（反说）；反之亦然。举例如下：

(1) The Prime Minister's failure to deliver Brexit forced her resignation.

首相未能实现脱欧，这是她退位的原因。

(2) A review by a law firm cleared the chief executive of any involvement.

一家律师事务所的审查表明，首席执行官与此事无关。

7）重复法

政论语篇翻译中，为了使译文忠实于原文、意义明确，某一个或某几个词项在译文中反复出现，以突出某些内容，加强语气，唤起共鸣，达到更好的效果。政论文中的词汇重复具有重要的篇章衔接功能。

(1) This has been their positions, not ours.

这是他们的立场，不是我们的立场。

(2) The Security Council reaffirms its strong commitment to the sovereignty, independence, territorial integrity and national unity of this country, and its support for the peace, stability and prosperity of the country.

安理会重申对该国主权、独立、领土完整和国家统一的坚定承诺，重申支持该国的和平、稳定和繁荣。

8）拆译重组法

英语政论语篇中结构庞杂、层层嵌套的现象十分突出，或即便是简单句，句中短语与汉语表达方法也存在较大差异。因此，翻译时可采用拆译法或分译法，遵从汉语多用短句的习惯，将原文的短语或从句拆分为小短句，可避免句式冗长，修饰成分过多，使译文流畅，意思表达更清楚，逻辑清晰。拆译法，包括拆词和拆句，既适合复合句也适合简单句。

举例如下：

(1) The Britain-based Syrian Observatory for Human Rights says more than 70 civilians have died and over 250,000 have been displaced.

总部位于英国的叙利亚人权观察组织称，已有70多名平民丧生，25万多人流离失所。

(2) The annual General Debate of the United Nations General Assembly is the occasion for world leaders to gather at UN Headquarters to discuss global issues.

在联大每年一次的一般性辩论上，国家元首将会聚在一起，阐述各自对紧迫的世界问题的看法。

政论英译汉练习

1. 以下为英国伊丽莎白女王政治演讲节选

My Government is committed to addressing violent crime, and to strengthening public confidence in the criminal justice system. New sentencing laws will see that the most serious offenders spend longer in custody to reflect better the severity of their crimes. Measures will be introduced to improve the justice system's response to foreign national offenders.

My Government will work to improve safety and security in prisons and to strengthen the rehabilitation of offenders. Proposals will be brought forward to ensure that victims receive the support they need and the justice they deserve. Laws will be introduced to ensure that the parole system recognizes the pain to victims and their families caused by offenders refusing to disclose information relating to their crimes.

A new duty will be placed on public sector bodies, ensuring they work together to address serious violence. Police officers will be provided with the protections they need to keep the population safe. They will also be awarded the power to arrest individuals who are wanted by trusted international partners.

My Ministers will ensure that all young people have access to an excellent education, unlocking their full potential and preparing them for the world of work. My Government will take steps to make work fairer, introducing measures that will support those working hard. To help people plan for the future, measures will be brought forward to provide simpler oversight of pensions savings. To protect people's savings for later life, new laws will provide greater powers to tackle irresponsible management of private pension schemes.

(https://www.gov.uk/government/speeches/queens-speech-2019)

2. 以下文章节选自《洛杉矶时报》

America is an experiment. Our country is not a nation-state founded on an ethnic identity—sorry, white supremacists—but a democratic and constitutional republic based on a set of ideas, chief among them the rule of law, not of men. Yet the Constitution has often failed us. It took the Civil War, and the loss of 620,000 American lives, to begin to overcome our country's original sin: the denial of the humanity and equality of enslaved people of African descent. It took the turmoil and suffering of the Depression to bring about a modern welfare state, with protections against old-age poverty. It took the sacrifice and struggle of the civil rights movement to advance the unfinished work of Reconstruction.

Trump's actions tonight risk turning our democracy—flawed as it is, ever a work in progress—into a failed experiment. We must not give him the perverse satisfaction we know he craves. We must turn out in protest—peacefully, purposefully—but we must also stop and condemn anyone who would exploit this fragile moment to sow mayhem and disorder.

The causes of our democratic erosion are many: decades of rising inequality; stagnation of wages and loss of economic opportunity; growing mistrust of all institutions, since the era of Vietnam and Watergate; hyper-polarization, exacerbated by new technological platforms such as Facebook; race-based disparities in health, wealth, income and opportunity; reduced confidence in the integrity and validity of our elections; and, perhaps most tragic, a loss of faith among young people that nonviolent social change, via democratic processes, can bring about improvements to the human condition.

Our system of education has left too many young people ill-equipped, and, by extension, our country insufficiently prepared, to compete globally.

It is not too late to pull back from the brink. Reviving our economy in the midst of a pandemic that has claimed more than 100,000 American lives, and resuscitating our democracy after decades of institutional and moral erosion, will be the work of years, if not generations. But it has to start somewhere. It has to start today.

We sleep tonight fitful and restless, glued to our smartphone or TV screens, numbed by the staggering suffering that has brought America closest to the brink of chaos since 1968.

But we can and indeed must absorb its lessons if we are to avoid calamity.

(https://www.latimes.com/2019)

第7单元 新闻英译汉

随着近现代工业与都市文明的发展，为满足人们的资讯、休闲、教育、宣传等多方面的需要，新闻业在过去近400年的发展进程中，已经逐渐形成自己的样态和语体风格。特别是进入21世纪以来，随着信息工业、数字化革命、互联网移动终端，以及人工智能的迅猛发展，全球新闻业的传播和表达方式都呈现出新的态势和特点。在当今的全球化与移动互联时代，新闻对人们的生活正在产生持续而巨大的影响。面对国际交往和对外传播的需要，了解和掌握新闻翻译的基本特征，学会有效地完成新闻翻译实践，已成为当今外语专业以及国际新闻专业学生必备的能力。本单元概述新闻语体特征，说明新闻翻译的方法，以翻译实例指导学生英译汉新闻翻译练习。

7.1 英语新闻特征

要翻译好新闻，首先要熟悉原语新闻报道的基本特征和表现形式。笔头形式的新闻报道特征，在掌握相关信息的前提下，实际上就是新闻写作的语体特征，包括惯常的组织结构、开头结尾的特点、主干的展开、各个部分的关系、语词的运用，以及其特有的表现风格。同时，也需要熟悉译语新闻报道的笔语表达习惯与特征，以便在翻译中、在中外文化语言的环境中，找好平衡点，使译文既准确又可接受，以便达到翻译的目的。

7.1.1 新闻的界定

由于新闻内容、目的、形式的多样性和复杂性，新闻业界和学界给出了诸多不同的新闻定义。仅举几例如下：

“狗咬人不是新闻，人咬狗才是新闻。”（美国《纽约太阳报》编辑部主任博加特）

“新闻是新近报道的事实。”（美国密苏里新闻学院院长莫特）

“新闻就是把最新的现实现象在最短的时间内连续介绍给最广泛的公众。”（德国柏林大学新闻学教授道比法特）

“新闻就是根据自己的使命对具有现实性的事实的报道和批判，是用最短的时间有规律

地连续地出现来进行广泛传播的经济范畴内的东西。”（日本新闻学家小野秀雄）

“新闻就是一种新的、重要的事实。”（胡乔木：《人人要学会写新闻》）

“新闻是新近发生的事实的报道。”（陆定一：《我们对于新闻学的基本观点》）

“新闻是新近或正在发生的、对公众有知悉意义的事实的陈述。”（清华大学刘建明教授）

“新闻是公众关注的最新事实信息的报道。”（中国人民大学郑保卫教授）

（洛正林（2010），pp. 41－44；郑保卫（2012），pp. 27－32）

依照以上种种定义，可以概括如下：新闻是对最近发生的事件或与当前密切相关的信息的报道。其基本特征表现为真实性、新鲜性、及时性和公共传播性，但同时也不可避免地具有政治和意识形态倾向性以及宣传的作用。

7.1.2　英语新闻的类别与报道媒介

英语新闻的种类按内容可分为以下栏目：时政（Politics）、商贸（Business）、金融（Money）、科学（Science）、技术（Technology）、文化（Culture）、艺术（Art）、体育（Sport）、娱乐（Entertainment）、生活（Life）、旅游（Travel）、时尚（Fashion/Style）、健康（Health）、教育（Education）、评论（Opinion）等。按照地域可分为：国际（World）、美国和加拿大（US & Canada）、欧洲（Europe）、英国（UK）、亚洲（Asia）、澳大利亚（Australia）、中东（Middle East）、拉美（Latin America）、非洲（Africa）等。在此基础上，各个新闻媒体还会有要闻或头版头条（Top News/Top Stories）栏目。

当今的新闻报道形式包括各种大众传媒，如：报纸、通讯社、广播电台、电视台等，特别是各类互联网媒体的网站。在当前移动智能手机时代，各个媒体机构都有自己的互联网应用平台，使读者或观众可以不间断、即时地获取信息，在传播方式及形式上通过“显示屏幕”将新闻展现给读者或观众，因而在语言表达上也呈现出新的更灵活的形态。

7.1.3　英语新闻写作的结构特点

总体布局：倒金字塔结构（inverted pyramid form）、金字塔结构（pyramid form）、并列式（parallel form）、时间顺序式结构（chronological order）、悬念式结构（suspense form），以及各种形式的综合使用。

倒金字塔结构：按照新闻内容的重要性顺序报道，将最重要、最新的内容置于最前头，突出时效性、突发性事件，便于编辑。

金字塔结构：始于提纲挈领的主题句（topic sentence），然后进行细节描述及陈述，比较适用于评论性的新闻报道。

并列式结构：把几个相关的事实并列排列陈述，适用于经验型、综合性报道。

时间顺序式结构：按照事件发生的实际时间顺序报道，适用于叙事性报道。

悬念式结构：在事实的基础上，聚焦事件的突发性、新颖性，一般将真实过程结果置后，逐渐加强事件的戏剧性，吸引读者一口气读完。

英语新闻有其基本的写作范式与结构。其主要构成包括标题（headline）、导语（lead）、主体（body）和结尾（end）。

7.2 新闻翻译方法与类别

7.2.1 基本翻译方法

新闻翻译的方法与标准总体上同其他类别的翻译相通。针对翻译过程的标准，翻译方法基本上包括17世纪英国翻译家德莱顿所谓的直译（metaphrase）、意译（paraphrase）、拟作（imitation）。直译指在原文和译文间语言形式上词对词、句对句、不错位的翻译，适用于同一语系中语言与文化非常靠近的语对间，以及表述比较简单直接的文本翻译。由于中英语言文化间的巨大差异，此法在实际翻译中很难实现，但在少数情况下或局部情况下，也有可能完成。意译在任何语对间都是最常用的方法，其中的宽限度、灵活度较大。此类翻译要旨是抓住核心意思、重要信息，措辞可以灵活处理，语序可有较大调整，基本上可以以句子为单位完成转换。拟作即所谓的自由翻译（free translation），在全面透彻地把握原文的“精神实质”的基础上，译文在选词、造句、行文及选择内容的重点上都具有很大的自由度，即所谓的“改写”（rewriting）。针对翻译结果的标准，中国近代翻译家严复的“信达雅”仍然适用，但其中的含义需要重新做出当代的界定。所谓“信”（fidelity）指内容的准确性，“达”（expressiveness）指形式的畅达性，“雅”（elegance）指文体的恰当性。如此在翻译标准上中西结合，就能比较全面而稳定地确立当代翻译实践的基本原则。

以上翻译标准同样适用于新闻翻译。但是翻译的内容包罗万象，形式千姿百态，实际操作更为复杂。当代翻译理论中的功能派和目的论派，更适合于新闻翻译的宏观策略的选择。新闻翻译的时效性和目的性决定了其翻译策略主要为编译（adaptation），靠近于所谓的“改写”，即在尊重基本客观事实的前提下，取原文“为我所用”。报纸《参考消息》主要内容、公众号“环球网”或“今日头条”的国际栏目部分内容一般属于此类翻译。

7.2.2 翻译类别

新闻属于应用性文体，因此通常不用更适合于文学及经典作品翻译的全译（full translation）方法，而是采取以下更具有实用性、目的性的变译（variety in translation）方法。

编译（adaptation）：此法也可以称为拟作（imitation）、改写（rewriting）、自由翻译（free translation）。可见其自由度较大，适用于戏剧翻译、广告及字幕等应用类文本翻译，广泛运用于新闻类翻译。其中包括对原文的删节、省略、扩展、调整等，但一般尽量保持原文的篇幅。

节译（selective translation）：依照原文的主要信息或者翻译委托人及读者兴趣，选取原文的相关部分进行翻译。至于所选部分的内容需要依照客户的需求和翻译的目的。

译述（translation and reviewing）：转述原文主要内容，或概括原文内容，并对其主要内容和观点进行解释和评述。目前许多网络媒体有关国际部分的新闻通常采取此类译法。

摘译（abstract translation）：翻译原文的最主要内容，编写成摘要，一般不超过原文的三分之一，以满足读者对信息求新、快、多的需求。但摘译的实际长度取决于对其需求的目的性以及原文的长度。

7.3 新闻标题英译汉

英语新闻标题可以用“简明扼要”“新颖生动”来概括其特点。汉译时也需要转达这些特点，同时要符合中文的语言表达习惯以及中文新闻的语体特点。

7.3.1 简明扼要

英语新闻报道题目强调简短醒目，常用短句或词组。

例如，有关阻止新冠肺炎，*The Times* 用短句报道如下：

‘Support us on curbs or COVID will swamp NHS’“支持限制令，不然新冠将摧毁国家医疗服务体系”

该题目直接引用英国大臣的警告，指出问题的严重性。然后再用正文第一句话说明目前问题的症结所在，呼吁议员们要支持首相领导的政府实行新的强硬的限制令。

Every hospital in England faces being overwhelmed with COVID-19 cases if MPs fail to back the government’s tough new restrictions，the minister has warned.

大臣警告说，如果议员不支持政府的新强制措施，英国的每所医院都将面临被新冠病例挤垮的危险。

又例如其他短语形式的题目：

1）

Lab-grown meat given approval for sale 人造肉获准销售

（*The Guardian*，2 Dec. 2020）

2）

Border agents seen in controversial photos on horseback not yet questioned 美国边境骑马执法照片引争议，但尚未遭质询

（ABC News，27 Oct. 2021）

3）

Multiple factors behind Sri Lanka crisis 斯里兰卡危机重重，原因重重

(*China Daily*, 16 Jul. 2022)

7.3.2 新颖生动

新奇、抓眼球是新闻题目的另一大特点，常用巧妙的语言表达。

例如：

1)

Between the lines, students struggling 字里行间，学生受煎熬

(*The Washington Post*, 2 Dec. 2020)

套用习语，描述美国华盛顿特区的小学生在新冠疫情期间读书认字的艰难。

2)

'A bed is a gift right now' “目前医院床位成了恩赐”

(*The Washington Post*, 30 Nov. 2020)

用比喻报道美国威斯康星州在新冠疫情期间床位紧张的情形。

3)

How the economy went from sizzle to fizzle 经济如何由盛转衰

(NPR, 28 Oct. 2021)

用中、尾韵-izzle，巧妙地描述经济的衰变。

4)

"I'm sinking; I'm not joking." Cry of sailor saved by rival yachtsman “我快淹死了，真的!”被对手救起后，选手大叫

(*The Guardian*, 2 Dec. 2020)

巧用尾韵-king 描述危急时刻落难选手被帆船比赛对手救起时的情景。

5)

AS Jobs Come Back, So Does Subway Crowding 工作机会回来了，地铁拥挤也回来了

(*The New York Times*, 3 Dec. 2020)

用讽刺的口吻描述城市地铁交通的窘境。

7.3.3 时态用法

新闻报道题目一般用现在时态。但在有特别用意时可用相应的时态。

例如：

1)

MP dashes to Brussels amid fears

chance of Brexit deal is "very slim" 国会议员赶往布鲁塞尔，英国脱欧协议希望“渺茫”

(*The Guardian*, 3 Dec. 2020)

实际表示英国领导人正在进行中的活动。

2）

Groundbreaking psychotherapist Dr. Aaron Beck，father of cognitive therapy，dies at 100 认知心理疗法之父亚伦·贝克博士去世，享年 100 岁

（Associated Press，2 Nov. 2021）

但在具体报道中仍用相应的时态，例如：

PHILADELPHIA-Dr. Aaron T. Beck，a groundbreaking psychotherapist regarded as the father of cognitive therapy，died Monday at his Philadelphia home. He had turned 100 in July.

3）

Brexit will transform our fields and farms 英国脱欧将改变我们的田野和农场

（*The Times*，30 Nov. 2020）

这里强调如果脱欧实现，将来的英国会发生很大变化。

4）

New York，in a Sudden Shift，

Will Reopen Some Schools 纽约突变策略，部分学校将重新开学

（*The New York Times*，30 Nov. 2020）

表示在计划中，尚未实行，但很快会实行。

5）

Inaction Fuelled Disaster as Virus Crept into Italy 不作为加剧灾难，新冠病毒潜入意大利

（*The New York Times*，30 Nov. 2020）

用过去时表示后果已经发生。

6）

Two German banks funded Wirecard deal in India 两家德国银行资助了 Wirecard 支付公司在印度的业务

（*Financial Times*，9 Dec. 2020）

表示银行已经完成了该项资助。

7.3.4 转述消息来源

新闻报道强调客观事实和信息来源，常用转述形式来表达消息出处，一般用 say "据……说"，或者用与"说"相关的、带有一定情态的动词。

1）

Charities should be above politics，<u>says</u> watchdog 监督部门说，慈善应该高于政治

（*The Times*，30 Nov. 2020）

转述监督部门的意见。

2）

FBI failed to act on "poll fraud," rages the president 总统勃然大怒，说美国联邦调查局对"选票舞弊"并没有采取有效行动

（*The Times*，30 Nov. 2020）

转述总统的愤怒态度。

3）

Elitism is laying waste to the north，the duke claims. 公爵声称，精英主义政策已经废了北方的艺术活动。

（*The Times*，30 Nov. 2020）

转述权威人士公爵的看法，认为英国受精英主义影响对北方艺术活动的赞助不足、不公平。

4）

Avoid closing year groups after one case，schools told 学校被告知，避免一起病例就关闭整个年级

（*The Times*，30 Nov. 2020）

政府告诫学校应对疫情不要简单从事。

5）

The Prime Minister's tiers destroy lives，Punch Taverns founder warns 首相的分级疫情管控会摧毁生计，英国酒馆连锁巨头普塔姆斯创始人警告说

（*The Times*，30 Nov. 2020）

转引英国餐饮巨头对于英国政府关于疫情防控政策的强烈不满，说此项政策会"毁掉"酒店餐饮业和零售企业，对人们的生活也会造成严重损害。

6）

It's our duty to say *Crown* is made up，insists star. 主演坚持说，我们有义务说明电视剧《王冠》是虚构的。

（*The Times*，1 Dec. 2020）

表示该剧主演的强烈意愿。

7）

Moderna vaccine prevents all severe cases，trial shows 接种实验表明莫德纳疫苗可以防止各种重症

（*The Times*，1 Dec. 2020）

表示疫苗接种实验的客观效果。

7.4 新闻导语英译汉

其特点是"开门见山""直入主题""画龙点睛"，一般用"主题句"（topic sentence），首先是对于标题的进一步说明，或概括全文。

1）

Students told to stagger their return to university

Students will be asked to stagger their return to universities after Christmas and some will not be back on campus until February，ministers said last night.

Guidance from the Department for Education will tell higher education providers how to manage student returns over a five-week period to reduce the risk of spreading the coronavirus.

学生被告知错峰返校

昨晚英国教育大臣说，学生将被告知圣诞节后错峰返校，部分学生将在二月后返校。

英国教育部将指导高校如何在五周期间安排学生返校，以降低新冠病毒的传播风险。

（*The Times*，3 Dec. 2020）

提供具体消息来源、返校时间、安排的目的。

2）

Hotter Planet Already Poses Fatal Threats，Report Finds

Rising temperatures and environmental pollutants are already endangering the health and wellbeing of Americans，with fatal consequences for thousands of older men and women，a team of public health experts warned Wednesday. Their report，published in *The Lancet*，called on lawmakers to stem the rise of planet-warming gases in the next five years.

报告表明，地球变热已经构成致命威胁

周三公共卫生专家组警告说，气温上升和环境污染已经在威胁美国人的健康和幸福，特别是对成千上万的老年人造成致命后果。发表在《柳叶刀》的这份报告呼吁立法机构阻止今后五年温室气体排放的增长。

（*The New York Times*，30 Nov. 2020）

说明具体信息来源、危险来源、后果、解决办法。

3）

People put off having children due to climate concerns

People worried about the climate crisis are deciding not to have children because of fears that their offspring would have to struggle through a climate apocalypse，according to the first academic study of the issue.

气候担忧导致生孩担忧

首次相关学术研究表明，人们担忧气候危机，决定不生孩子，因为他们对下一代可能会遭受气候灾难感到恐惧。

(*The Guardian*，28 Nov. 2020)

说明部分人不要孩子的原因，以及气候变化可能带来的意想不到严重后果。

7.5　新闻主体英译汉

此部分是新闻的主要内容，进一步描述新闻事件具体发生过程、背景、因果关系、影响等。

1)

Students told to stagger their return to university

All students will be offered COVID-19 tests when they return so they can self-isolate if they are infected.

From January 4 to 18 medical students and those on placements or practical courses with a need for in-person teaching will return.

Other courses will be offered online from the beginning of term so that students can continue their studies from home. They will be expected to start returning gradually over a two-week period from January 25. All students should be back by February 7.

All universities will be offered testing facilities to give students two lateral-flow tests, three days apart. The government said that results would be provided within an hour to help control the spread of the virus.

A one-off fund of up to £20 million was announced to help students most in need of support.

Michelle Donelan, the university minister, said: "This plan will enable a safer return for all students but we must do this in a way which minimises the risk of transmission. I know students have had to make sacrifices this year and have faced a number of challenges but this staggered return will help to protect students, staff and communities."

学生被告知错峰返校

所有学生返校时将接受新冠测试，这样他们如果被感染便可自我隔离。

从 1 月 4 日至 18 日，需要线下完成学业的医科学生和实习或实践类课程的学生将返校。

其他课程将从本学期开学起线上进行，学生可以在家继续学习。这些学生预计将从 1 月 25 日起开始逐渐返校，为期 2 周。所有学生应该在 2 月 7 日前返回。

所有大学都将得到测试设备，3天间隔给学生做2次横向流测试。政府说测试会在2小时内出结果，以控制病毒的传播。

已宣布2千万英镑转款用于帮助需要资助的学生。

高等教育大臣米歇尔·唐兰说，“这项计划将使所有学生返校更安全，我们必须保证最大限度减少病毒传播的风险。我知道学生今年不得不做出牺牲，面临诸多挑战，但是本次错峰返校将有助于保护学生、教工和学校。”

（*The Times*，3 Dec. 2020）

在报道通知学生错峰返校的导语之后，此主体部分具体说明如何做，以及政府高教权威人士的亲自解释此决定的意义与目的。

2）

People put off having children due to climate concerns

The researchers surveyed 600 people aged 27 to 45 who were already factoring climate concerns into their reproductive choices and found 96% were very or extremely concerned about the wellbeing of their potential future children in a climate-changed world. One 27-year-old woman said: “I feel like I can’t in good conscience bring a child into this world and force them to try and survive what may be apocalyptic conditions.”

These views were based on very pessimistic assessments of the impact of global heating on the world, the researchers said. One respondent, for example, said it would “rival world war one in its sheer terror.” The research also found that some people expressed regret over having had children.

Any offspring would bring a lifetime of carbon emissions that contribute to the climate emergency, but only 60% of those surveyed were very concerned about this carbon footprint.

“The fears about the carbon footprint of having kids tended to be abstract and dry,” said Matthew Schneider-Mayerson, of Yale-NUS College in Singapore, who led the study. “But the fears about the lives of existing or potential children were really deep and emotional. It was often heartbreaking to pore through the responses.”

The number of people factoring climate change into their reproductive plans was likely to grow, Schneider-Mayerson said, as the impact of global heating became more obvious. “To address this, we really need to act immediately to address the root cause, which is climate change itself,” he said.

The study, published in the journal *Climatic Change*, found no statistically significant difference between the views of women and men, though women made up three-quarters of respondents.

A 31-year-old woman said: “Climate change is the sole factor for me in deciding not to have biological children. I don't want to birth children into a dying world [though] I dearly want to be a mother."

气候担忧导致生孩担忧

研究人员调查了600名27至45岁已经将气候问题与生育挂钩的人，发现其中96%的人对自己未来的后代生活在如此气候变化了的世界表示很担忧或异常担忧。一位27岁的女子说，"我感觉自己的良心阻止我将孩子带到这样的世界上来，强迫他们努力在可能是灾难性的条件下生存。"

研究人员说，这些观点基于对全球变热影响的悲观评估。例如一位受访者说，这将"与第一次世界大战的恐惧不相上下"。研究还表明，一些人对已经要了孩子表示后悔。

任何下一代都将带来终身的碳排放，助长气候危机，但只有其中60%的人对此碳足迹表示担忧。

"说要孩子造成碳排放，这太抽象、太不近人情，"领导这项研究的耶鲁-新加坡国立大学学院的马修·施耐德-梅尔逊说。"但对于已出生的孩子和可能出生的孩子，他们的生活的确会令人感到深深的恐惧和沮丧。深究这些反应真叫人心碎。"

随着全球变热的影响日渐显著，将生育计划与气候变化因素考虑在一起的人数很可能增加，施耐德-梅尔逊说。他还说，"针对这一问题，我们的确需要立即行动查找根本原因，那就是气候变化本身。"

发表在《气候变化》期刊的这项研究表明，受访者中女性占四分之三，女性与男性的观点在统计意义上并无大差别。

一位31岁的女子说，"对我来说，气候变化是唯一使我决定不生孩子的原因。虽然我很想做母亲，但我不想将孩子降生到一个行将死亡的世界上来。"

(*The Guardian*, 28 Nov. 2020)

具体说明此研究结果的来源，代表性受访者的观点，有关专家的观点，气候变化的严重后果。

3)

Hotter Planet Already Poses Fatal Threats, Report Finds

The section on the United States presents climate change as a public health risk now, rather than a hazard faced by future generations. It points to the immediate dangers of extreme heat, wildfires and air pollution, and makes the case for rapidly shifting to a green economy as a way to improve public health.

The coronavirus pandemic, the authors point out, has served as a reminder of the urgent need to strengthen the country's public health system—something that's going to be all the more necessary for Americans to deal with the health effects of climate change, which, the authors conclude, disproportionately harm those with the fewest resources to respond to threats.

"The overarching theme I stress to the incoming administration is making health central," said Dr. Renee N. Salas, an assistant professor at Harvard Medical School and lead author of the United States policy paper contained in *The Lancet* report, in a call with reporters. "Climate action is a prescription for health."

The report contains a set of broad recommendations aimed squarely at the incoming presidential administration. To improve the health of Americans, the authors recommend ending subsidies for fossil fuels, investing in public transit options, and reducing the use of nitrogen fertilizers on American farms, which are a source of both air pollution and planet-warming greenhouse gas emissions.

报告表明，地球变热已经构成致命威胁

该报告有关美国的部分将气候变化呈现为当今的公共卫生风险，而不是后代所面临的危险。此部分指出极端热天气、山林大火、空气污染的直接危险，并且探究了迅速转向绿色经济作为改善公共卫生的方式。

作者指出，新冠病毒疫情提醒人们亟须加强国家公共卫生系统——这对于美国人应对气候变化所造成的健康问题会更有必要。作者的结论是，公共卫生系统问题极大地伤害了缺乏应对威胁的资源的人们。

"我对即将就任的政府所要强调的首要议题是将卫生健康问题作为核心关切，"蕾尼·萨拉斯博士说。她是哈佛医学院助理教授，《柳叶刀》报告中美国政策文件的主要作者，同其他报告作者一起发起呼吁。"气候行动就是为健康开处方。"

该报告包括一套广泛的建议，直接针对即将就任的总统班子。为了改善美国人的健康，作者建议终止化石燃料补贴，投资公交系统，减少美国农场氮肥的使用，而这些都是造成空气污染、地球变暖及温室气体排放的来源。

(*The New York Times*, 3 Dec. 2020)

报告中特别介绍美国有关专家提出的应对温室气体排放的紧迫性，呼吁政府采取切实行动。

7.6 英语新闻结尾英译汉

按照新闻报道的不同内容、语篇、目的等特点，结尾也根据正文文体结构、内容主旨呈现出多种不同的形式。

1)

Border "catastrophe" warning over lack of customs agents

...

A government spokeswoman said: "We are making significant preparations for the guaranteed changes at the end of the transition period, including investing £705 million in jobs, technology and infrastructure at the border and providing £84 million to boost the customs intermediaries sector."

边检人员缺乏，边境管控告急

……

一位政府发言人宣布："在此权力交接末期，政府正着力做准备，保证变化的实施，包括对边境就业、技术、基础设施投资7.05亿英镑，提供8 400万英镑助推海关中介机构。"

(*The Times*, 2 Dec. 2020)

在描述整个事件发生的过程后，此报道以直接引用政府发言人宣布的政府计划中补救和改善边境管理措施结尾。

2)

People put off having children due to climate concerns

...

Schneider-Mayerson said he thought the pessimistic views were all within the range of possibilities, if not necessarily the most likely outcome.

He said further research was needed on a more diverse group of people and in other parts of the world. The self-selecting group in the study all lived in the US and were largely white, more highly educated and liberal.

气候担忧导致生孩担忧

……

施耐德-梅尔逊说，他认为这些悲观的想法都在可能性范围之内，但并不一定就是最可能发生的结果。

他说需要在其他地区更多样的群体中做进一步研究。目前研究中的自选群体都生活在美国，而且多数都是受教育程度较高、思想开明的白人。

(*The Guardian*, 28 Nov. 2020)

此结尾补充说明该项研究的不足，需要进一步完善，这样使报道更客观全面。

3)

New York, in Sudden Shift, Will Reopen Some Schools

...

Online learning simply was not an option, and their parents have spent months asking the city to get their children back into classrooms as often as possible.

纽约突变策略，部分学校将重新开学

……

线上教学根本就不是好办法。学生家长几个月来一直要求市政府尽快让孩子们重返课堂。

(*The New York Times*, 30 Nov. 2020)

此结尾强调家长要求孩子重返课堂的急迫心情，市教育当局给予重视，很快实施解决方案。

4)

N. Y. schools to reopen for some，mayor says

...

The city's teachers union supported that approach.

"We are supportive of a phased reopening of schools in other neighborhoods as long as stringent testing is in place. This strategy—properly implemented—will allow us to offer safe in-person instruction to the maximum number of students until we beat the pandemic，" said Michael Mulgrew，president of the United Federation of Teachers.

市长宣布纽约部分学校将重开

……

纽约教师工会支持此项办法。

"我们支持在严格核酸测试的前提下，在其他居民区也逐步重新开学。这项措施如果得到合理执行，将使我们能够安全、面对面地对大多数学生进行教学，直到击败疫情，"教师联合会主席迈克尔·马尔格鲁说。

(*The Washington Post*，30 Nov. 2020)

此为《华盛顿邮报》报道同一条消息的结尾，引用两个教师组织的观点，来源更宽广。

7.7 新闻词语英译汉

新闻报道内容包罗万象，词语表达也多种多样，包括生僻的技术专业行话、家喻户晓的习语俗语、生动活泼的比喻等。行话、技术术语可查找专业及技术术语词典解决；习语俗语可借助专门的习语词典；比喻需要仔细审读上下文，充分理解该比喻的表层与深层含义，按照语境给予恰当的翻译。在借助辞书的同时，需要特别注意相关语境，以使翻译的措辞流畅地道。新闻词语的另一大特点是复合新词，即为了简明和生动的需要将几个需要表达的词或词组用连字符相接，常用作形容词，置于名词之前，其意义由所构之词合成而得。如以下译例：

For example，they are more likely to catch COVID due to working in <u>public-facing</u> jobs and living in multi-generational households.

例如，一些人由于工作需要面对公众，生活上几代同堂，更有可能感染新冠病毒。

(*The Sun*)

It's always interesting to get a <u>behind-the-scenes</u> snapshot of what life is really like on a well-known TV show.

在著名的电视节目中看到幕后的真实生活究竟如何，总是挺有意思的。

(*The Sun*)

The President's soon-to-be-signed $1 trillion infrastructure legislation is a direly needed political win and a vindication of his entire creed of politics.

总统即将签署的价值1万亿美元的基础设施立法是亟须赢得的政绩，也是他全部政治信条的证明。

(CNN)

And most world leaders have struggled to cope with a once-in-a-century health crisis that has demoralized entire populations.

多数世界领导人千方百计应对百年不遇的公共卫生危机。这次危机使各国百姓消沉失望。

(CNN)

He's applied for a religious exemption for himself and feels the country should be pushing the vaccine to at-risk communities like seniors rather than giving it to as many people as possible.

他本人申请了由于宗教原因免打疫苗，感到国家应该向高风险群体打疫苗，如老年人，而不是尽可能多地接种疫苗。

(CNN)

Boeing was contracted alongside SpaceX to develop its own crew-worthy spacecraft, but Boeing has been beleaguered by numerous testing and development hangups.

波音公司与太空探索技术公司一同承包研发适合载人太空飞船项目，但是波音公司由于无数次测试和研发难题而受困。

(CNN)

Taking control of the farmland she was raised on and childhood memories of growing up off-the-grid deeply influenced her approach to fashion design: slow, small and with an emphasis on creating handcrafted items.

她在农场长大，从小远离现代社会的便利，至今仍经营小时候的农场，这些都影响了她的时尚设计路数：慢、小，强调手工创制。

(CNN)

Prices for higher-end meat cuts like steak, veal and pork chops have surged over the past year.

牛排、小牛排、猪排等高端切割肉制品的价格在过去一年暴涨。

(CNN)

The lead of Peak Development Group, said in a news release at the time that the company plans "to build upon the project's sustainability-driven vision," vowing to "complete the public infrastructure and partner with the local homebuilding community to develop 215 additional net-zero homes over the next two years."

顶峰开发集团老板当时在一次新闻发布会上说，公司计划"以可持续发展动力愿景开发房地产，"保证"完成公共基础设施，同当地房屋建造企业合作，在未来两年再开发215套零碳排放住宅。"

(CNN)

Inflation becomes problematic when that low-and-slow simmer gets fired up to a boil.

当低而慢的小沸急剧沸腾起来，通货膨胀就成了严重问题。

(CNN)

再比如新闻媒体常见的类似构词：

life-changing moment 改变人生之际
energy-efficient and decarbonized features 节能和碳减排特点
economically-feasible 经济上合算的
all-electric, net-zero future 全电能、净零耗能的未来
a filibuster-proof majority 防止阻碍议案通过的多数党
jaw-dropping statistic 令人惊愕的数据
record-breaking wildfires 破纪录的火灾
work-related issues 与工作相关的问题
up-and-coming area 前景看好的地区
fresh-made bread and sandwiches 新出炉的面包和三明治
climate-friendly, sustainable design 气候友好、可持续的设计
fossil-fueled life 化石燃料驱动的生活
pin-striped-flunkey 势利小人
high-flier 成功人士
sleaze-engulfed 身陷丑闻
fast-tracked 快速晋升
virtue-signalling on social media 在社交媒体标榜美德
the cost-of-living crisis 生活成本危机
hard-pressed customers 处于困境的消费者
not-for-profit, ethical lender 不为利润、诚信负责的债权人

7.8 新闻英译汉实例

1)

China，US ink joint climate declaration

chinadaily. com. cn 2021－11－12

China and the United States on Wednesday released the China-US Joint Glasgow Declaration on Enhancing Climate Action in the 2020s at the ongoing 26th session of the Conference of the Parties（COP26）to the United Nations Framework Convention on Climate Change in Glasgow，Scotland.

The two sides said they appreciated the work done so far and pledged to continue working together and with all parties to strengthen the implementation of the Paris Agreement.

On the basis of the principle of common but different responsibilities and respective capabilities，as well as taking into account national conditions，enhanced climate action will be taken to effectively address the climate crisis.

The two sides agreed to establish a working group on enhancing climate action in the 2020s to promote cooperation on climate change between the two countries and the multilateral process.

中美签署气候行动联合宣言

中国日报网 2021－11－12

11月10日，中国和美国在联合国气候变化格拉斯哥大会期间发布《中美关于在21世纪20年代强化气候行动的格拉斯哥联合宣言》。

双方赞赏迄今为止开展的工作，承诺继续共同努力，并与各方一道，加强《巴黎协定》的实施。

在共同但有区别的责任和各自能力原则、考虑各国国情的基础上，采取强化的气候行动，有效应对气候危机。

双方同意建立“21世纪20年代强化气候行动工作组”，推动两国气候变化合作和多边进程。

该消息内容明确，语言直截了当。特别需要注意的是，专有名词的汉译必须准确、简明。比如以下专有名词的汉译：China-US Joint Glasgow Declaration on Enhancing Climate Action in the 2020s、26th session of the Conference of the Parties（COP26）to the United Nations Framework Convention on Climate Change in Glasgow、Paris Agreement。另外，题目需要根据具体内容在保持简洁的前提下措辞更明确，因此加上了汉语“行动”。

2)

Steve Jobs' job application at auction

chinadaily. com. cn 2021－04－06

A 1973 job application filled out by Apple co-founder and former CEO Steve Jobs has sold for ＄222,400 at auction in London（via iMore）. The rare employment application went up for auction on Feb. 24 for a one-month bidding session.

On the application，which was filled out by Jobs in 1973 just after he dropped out of Reed College，Jobs lists "English Literature" as his major，and Reed College as his address. He lists "Computer" and "Calculator" as skills，along with "Design" and "Tech."

The company he was applying to remains a mystery.

However，Jobs joined Atari as a technician a year later.

Jobs and Steve Wozniak founded Apple in 1976.

The document was listed as being in "very good condition," with "light staining and old clear tape to the top edge."

The auction included letters and certificates of authenticity.

乔布斯求职表拍出高价

中国日报网 2021－04－06

一份由苹果公司联合创始人、前首席执行官史蒂夫·乔布斯在1973年填写的求职申请表在伦敦的拍卖会上（通过 iMore 网站）以22.24万美元（约合人民币145.5万元）的高价成交。这份罕见的求职申请表于2月24日开始拍卖，拍卖时间持续一个月。

1973年，乔布斯从里德学院退学后填写了这份申请表。他将"英国文学"写入了专业栏，里德学院写入了住址栏，在技能一栏写了"计算机""计算专家"，还有"设计"和"技术"。

乔布斯当时申请求职的公司至今仍然是个谜。

一年后的1974年，乔布斯加入了雅达利公司，担任技术员。

1976年，他与史蒂夫·沃兹尼亚克联合创建了苹果公司。

这份求职表的拍卖清单上显示，文件"状况很好"，有"轻微污渍"，"文件上边缘处有旧的透明胶带"。

连同求职表拍卖的还有信件和真品凭证。

该新闻汉译题目比原文更明了，说明了拍卖结果。为服务汉语读者，汉译将成交价从原文的美元转换成"人民币145.5万元"。好的翻译不是"对号入座"，而是译文要准确、清晰、流畅，特别是新闻翻译在译文中的措辞、顺序、增减都比较灵活。

新闻英译汉练习

1

Brexit will transform our fields and farms

Ministers to divert subsidies to "restore landscape"

The Times 20201130 Page 1

Ben Webster Environment Editor

Wildlife will thrive, air and water will be cleaner and livestock will be treated more humanely under the biggest change in farming policy for half a century, the government will promise today.

A seven-year plan to phase out paying subsidies to farmers based on how much land they own has been laid out as part of a post-Brexit overhaul of agriculture in England. Instead, farmers will receive money for improving productivity and the environment.

The present system of "direct payments" per hectare under the EU's common agricultural policy will start to be reduced next year. By 2024 farmers will have lost at least half these payments and by 2028 the government aims to have ended them completely.

The National Farmers' Union warned that the speed of the reduction in direct subsidies was "high risk" and some farms could become unviable, undermining domestic food production.

The agricultural transition plan, published today, says that ministers are aiming for all farmers by 2028 to be "running sustainable businesses that do not need to rely on public subsidy."

The plan pledges to use the money farmers receive at present to "restore wilder landscapes" and achieve "enhanced beauty." New farmers will be helped to start out, with land made available to them by offering lump-sum "exit payments" to existing farmers on condition that they leave the industry.

It will also confirm that the overall amount paid to farmers in England will stay at the present level of £2.4 billion a year until 2024, though they will have to earn it by producing "public goods."

Animal welfare payments will focus initially on eradicating endemic diseases in cattle, pigs and sheep. Farmers will also receive grants for measures to reduce animal suffering, such as rubber walkways to cut lameness in cattle and better holding pens to minimise stress.

A new welfare labelling scheme will be introduced to make it easier for shoppers to choose products from animals treated well, with a public consultation on proposals next year. A system of payment by results for improving animal welfare will be piloted in 2023.

The existing subsidy that pays a farmer £233 per hectare will start to be reduced from next year, with £1 billion a year made available for the new environmental land management (ELM) scheme, which will be introduced by the end of 2024. The plan states: "We will pay for delivery of land management actions that contribute to clean air, clean and plentiful water, thriving plants and wildlife, reduction in and protection from environmental hazards, mitigation of and adaptation to climate change [and] enhanced beauty, heritage and engagement with the environment."

Smaller landowners who receive £30,000 or less a year in direct payments will lose 5 percent next year, rising to 50 percent in 2024. Larger landowners will lose progressively more, with those who receive at least £150,000 losing 25 percent next year and 70 percent in 2024. The government will sweeten the pill by promising to stop issuing fines for what it deems minor breaches of rules.

The proportion of public funding spent on environmental and welfare improvements will rise from 23 percent next year to 57 percent in 2024. Nine percent each year will incentivize improvements in productivity, such as investing in equipment and training.

In a foreword to the 66-page document laying out the plan, George Eustice, the environment secretary, described it as the "biggest change in agricultural policy in half a century."

In a speech today to farmers and environmental groups, he will say: "Rather than the prescriptive, top-down rules of the EU era, we want to support the choices that farmers and land managers take. If we work together to get this right, then a decade from now the rest of the world will want to follow our lead."

Minette Batters, president of the NFU, urged ministers to be "mindful of the impact [of] sudden drops in income."

2

Hotter Planet Already Poses Fatal Threats, Report Finds

The New York Times 20201203 Page A15

By SOMINI SENGUPTA

Rising temperatures and environmental pollutants are already endangering the health and wellbeing of Americans, with fatal consequences for thousands of older men and women, a team of public health experts warned Wednesday. Their report, published in *The Lancet*, called on lawmakers to stem the rise of planet-warming gases in the next five years.

The section on the United States presents climate change as a public health risk now, rather than a hazard faced by future generations. It points to the immediate dangers of extreme heat, wildfires and air pollution, and makes the case for rapidly shifting to a green economy as a way to improve public health.

The coronavirus pandemic, the authors point out, has served as a reminder of the urgent need to strengthen the country's public health system—something that's going to be all the more necessary for Americans to deal with the health effects of climate change, which, the authors conclude, disproportionately harm those with the fewest resources to respond to threats.

"The overarching theme I stress to the incoming administration is making health central," said Dr. Renee N. Salas, an assistant professor at Harvard Medical School and lead author of the United States policy paper contained in *The Lancet* report, in a call with reporters. "Climate action is a prescription for health."

The report contains a set of broad recommendations aimed squarely at the incoming presidential administration. To improve the health of Americans, the authors recommend ending subsidies for fossil fuels, investing in public transit options, and reducing the use of nitrogen fertilizers on American farms, which are a source of both air pollution and planet-warming greenhouse gas emissions.

"We have to stop investing in what is a thing of the past and health-harming," Dr. Salas said.

The report summarizes the research on how rising temperatures—and more frequent, more intense heat waves in particular—are already damaging human health around the world. In the last 20 years, the report finds, extreme heat has been linked to a 50 percent increase in deaths of people older than 65, with 296,000 deaths in 2018. Most of those deaths were in Japan, China, India and parts of Europe.

Extreme heat also makes it hard to work, especially outdoors. According to the report, 302 billion hours of potential labor productivity were lost in 2019 alone. Workers in hot, humid countries like India and Indonesia were most affected.

In the last 20 years there were also more days when the risk of wildfires was high. Fires have grown bigger and more severe in landscapes like the Western United States, destroying four million acres in California alone so far this year. The number of days when there is wildfire smoke in the air have risen sharply, too.

"*The Lancet* Countdown on Climate Change and Health," as the paper is formally known, is published each year by the medical journal. Wednesday's edition was the fifth annual report and was written by experts from more than 35 research institutions all over the world.

The report found that climates suitable for infectious diseases had expanded, with areas ripe for dengue-spreading mosquitoes having grown by 15 percent since the 1950s. It pointed to worrying signs on food security as well. Between 1981 and 2019, the report found, the "yield potential" for several staple crops has dropped, meaning that crops are maturing faster and production is lower than average. The largest drops have been for maize, a staple in parts of Africa and Latin America. The world still produces enough food, though it doesn't always go to the people who need it most.

"*The Lancet* Countdown" calls on governments to make vast reductions in emissions in the next five years. Without them, its authors say, it will be increasingly difficult to avert the worst effects of warming. "These next five years will be pivotal," the authors wrote.

The United Nations published a separate report on Wednesday concluding that governments must reduce the production of fossil fuels by 6 percent a year over the next 10 years to limit catastrophic warming.

第8单元

文学英译汉

文学是经过高度提炼和加工的语言，是直接诉诸人们的审美经验和情感的艺术个性的表达。译界较为普遍的共识是，文学翻译乃是二度创作，崇尚求雅、求美，需要译者艺术地再现原作字里行间流露出的情感、思想、内涵、风貌及意境，求得译文和原文二者在审美上的等值、等效。这就要求从事文学翻译的译者具备比一般的译者更为深厚的双语基本功底，以及上好的文学鉴赏力。唯有如此，译者才能胜任文学翻译的任务，有能力处理文学文本中较为复杂的文化理解与语言表达困惑，再现甚至提高译本的文学性，让译文读者感受到原著作为文学文本所特有的表现力、情感驱动力以及审美愉悦。

8.1 文学翻译的总体特征与标准

文学翻译与非文学翻译相比，主要有以下不同的特征：

1）对象不同

非文学翻译主要包括学术著作、教科书、报刊政论、公文合同等，而文学翻译的对象是文学作品，包括小说、散文、诗歌和戏剧影视作品等，具有其独立性和特殊性。

2）语言形式和审美价值不同

文学翻译采用文学语言，文学语言所塑造的形象、意象及文学创作手法具有独特的审美属性和审美价值。

3）翻译手段不同

非文学翻译更注重技术性手段，文学翻译则强调译者创造性、主体性以及文学艺术手段的呈现。

4）翻译要求不同

非文学翻译忠实准确、明白畅达即可，而文学作品是用特殊的语言创造的艺术品，具有独特的艺术性和形象性，文学的艺术性决定了文学翻译是一个涉及想象、情感、联想等审美心理因素的审美再创造过程。因此，文学翻译不仅要求表层的文字翻译，还要求译者深入到作品内部，关注原作的风格、意韵，在把握原作精神实质的基础上，将原作的艺术意境传达出来，再现原作的艺术美。而译者作为文学翻译的主体，具有鲜明的主体性，其审美趣味、感悟力和表现力，直接关系到对原作的“阐释”和“解读”，关系到能否发挥创造性，实现对原作的审美再创造。

实际上，围绕文学翻译的标准，不少中外名家曾提出相关理念，值得关注，例如：

● 早在 2000 多年前，古罗马的西塞罗、贺拉斯等人在其译论中就强调文学翻译的创作性，将文学翻译视作一门艺术。

● 中国清末著名翻译家严复提出的“信达雅”论，被奉为文学翻译的圭臬。其中的“雅”，侧重于译文的审美境界。

● 翻译大师傅雷先生主张，文学翻译最重要的是译出原文的神韵，所求“不在形似，而在神似”。

● 钱锺书先生将一个“化”字概括为文学翻译的最高标准，即摆脱因语言习惯差异所致的牵强生硬感，注重意蕴，力求出神入化。

● 现代文学家茅盾认为，文学的翻译，需要将原作的艺术意境传达出来，使读者在读译文时能够像读原作时一样，得到启发、感动和美的享受。

● 美学大师朱光潜推崇翻译艺术论，主张在不违背“求真”的同时，尽量发挥主观能动性，所谓“从心所欲，不逾矩”。

● 当代著名翻译家许渊冲认为，文学翻译的本体是“求美”，不应拘泥于原文，而要在传情达意上体现其创造性，译笔生花，译文优于原文，与原文竞争，倡导“文学三美”，即意美、形美、音美。

8.2 文学的语体特征与风格的翻译

好的译文注重文本功能的等值，尽可能传达原作的语体特征和语篇功能。文学语体以形象、抒情、美感为基本特征，尤其突出叙述功能和描写功能，或文雅，或优美，或华丽，或繁丰。与追求简约质朴的科技语体和商务语体翻译相比，文学翻译更注重以下语体特征：

1）文学的审美性

审美属性，是文学的显著特征。文学作品运用形象的语言、精巧的结构，曲折的情节，借助各种文学艺术手法，形象地刻画人物性格和事件。文学语言经巧妙的艺术提炼，讲求节奏美、语义美、修辞美、形象美和意蕴美，比日常语言更注重炼词炼句，形象生动，含蕴丰富，更具感染力。作为语言的艺术，文学翻译要求呈现出原作的文学性和审美性，译者需要细加体会原作字里行间的张力，语气的贯通，语势的营构，显豁或微妙的语义，或简洁明快或徐缓平稳的语言风格，译出原文的情怀、情感、情思和情志以及鲜明的艺术特点，达到贴切传神的效果，以增加可读性。就英译汉而言，为了达到审美效果，可充分利用汉语译入语富于音乐效果的特性和修辞优势，譬如汉语的四字格、双音叠字、量词等，在组织文学语言时，求得“音美”、“形美”和“意美”，以最大化文学作品的价值。

2）文学的多样性

文学的多样性，既包括文学文本自身在意义上的不确定性，也包括读者对文本的不同解读。文学语体作为最富于变化而难以掌握的一种语体，常使用词语变义，运用多种修辞手段，以丰富作品的内涵。由于文学文本自身的含混性和文学空白，不同的译者可能会对文本产生不同的理解，从而留下多维度、多样化的阐释空间，使译文具有丰富性和多样性，译者可以根据文学文本意义的丰富性和含混性，创造性地诠释、再现原文，以实现文学翻译特有的价值，可谓“诗无达诂”，见仁见智。我们不难发现，几乎每一本名著，往往都有两个或两个以上的译本，这也恰恰说明文学阐释空间的多样化。例如英国作家狄更斯创作的《大卫·科波菲尔》（*David Copperfield*），就有包括董秋斯、张谷若、庄绎传等译界名流大家的译本。

3）文学的情感性

文学是人学，任何文学作品都包含作家的主观情感，因而文学翻译离不开情感性。文学作品注重使用情态、色彩鲜活的词语。一些文学作品，作者运用一定的文学手法，通过语言文字表达思想，抒发主观情感，呈现艺术形象，借景抒情、托物言志，为读者构建一个能诉诸想象，能唤起读者共情和思考的有声有色、有情有感的形象世界和审美殿堂。

文学风格，主要包括作者的个人风格、作品的表现风格、时代风格、语体风格等。不同作家有不同的风格。文学作品有不同的表现风格，呈现出古典主义风格、现实主义风格、表现主义风格、超现实主义风格和后现代主义风格，等等。具体到个人风格，也呈现出差异性和多元性，有的朴实，有的华丽，有的庄重，有的幽默，有的犀利，有的柔婉。例如，以简约对话著称的美国作家海明威，擅长毫无矫饰地揭示事物的本来面目，语言风格朴实硬朗；以第一人称叙述方式描写荒岛生活的《鲁滨孙漂流记》的作者笛福，语言朴素生动，但二者在写作风格上也有差异。在同样以讽刺犀利著称的英国作家中，以游记体讽刺小说《格列佛游记》著称的斯威夫特和以政治寓言体小说《动物庄园》著称的乔治·奥威尔，细加比较，也有很大不同。而即便同一作家，在不同作品中，也可能呈现不同风格，因此在翻译文学作品时，译者需要透过字里行间，捕捉文学风格的差异性、多维性和多元性，并在译文中尽可能体现出原作风格。

8.3 文学翻译中文化意象的传递与策略

文学作品包含大量承载丰富智慧和文化内涵的文化意象。从功能对等的角度说，文学翻译的对等，不仅是语言层面的对等，还要考虑在文化功能和审美上的等值、等效。文学翻译中的文化意象处理，从某种意义上讲，主要是文化差异的处理，是要保留源语中的文化成分，还是优先照顾目的语读者的文化习惯；在文化层面上，涉及异化、归化两大策略的运用。

1）异化策略的翻译方法：直译、音译、直译加注释、音译加注释

英语文学作品中有大量富有文化内涵的元素，而由于英汉两种文化的差异，会产生翻

译中的文化空缺现象。翻译文学作品中的文化意象时，为保留源语的异质特色，通常可以考虑异化策略，一般包括直译、音译。比如，涉及地名、人名、引语、宗教、神话、历史事件等文化负载的信息在汉语中没有对应的表达，可以考虑直译或音译，一则可以保留原文的部分文化特征，二则是因为译入语对等项缺省。很多时候，直译、音译很难译出基于源语文化信息和文化内涵的巧妙表达，或直译、音译后的文化意象晦涩难懂，或只能传达部分内容，或与源语不完全对等，尤其可能对译文读者的理解构成一定的困难。为读者着想，对于难点或不易理解的文化现象需加注释，可考虑加注释或加释义的方法加以补偿，作说明性扩展补充、阐述性融入或脚注、尾注，即在语言层面上，采用音译加注法，在文化层面上，采用直译加注法，以便于读者理解。但有必要指出的是，加注应尽可能精简、得体，避免不当注释，过多打断读者思路，影响阅读感受。

2）归化策略的翻译方法：意译、替代、重构

归化策略以译入语文化为归宿。就文学翻译而言，由于英汉在语言、文化和审美层面上的差异，有时直译不但无法贴切、准确、生动地再现原文，反而显得生硬牵强，有损原文的风格和神韵。为了达到文化交流的目的，考虑目的语读者的接受程度和审美感受，确保读者获得文化信息和审美感，可采取归化策略，通常包括意译、替代与重构等方法和技巧。总体而言，意译是基于对原文深刻的洞察，注重思想内容上的忠实，可以发挥译文优势。

意象，寓“意”之“象”，包括物象载体与特定文化环境引申的寓意两个方面。由于源语意象在译入语的缺失或不对等，为达到等同效果，用译入语文化现象代替原文文化现象，使译文浅化、易懂。如 rest on one's laurels，laurels 的物象为“月桂树”“桂冠”，寓意“荣耀，荣光”，采取顺应译入语文化语境的做法，译为“吃老本”，意象置换，是一种以读者为中心、化难为简为易的策略，缺点是译文模糊或抹杀了原文的文化特征，有时不甚可取。

8.4 文学翻译中的选词与词义辨析

文学翻译要译出原文的意蕴和意境，因此尤其讲究选词、炼字，可谓“一名之立，旬月踟躇”。词语的意义，一般分为概念意义（conceptual meaning）、内涵意义（connotative meaning）、情感意义（affective meaning，褒贬感情色彩）、社会意义（social meaning）以及不同的搭配意义（collocative meaning）等。除了要注意词义的准确之外，文学翻译还要确保选词的褒贬色彩准确，并提供和原文相近的美感享受和理智上的满足。

在翻译过程中，要根据语境确定词义和语义。从功能上看，语境分为语言语境、情景语境和文化语境。语境分析是文学翻译的一个重要环节，译者对原作语境的了解、把握以及译文语境的重构能力直接关系到译文的优劣。以最常见的 wife 一词为例，在汉语中，由于语境和情境的不同，分别有妻子、爱人、太太、夫人、老婆、媳妇、配偶、老伴等不

同的对应词，呈现出不同的境界、情调和审美形象，翻译时要根据语境和意境，甄别选取。又如display一词，在不同语境下，译文可能需要选择不同的搭配意义：

a display of affection　示爱

a display of wealth　炫富

She rarely displays any sign of emotion.　她极少喜形于色。

另外，在不同的上下文构成中，同一个词也会有不同的搭配意义，翻译时选择对应词要精当、妥帖。例如：

heavy penalty　重刑

Shortly after this, they began supper. Half-way through, a heavy step was heard in the hall.　(《苔丝》)

时过不久，他们开始吃晚饭了，吃到一半时，听到厅堂里传来笨重的脚步声。

8.5　文学对话翻译：准确性与适宜性

对话，是人物内心世界的展露。从文学作品中人物的对话语言，可看出人物个性、心理活动，有助于判断人物身份，了解作品主题的关系，可以读出潜台词。人物语言的翻译，贵在准确、得体，尤其要注意以下方面：

1）文学作品对话的翻译，要考虑作家的个人风格和作品风格，例如海明威笔下人物的对话简短、含蓄，看似平淡，却蕴藏着情感思想的火山，折射出作者刻意创设的硬汉形象和冰山理论。

2）翻译对话，涉及原作人物的形象化、艺术化和个性化语言的传译。人物对话体式千差万别，有的随便，有的刻板，有的平实，要译出人物个性。例如英国现实主义戏剧作家萧伯纳的作品《圣女贞德》笔下的人物个性十分鲜明，值得探究。

3）翻译对话时，可通过人物关系、对话中的称呼语等，判断说话人的身份或说话双方的关系，如Sir一词，表明人物身份，同时要配合人物说话时的动作和神态描写，来决定翻译中的选词。

4）要考虑对话的口语化性质，把握好原文节奏，是乡村僻野，还是繁华都市的题材等，翻译时要注意文化差异。

总之，文学对话翻译应尽可能切合人物身份与对话语境，翻译时要考虑说话者的性别、年龄、职业身份、地位、个性等个人因素及人物关系等交际背景，尽可能在忠实于内容的前提下，注意对人物对话基调的拿捏，忌千人一腔。

例如：

Speak I must. 话我非说不可。

对话展示说话者的个性，使对话生动、传神。

又如：

“Stop!” faltered Doria Gray, “Stop! You bewilder me. I don’t know what to say.”（王尔德《道林·格雷的画像》）

从句中动词 falter 有“支吾其词”之意，可判断，文中 stop 宜译为“慢着”。

以下对话选段出自诺贝尔文学奖得主萧伯纳公认的最佳剧作之一《圣女贞德》（*Saint Joan*），试从文学翻译角度加以对比：

Dialogue 1：

Steward—Sir：I tell you there are no eggs. There will be none—not if you were to kill me for it—as long as The Maid is at the door.

Robert—The Maid! What maid? What are you talking about?

Steward—The girl from Lorraine，sir. From Domremy.

Robert—（rising in fearful wrath）Thirty thousand thunders! Fifty thousand devils! Do you mean to say that that girl，who had the impudence to ask to see me two days ago，and whom I told you to send back to her father with my orders that he was to give her a good hiding，is here still?（《圣女贞德》，向红全译）

管家：老爷，跟您说，没有鸡蛋。只要那个少女在门外赖着不走，就不会有，就算您杀了我，也不会再有。

罗伯特：少女！什么少女？你在说啥？

管家：洛林省来的那个姑娘，栋雷米村来的，老爷。

罗伯特：（怒不可遏地站立起来）三万个雷劈你！五万个魔鬼抓你！你是说两天前死皮赖脸非要见我的丫头？不是叫你把她打发回她父亲那儿，让她父亲狠狠收拾她一顿吗？她还赖在这儿？

对话中的 Sir，根据人物关系语境，译为“老爷”。相应地，文中的 you，译为尊称“您”。对话中的 Thirty thousand thunders 为省略句，如照搬原文不加以信息补偿，很难达意，译为“三万个雷劈你”，使语义更为清晰、完整。

Dialogue 2：

Robert—Praying! Ha! You believe she prays，you idiot. I know the sort of girl that is always talking to soldiers. She shall talk to me a bit.（He goes to the window and shouts fiercely through it）Hallo，you there!

A Girl's VOICE（bright，strong，and rough）Is it me，sir?

Robert—Yes，you.

The VOICE. Be you captain?

Robert—Yes，damn your impudence，I be captain. Come up here.

罗伯特：祷告！哈！你以为她会祷告，真是白痴。我了解那种老找士兵聊天的女子，让她跟我聊聊。（他走到窗前，朝着窗外，厉声呵斥）哎，那边那个谁，过来！

一个女孩的声音（响亮、坚定、果敢）：是叫我吗？老爷？

罗伯特：没错，就是你。

女孩：您就是上尉？

罗伯特：死皮赖脸的东西！没错，我就是上尉。上这儿来。（向红全译）

粗话、诅语既体现人物关系，也是人物心理活动、情绪变化的写照，是作家借以表现人物性格的重要手段之一。

Dialogue 3：

The Archbishop—Your Highness is taking offence very unnecessarily.

Charles—Thank you. You are always ready with a lecture，aren't you?

LA Tremouille—（roughly）Enough grumbling. What have you got there?

Charles—What is that to you?

大主教：殿下犯不着动怒。

查理：谢谢！你是不是总爱说教？一套一套地。

拉·特雷木：（粗暴地）别嚷嚷，手里拿的什么？

查理：你管得着吗？（向红全译）

翻译文学作品的人物对话时，措辞要注意上下文的逻辑连贯和衔接，对话中的 a lecture，意为“说教”，带有贬义色彩，因此将“You are always ready with a lecture”译为“你是不是总爱说教？一套一套地。”；“What is that to you?”译为“你管得着吗?”，可以透过对话场景，呈现人物性格和身份特征，同时也译出了对话的张力。

8.6 充分发挥译文优势

“翻译文学”具有译创和二度创作的性质。为了增强译文的可读性，避免过重的翻译腔，可在忠实于原著意义的前提下，使译文最大限度地符合汉语的表达习惯，进而发挥汉语特有的优势。常见的发挥汉语优势的手段，主要包括巧用汉语四字结构、充分运用修辞手段，包括汉语双音叠字等。

汉语的四字结构，又称“四字格”，源远流长，可谓汉语语汇精华。作为一种长期习用的固定结构，具有在语音上和谐悦耳、在形式上整齐均衡，在语义结构上言简意赅的鲜明特点。文学翻译在不违背原义的基础上，运用最切近、流畅自然的四字结构处理译文，使译文凝练简洁，朗朗上口，增强语势，既可增加译文可读性，又有助于汉语读者的接受，如 doomed to a dark destiny 可译为“在劫难逃”，更多例子如下：

（1）These scars are old.（海明威《老人与海》）

这些伤疤年深月久。

（2）I was glad of it：I never liked long walks，especially on chilly afternoons.（夏洛蒂·勃朗特，《简·爱》）

我倒是求之不得。我向来不喜欢远距离散步，尤其在冷飕飕的下午。（黄源深译）

（3）The farm was more prosperous now，and better organized.（乔治·奥威尔，《动物农场》）

现在的庄园更是欣欣向荣，也更井然有序。（荣如德译）

（4）Those who are faithful know the trivial side of love；it's the faithless who know love's tragedies.

忠贞不二的人，只知道爱的鸡毛蒜皮，而见异思迁者，才懂得爱的大悲大痛。（王尔德《道林·格雷的画像》，黄源深译）

原文中的 trivial 和 tragedy、faithful 和 faithless 分别采用头韵法和正反对照修辞法，具有美学效应，由于修辞的不可译性，译文采取四字结构处理原文的修辞手段，取得了很好的讽刺挖苦效果。）

（5）Perhaps you forgot all about it.（同上）

或许你已经忘得一干二净。

（6）Lord Radley is sure to be furious.（同上）

拉德利勋爵肯定会勃然大怒。

（7）There had been too much publicity about this case.

此事已闹得满城风雨，尽人皆知。

（8）He's at the end of his patience.

他忍无可忍。

值得注意的是，英语文学作品常运用押头韵、尾韵以增加文采，有时可变通处理为汉语四字结构，同样可以实现修辞效果。例如：

by hook and crook　想方设法

waves and weathers　饱经风霜

双音叠字

汉语双音叠字具有生动、强调、音韵美的修辞效果。英语文学汉译可充分发挥双音叠字的功能。举例如下：

（1）Together they looked into the flames of the fire.

他们双双注视着熊熊燃烧的炉火。（哈代，《德伯家的苔丝》）

双音叠字，增强了表达效果。

（2）There was no possibility of taking a walk that day. We had been wandering，indeed，in the leafless shrubbery an hour in the morning，but since dinner（Mrs. Reed，when there was no company，dined early）the cold winter wind had brought with it clouds so sombre，and a rain so penetrating，that further outdoor exercise was now out of the question.

那天是没法出门散步了。尽管清晨我们在光秃秃的灌木丛间闲逛了一个小时，但从午饭起（没有客人时，里德太太总是很早进餐），冷冽的冬日寒风，裹挟着阴郁的乌云和绵绵苦雨，一并袭来，现在没法再到户外活动了。（夏洛蒂·勃朗特，《简·爱》）

本例为《简·爱》开篇的一句话，为全文定调。leafless 译为“光秃秃”，形神兼具。“绵绵苦雨”则准确传神地刻画出原文描述的雨的态势。

8.7 文学作品中描写的翻译

描写是文学作品中不可或缺的翻译基本功。文学作品常见的描写方法包括人物肖像描写、神态描写、衣着描写、动作描写、语言描写（包括对话描写）、心理描写与环境描写等。从功能上看，文学作品通过描写，勾勒出人物的外貌，暗示人物性格特征和精神世界，或透露人物的生活遭遇。而人物的活动、事件的发展，总是在一定的环境中进行的，文学作品常借助环境描写，来交代人物活动的背景，或表现人物的思想、性格，或渲染气氛、抒发感情。文学作品通过描写表现出来的情调，为作品呈现的形象及审美想象留下空间，文学作品翻译，不单是译词，还要译意、译味，译出原作的精髓。

8.8 文学翻译实例

East of Eden（Excerpt）

By John Steinbeck

The Salinas Valley is in Northern California. It is a long narrow swale between two ranges of mountains，and the Salinas River winds and twists up the center until it falls at last into Monterey Bay.

I remember my childhood names for grasses and secret flowers. I remember where a toad may live and what time the birds awaken in the summer—and what trees and seasons smelled like—how people looked and walked and smelled even. The memory of odors is very rich.

I remember that Gabilan Mountains to the east of the valley were light gay mountains full of sun and loveliness and a kind of invitation, so that you wanted to climb into their warm foothills almost as you want to climb into the lap of a beloved mother.

They were beckoning mountains with a brown grass love. The Santa Lucias stood up against the sky to the west and kept the valley from the open sea, and they were dark and brooding—unfriendly and dangerous. I always found in myself a dread of west and a love of east. Where I ever got such an idea I cannot say, unless it could be that the morning came over the peaks of the Gabilans and the night drifted back from the ridges of Santa Lucias. It may be that the birth and death of the day had some part in my feeling about the two ranges of mountains.

伊顿之东

约翰·斯坦贝克

萨利纳斯河谷坐落于加利弗尼亚州北部，那是两条连绵的山脉相夹的一片狭长低地，萨利纳斯河沿着河谷，蜿蜒穿行，最终汇入蒙特利海湾。

我记得儿时给各种小草和不知名的小花取的名字，记得蛤蟆喜欢在何处栖身，记得鸟雀夏日清晨何时醒来，还记得各种树木及不同季节的气息，记得人们的样貌、走路的步态，甚至身上散发的气味。有关气味的记忆，着实太多。

我记得位于河谷东面的加毕仑山脉，总是阳光明媚，欢快可爱，仿佛在发出邀约，你会禁不住想爬上它那暖暖的山麓小丘，如同爬到心爱的母亲怀里。

棕色的草坡，爱意绵绵，向你召唤。位于河谷西侧的圣卢西亚斯山脉，直入云端，黑压压横亘于河谷和大海之间，显得敌意而险峻。我发现自己一直对西方心存畏惧，而对东方怀有喜爱；我道不出其中的缘由，或许因为黎明从加比仑山巅冉冉升起，而夜色从圣卢西亚斯山脊缓缓降至；每一天的诞生和消亡或许令我对两条山脉生出迥然有别的情愫。

1. 原作讲述作者儿时的亲身经历，文中有大量景物描写，寓情于景，文字鲜活，译文不仅要通顺可读，还要合乎作者的年龄和身份特征，反映原文的风格。譬如 frog 译为通俗易懂的“蛤蟆”，而不译为学名“蟾蜍”，更合乎原文的语体。

2. The Salinas Valley is in Northern California 一句中，原文介词 in 常具有动词功能，汉译时，采用词类转换手段，可以处理为“坐落于”或“位于”，通晓明了，也顺应汉语的表达习惯。

3. long narrow swale 的表达汉译时，需要考虑两种语言在语序上的差异，译为“狭长低地”。文中大量运用形容词，用以描写景观，翻译时在尽可能传达原文风格的同时，也要在处理差异时做变通。

4. I remember my childhood names for grasses and secret flowers 一句中，childhood names 为偏正结构，译文没有囿于原文结构，而是作了相应调整，将名词修饰语 childhood 转换为状语；复数名词 grasses，灵活处理为"各种小草"；secret flowers 处理为"不知名的小花"，更合乎文中的语境。文学翻译离不开语境。

5. I remember where a toad may live and what time the birds awaken in the summer—and what trees and seasons smelled like—how people looked and walked and smelled even 一句，为避免亦步亦趋造成翻译腔，通过词类转换，对源语的句式作了变通，将其中的动词 looked、walked、smelled 分别处理为名词，译为"记得人们的样貌，走路的步态……"。词类转换是文学翻译中重要的翻译技巧，有助于译文通畅。而忠实、顺畅、美，三者正是文学翻译不可忽视的重要标准。

6. Gabilan Mountains to the east of the valley 一句译文作了语序调整，作定语后置的介词结构汉译时，按译入语习惯，处理为前置定语，译为"位于河谷东面的加毕仑山脉"。

7. ... light gay mountains full of sun and loveliness and a kind of invitation 一句通过巧妙地把 light、gay、sun、loveliness、invitation 等描写景物和衬托感受的词语并置，达到了唤起读者审美想象的效果。译文灵活处理为"总是阳光明媚，欢快可爱，仿佛在发出邀约"，充分发挥了汉语四字格的优势，增强了译文的艺术表现力。

8. ... climb into their warm foothills almost as you want to climb into the lap of a beloved mother 一句中，形容词 warm 译为汉语双音叠字结构"暖暖"，既合乎儿童心理，也充分发挥了汉语优势，实现了文字节奏美。lap 一词，语义为"膝盖"，译文根据语境，灵活点出母亲"怀里"这一深层含义。从内容上看，贴近汉语的表达方式；从审美鉴赏的角度看，生动美妙的画面呼之欲出，实现了传情达意，呈现了文学翻译的意蕴之美。

9. They were beckoning mountains with a brown grass love 一句运用修饰语 beckoning 和 brown 描摹了大自然，译为"棕色的草坡，爱意绵绵，向你召唤"，合乎汉语习惯，又突显了拟人的修辞艺术效果，赋予译文文学韵味，给读者一种身临其境之感，与原文等值、等效。

10. ... they were dark and brooding—unfriendly and dangerous 一句中，形容词 dark 处理为汉语的双音叠字结构"黑压压"，并与前文的"暖暖"构成鲜明对照，有助于营造文学意境。unfriendly and dangerous 两个形容词并置，译文并未拘泥于原文字句，而是根据语境，灵活处理为对称结构"恶意而险峻"，比抽象笼统地译为"危险"，既精准、到位，又凸显文学翻译作为二次创作"求美"的本体特征，体现了许渊冲先生倡导的文学翻译可以译笔生花，译文优于原文的精髓。

11. I always found in myself a dread of west and a love of east 一句，a dread of west and a love of east 运用了对称修辞法，以加强文学文本的表达效果，译文则采用词类转换法，处理为四字格"我发现自己一直对西方心存畏惧，而对东方怀有喜爱"，借此凸显文学语体特征，使译文更具节奏美感。总体而言，作者喜爱温和气候，借助丰富而诗意的形容词，刻画出对河谷东面色彩鲜明、充满阳光、明亮的 Gabilan Mountains 的情有独钟，以此表达对西面的 Santa Lucias 山脉可怕、可憎的面貌隐隐的恐惧心理，以黑暗来衬托光明，巧妙而恰当地唤起读者的联想，生动传神。环境描写渲染气氛，抒发作者的思想感情，并借此引发读者的共鸣。

12. …the birth and death of the day 一句将太阳的升起和夜色的降临拟人化，译文保留了原文的修辞手法。如果为了使译文通俗易懂，也可以作浅化处理，直接处理为“一天的开始和结束”。

Delicate Wives (Excerpt)

By John Updike

Veronica had a favorite summer dress, with a wide oval neck and half-length sleeves, of orange, orange distributed with a tie-dyed unevenness. It was not a color most women would wear, but it brought out the reckless gleam in her long straight hair and the green of her eyes.

Remembering their affair, Les seemed to squint through a wash of this color, though it was no longer summer but September when they parted, the grass in the fields going to seed and the air noisy with cicadas.

Veronica's eyes watered, her lower lip trembled as she listened. He explained that he just couldn't face leaving Lisa and the kids, who were still almost babies, and unless he could they should break it off while it was still secret, before things got messy, and all their lives lay scattered and ruined.

Through her tears Veronica appraised him and determined that indeed he did not love her enough to rescue her from Gregor. He was not free enough, which was how he preferred to phrase it.

They wept together—his tears made a gleam on the skin of her shoulder within the wide oval of her neckline—and agreed that no one but them would ever know.

And yet, through the fall and winter and into the next summer, he felt cheated by this secrecy; their affair had been something wonderful he wanted known.

He tried to rekindle her attention. She ignored his longing looks, and rebuked his confused attempts to single her out in a crowd. Her green eyes glared, under the frown of her long reddish eyebrows.

娇妻柔妇（节选）

约翰·厄普代克

维罗妮卡有一件特别中意的夏裙，椭圆形的宽领，中袖。裙服橙黄色，那种手工扎染的橙黄，并非深浅浑然。多数女人不会穿这种颜色，可恰恰是橙黄衬托出她那一头长长直发的张扬光泽和她绿色的眼珠。

莱斯忆起两人的恋情，眼前似又出现了这一泓亮色，尽管他们分手时夏日已逝，正值初秋。田野里青草快要结籽，蝉噪不绝于耳。

维罗妮卡听着，眼中有泪水打滚，下唇不住抽搐。他解释说，他身不由己，硬是不忍抛下丽莎和襁褓中的孩子。正因为他狠不下心，两人还是在私情尚未败露，事情还没弄到不可收拾的地步之前分手为好。

维罗妮卡用泪眼打量着他，这才明白对方爱自己实际上并未达到要从格雷格尔手里救出她来的程度。他则宁可采用“身不由己”这样的措辞。

两人相对而泣——他在情人椭圆形宽领围着的脖子上留下晶莹的泪珠，还约定除了他们俩这事对谁也不说。

然而，秋去冬来，转眼又是夏天，他感到深受保密约定之害。两人相爱是件美好的事情，他巴不得让别人知道才好。

他试图重燃旧情。对他投来的含情脉脉的目光，她却视而不见，还责备他当众独向她一人献媚的乖张行径。她那绿色的眼眸，在竖起的红棕色长眉毛下迸射出一道寒光。

（陆谷孙 译）

1. 短篇小说“Delicate Wives”登载于 2004 年 2 月 2 日的《纽约客》(*The New Yorker*)。作者为美国当代文学大师约翰·厄普代克（John Updike，1932—2009），《纽约客》常年专栏撰稿人。厄普代克毕业于哈佛大学英文系，一生创作 60 余部体裁多样的作品，包括家喻户晓的长篇小说“兔子四部曲”、短篇小说集、诗集和评论集，两获普利策奖、两获国家图书奖及欧·亨利奖，两度登上《时代周刊》(*Time*) 封面故事。厄普代克对人性有着尖锐深刻的洞察，擅长批判人欲横流的美国小镇中产阶级社会，人物的勾画、描绘与深入的批判直捣心灵。原作“Delicate Wives”文笔细腻生动，内涵深刻，丰富的人物心理描写、动作描写和景物描写，是练习文学翻译基本功的良好素材。我国著名英语翻译家、英汉辞典编纂家陆谷孙先生，将篇名“Delicate Wives”译为《娇妻柔妇》，得当地传达了原文的意蕴，原文的名词复数，处理也颇为到位。

2. Veronica had a favorite summer dress, with a wide oval neck and half-length sleeves, of orange, orange distributed with a tie-dyed unevenness. It was not a color most women would wear, but it brought out the reckless gleam in her long straight hair and the green of her eyes 一段为细节描写，尤其是女主人公色泽鲜艳、别具一格的衣品、夺目的眼眸，令人印象深刻。在文学作品中，作者对于形容词，尤其是描写颜色、光线、声音、气味的感官形容词的巧妙运用，对于构建作品的形象十分重要。颜色形容词在作家的描写艺术里占有重要地位，作家运用颜色和其他感觉形容词来描写大自然、人、感情、衣服等，通过颜色的象征意义加深故事叙述的抒情气氛，传达人物的心理状态和感官印象，烘托人物独特的身份和个性，为下文的故事情节推进埋下伏笔。翻译时需要通过捕捉文本的细节描写，尽可能把原作呈现的具体、细致的审美感受展现给译文读者。

3. Veronica's eyes watered 一句，water 作动词用，采用归化法，译为“眼中有泪水打滚”，不仅符合中国读者的阅读习惯，而且达到了文学翻译形象、生动的效果。

4. …the grass in the fields going to seed and the air noisy with cicadas 一句中，the air noisy with cicadas 译为“蝉噪不绝于耳”，“蝉噪”为拟声词，动物的叫声一般都有较为固定的搭配，如“虎啸”“龙吟”“狮吼”“鸡鸣”“狗吠”等。此处汉译，将 noisy 作了深化、具体化处理，译出原作内容有而形式无的含义。

5. …her lower lip trembled as she listened 一句中，trembled as she listened 灵活化境，译为四字结构“不住抽搐”，语言凝练，栩栩如生地捕捉、再现了原文的情景语境，在表达上充分发挥了汉语的优势，达到文学翻译的音美、形美、意美标准。

6. He explained that he just couldn't face leaving Lisa and the kids，who were still almost babies 一句中，almost babies 灵活转换为“襁褓中的……”，文学翻译是一种再创造或二度创作，不仅求信、求达，还求其尔雅，在尊重原文的前提下，在语言和审美层面，通过恰切的选词，使译文更具文学性，以充分显现语言文字的艺术魅力。

7. …and unless he could they should break it off while it was still secret，before things got messy，and all their lives lay scattered and ruined 一句采取逆译法，文中 before 引导的肯定式短语 before things got messy 译成否定式“趁着还未……”，更合乎汉语习惯。

8. Through her tears Veronica appraised him… 一句中及物动词 appraise 语义为“评价，鉴定；估价”，译文并未拘泥于原文的字面意思，而是归化、变通为“用泪眼打量”，显得更为顺畅自然，易于通晓。

9. He was not free enough，which was how he preferred to phrase it 一句中，not free enough的表述译为汉语四字结构“身不由己”，原文的 phrase 一词在句中作动词用，意为“措辞”。

10. They wept together 一句中 wept together 译为汉语四字结构“相对而泣”，形神兼备，译笔简洁、达意、得体。原作绘声绘色绘形的摹写，译文也要尽可能要求有声有色有形。

11. …his tears made a gleam on the skin of her shoulder within the wide oval of her neckline 一句，译文采用语序调整法，重新调整了状语的语序。细节描写是文学作品中烘托氛围、刻画人物心理、推进情节的重要写作方法。处理好具体、细腻的描写也是文学翻译的基本功。

12. …through the fall and winter and into the next summer 一句并未拘泥于原文的形式，而是顺应汉语语言习惯，发挥汉语四字格朗朗上口的优势，译为“秋去冬来，转眼又是夏天”。

13. …their affair had been something wonderful he wanted known 一句如按原文结构

处理则显得拗口，因此考虑调整语序。将无主代词 something 的后置修饰语处理为“的”字结构作前置定语，译为：“两人相爱是件美好的事情。”

14. …rebuked his confused attempts to single her out in a crowd 一句，在译文中很难找到与 confused attempts 语义相匹配且合乎汉语习惯的对应表述，如按字面意思直译，语义晦涩、生硬拗口，因此根据上下文，将 confused 灵活处置为“乖张”，以求得变通。

15. Her green eyes glared，under the frown of her long reddish eyebrows 一句中，介词结构状语 under the frown of her long reddish eyebrows 需调整语序，移到谓语动词 glared 之前，译为“她那绿色的眼眸，在竖起的红棕色长眉毛下迸射出一道寒光”。句中的 eyes 译为“眼眸”，赋予文学色彩，增添了文学翻译的审美价值。

16. 英语一般先说个人感受和评论，再说出具体细节，即结论先行。而汉语则相反，先说情况，再谈个人感受。翻译时，需要针对差异，作适当调整。

文学英译汉练习

The Picture of Dorian Gray（Excerpt）

By Oscar Wilde

Hallward got up from the seat and walked up and down the garden. After some time he came back. “Harry,” he said, “Dorian Gray is to me simply a motive in art. You might see nothing in him. I see everything in him. He is never more present in my work than when no image of him is there. He is a suggestion，as I have said，of a new manner. I find him in the curves of certain lines，in the loveliness and subtleties of certain colors. That is all.”

“Then why won’t you exhibit his portrait?” asked Lord Henry.

“Because，without intending it，I have put into it some expression of all this curious artistic idolatry，of which，of course，I have never cared to speak to him. He knows nothing about it. He shall never know anything about it. But the world might guess it，and I will not bare my soul to their shallow prying eyes. My heart shall never be put under their microscope. There is too much of myself in the thing，Harry—too much of myself!”

“Poets are not so scrupulous as you are. They know how useful passion is for publication. Nowadays a broken heart will run to many editions.”

“I hate them for it,” cried Hallward. “An artist should create beautiful things，but should put nothing of his own life into them. We live in an age when men treat art as if it were meant to be a form of autobiography. We have lost the abstract sense of beauty. Some day I will show the world what it is；and for that reason the world shall never see my portrait of Dorian Gray."

"I think you are wrong, Basil, but I won't argue with you. It is only the intellectually lost who ever argue. Tell me, is Dorian Gray very fond of you?"

The painter considered for a few moments. "He likes me," he answered after a pause; "I know he likes me. Of course I flatter him dreadfully. I find a strange pleasure in saying things to him that I know I shall be sorry for having said. As a rule, he is charming to me, and we sit in the studio and talk of a thousand things. Now and then, however, he is horribly thoughtless, and seems to take a real delight in giving me pain. Then I feel, Harry, that I have given away my whole soul to someone who treats it as if it were a flower to put in his coat, a bit of decoration to charm his vanity, an ornament for a summer's day."

"Days in summer, Basil, are apt to linger," murmured Lord Henry. "Perhaps you will tire sooner than he will. It is a sad thing to think of, but there is no doubt that genius lasts longer than beauty. That accounts for the fact that we all take such pains to over-educate ourselves. In the wild struggle for existence, we want to have something that endures, and so we fill our minds with rubbish and facts, in the silly hope of keeping our place. The thoroughly well-informed man—that is the modern ideal. And the mind of the thoroughly well-informed man is a dreadful thing. It is like a bric-a-brac shop, all monsters and dust, with everything priced above its proper value. I think you will tire first, all the same. Some day you will look at your friend, and he will seem to you to be a little out of drawing, or you won't like his tone of color, or something. You will bitterly reproach him in your own heart, and seriously think that he has behaved very badly to you. The next time he calls, you will be perfectly cold and indifferent. It will be a great pity, for it will alter you. What you have told me is quite a romance, a romance of art one might call it, and the worst of having a romance of any kind is that it leaves one so unromantic."

第9单元

商务英译汉

商业有着漫长的历史和极为广阔的外延，很多深刻改变我们生活的科技进步最终由商业化进行体现。与此同时，商务翻译一直对跨语言商业活动提供着不可或缺的支持，无论是专业的还是民间的，真人的抑或人工智能的。在互联网迅猛发展的新时代，我们的商务翻译也应该不断地和新工具、新思路相结合，力争以最高效的方式提供最可靠、最适合的翻译结果。

本单元第一节将基于互联网的大背景，对如何寻求精准的商务翻译结果进行探讨，力求“授人以渔”，而非仅仅“予人以鱼”；第二、三节将从市场营销和商贸沟通两个方面为读者提供商务翻译的指导。

9.1 精确理解和翻译疑难问题

我们以一个清洁发展机制（CDM①）项目的翻译案例为主要研究对象。该项目使用动态好氧堆肥技术进行市政固态垃圾的处理，而在实施此项目之前，该地区所有市政固态垃圾是通过简单填埋来处理的，而且并未对填埋场产生的有害气体进行收集和处理。在该CDM项目的申请②过程中，两个重要的论证步骤是：该环保项目和非环保情形的数据对比；为何CDM应该以碳信用的形式对该项目进行资助。在项目的申请报告里我们读到如下两句：

1. “Avoided emissions from organic waste through alternative waste treatment processes” AM0025（Version 11）

2. “Tool for the demonstration and assessment of additionality”（Version 02.1）

第一句很好把握，然而第二句中的“additionality”颇令人费解。接下来，我们通过以下四步来尝试对这个词进行理解和翻译。

---

① 即Clean Development Mechanism，其根据《联合国气候变化框架公约》《京都议定书》所确定，其对碳减排量进行认证并允许其以碳信用的形式进行交易。

② 该项目最终成功获批，截至2020年，该项目保持正常合规运转。

9.1.1 探索疑难翻译的独立解决步骤

第一步，使用权威词典精确查找词汇。

我们翻开纸质版《韦氏大学词典》[①]，发现该词条未被收录，然后我们访问韦氏词典的官方网站[②]，结果一样。我们再换用《朗文当代英语词典》，去其官方网站查询到如下释义[③]：

领域标签：ECONOMICS；语域：British English

additionality：

a rule or principle stating that the money spent by a government on public services such as health and education can be added to from other funds，especially European Union grants，but cannot be replaced by those grants altogether

这一解释的核心意思是："additionality"是这样一种原则——某政府在公共服务项目如健康、教育上的支出只能被欧盟等的拨款予以补足，而不能完全由其替代。

以上解释显然与这一清洁发展机制项目的语境相去甚远。据此，我们初步判断"additionality"属于行业专门用语。

第二步，使用互联网搜索引擎进行精确搜索。

我们分别使用针对汉语内容和英文内容的互联网搜索引擎对该词条进行精确搜索。请大家注意遵守各个引擎所规定的精确搜索语法，比如有些引擎使用"＋'搜索关键词'"的语法规则进行绝对精确搜索。我们发现，主要针对汉语内容的搜索引擎所反馈的首页结果，对我们深度理解"additionality"词条的帮助很有限[④]。

在主要针对英语内容的搜索引擎所反馈的首页结果中，我们发现《剑桥英语学习词典》的官方网络版[⑤]收录了该词条，其解释如下：

领域标签：ECONOMICS，FINANCE；地域标签：UK

additionality：

the situation in which a government or organization is able to get money for a project from another government or organization，especially the European Union，only if it pays for most of the project itself.

这一解释的核心意思是：只有在某一政府或组织自己承担一个项目的主要费用的条件下，它才能够得到其他政府或组织对该项目的资助。

但是，当我们把这一含义代入上述清洁发展机制的项目中去，很容易就会产生这样一

---

① *Merriam-Webster's Collegiate Dictionary* 第11版。

② 相关网址为 www.merriam-webster.com。

③ 相关网址为 www.ldoceonline.com/dictionary/additionality。

④ 截至本单元的写作时间，即2020年1月。

⑤ 相关网址为 dictionary.cambridge.org/dictionary/english/additionality。

个疑问：字典所阐释的这个情况很容易进行判定，只须如实申报自有资金在总投资中的占比就可以了；然而，项目的申请报告却花费了近20页的篇幅来对“additionality”进行论证——难道是另有玄机？

由此，我们进一步推断：作为此项目报告的核心概念之一，此处的“additionality”的内涵有可能比字典上的释义更加丰富，或是与之不同，尽管《剑桥英语学习词典》所给出的“领域标签”与翻译场景相符合。

继续浏览搜索引擎返回的结果，我们发现维基百科的英文版①是这样定义这个词条的：

Additionality is the property of an activity being additional. It is a determination of whether an intervention has an effect, when the intervention is compared to a baseline. “Interventions” can take a variety of forms, but often include economic incentives.

这一解释的核心意思是：“additionality”是用于判定一项干预是否会产生效果，这种效果需要和某种基准进行比对；这种干预的形式通常为经济上的激励。

显然，为了涵盖更多的情形，这一解释相对抽象，并因此难以适应我们对CDM项目报告的具体翻译需求。

第三步，使用复合关键词寻找例子和语境。

以上三条释义让我们意识到，抽象的解释对理解这一词条的帮助不是很大，我们需要找到具体的行业例子和语境。因此，我们使用复合关键词、加入更多限定，比如，将“additionality”换成“additionality CDM”“additionality examples”等。其中有一条搜索结果包含如下解释：

Additionality is the “additional economic activity that wouldn't have happened otherwise except for our investment.”②

其含义为：“additionality”是一种“如果我们不投资就不会以其他方式发生的、额外的经济活动”。

我们知道，清洁发展机制CDM对碳减排量进行认证，合格项目所实现的碳减排量能够以碳信用的形式进行交易，这实质上是对环保减排项目予以经济资助。截至目前，搜索引擎返回的上述解释相对合理。与此同时，我们并未在其他搜索结果中发现更好的阐释。

第四步，返回原文进行确认。

当我们带着对“additionality”的上述理解来进行翻译，发现难点迎刃而解，最终确定“额外性”这一精准翻译变得水到渠成。实际上，该项目报告中涉及“additionality”的大量篇幅主要是为了证明如下结论：

如果CDM不以认证碳信用的形式对该项目进行资助，那么其内部收益率（IRR③）就

① 相关网址为 en. wikipedia. org/wiki/Additionality。

② 相关网址为：nordsip. com/2019/04/25/what-is-additionality/。

③ 即 Internal Rate of Return。

会低于垃圾处理行业对该类项目的最低投资回报预期，从而会导致该项目得不到投资、无法付诸实施，相应的环保效益——额外的温室气体减排量①也就不会产生。

9.1.2 如何看待上述独立解决步骤

试想：面对一个难以理解的商务词语或是表达法，以上四个步骤是全部都要走完吗？比如，直接跳过前两步，一开始就使用复合关键词来进行搜索会如何？

其实，以上四个步骤是以最高效、最迅速地确定词汇含义为首要目的的，你可能在其中任何一个步骤中解决你的问题。但是，如果遇到难以确定的概念，循序渐进能够大概率地帮助你在最短的时间内找到答案。

比如，诸如“additionality CDM”之类的复合关键词带给你的常常是具体的例子，而不是针对“additionality”的词条解释。而在有些情形下，比如当一个词条或表达法的内涵比较丰富，绝对精确搜索往往就已经能够帮你透彻地理解该词条了。

另外，上述步骤的基本假设是：由译者独立完成翻译工作。如果译者能够找到相关的业内人士进行咨询，那么，解决翻译疑难问题的时间可能会进一步缩短。

9.1.3 建立个人语料库

工商业的分支庞杂、细目众多，而且随着科技的不断发展，许多行业还在进一步地垂直细化。除了一般性的商务用语，各行各业还有自己的专业术语，上述“additionality”的例子只是环保行业用语的九牛一毛。

在这种情形下，特别是当已经定下了职业发展的行业方向之后，建议大家建立自己的翻译语料库，并不断对其进行更新和完善。同时，也建议同行译者之间多沟通交流，在条件具备的情况下共享行业语料库、携手精进。

语料库的一般形式为：将词汇、表达法等按照字母顺序进行排列，并录入其汉语释义、必要的英语释义以及出处等。

9.2 市场营销领域英译汉

随着中国对外开放的程度不断加深，越来越多的国外公司以独资、合资、兼并收购等形式进入中国市场，它们带来了很多国外品牌、产品、服务和管理理念，同时也在进行着不同程度的中国本土化工作。这些本土化工作的一个重要组成部分就是进行本土化的市场营销，本节将对市场营销领域的英译汉进行剖析和指导。

9.2.1 了解营销术语

和其他专业领域一样，市场营销领域同样有着相当多的术语，其汉语翻译也已经相对

① 实际上，额外的温室气体减排量是“additionality”在CDM项目中的根源含义；同时，CDM官方所提供的额外性判定工具中将投资额外性作为重要的判定依据，没有投资额外性，就没有减排额外性。

固化。为了做好相关英译汉翻译，我们需要熟练掌握这一部分术语。比如，你知道下列常用营销术语的专业汉译吗？试着先自己翻译，然后再和专业翻译比较一下，有时一个字的区别就能体现出翻译得到位与否。

1. product differentiation ______________________________
2. product positioning ______________________________
3. product mix ______________________________
4. product life cycle ______________________________
5. new product development（NPD） ______________________________

在商务翻译中，准确译出专业术语并理解其基础含义，对把握翻译全局有重要的作用。现在，回看自己的翻译：

你是否把“产品差异化”译成了“产品差异”？

你知道“产品定位”的含义吗？

你是不是认为“新产品开发”就是对产品的研制？其实至少在营销领域“new product development”一般是指从产品创意产生一直到商业化的全过程。

上述五个词条只不过是市场营销领域内涉及产品部分的几条常见术语，让我们再来看看营销组合（marketing mix[①]）的定价层面，列举若干术语如下：

1. competition-oriented pricing 竞争导向定价法
2. cost-plus pricing 成本加成定价法
3. premium pricing 溢价定价，高价定价法
4. penetration pricing 渗透定价法
5. manufacturer's suggested retail price（MSRP）厂商建议零售价

像“渗透定价法”这样的译法已经基本固定下来，如果你译成“穿透定价法”或是其他，就可能会给读者造成困惑。

如果我们聚焦于互联网营销领域，那么，以下术语有着较高的出现频率：

1. call-to-action（CTA）行为召唤
2. conversion rate[②]转化率
3. user persona 用户画像
4. customer acquisition cost 客户获取成本，获客成本
5. cost-per-click 每次点击成本，按（广告）点击数计费

9.2.2　翻译英语品牌

品牌推广是市场营销的核心内容之一。绝大部分进入中国市场的外国品牌都有其中文

① 也被称为 the “4Ps”，即 product，price，place，and promotion。

② 在互联网营销中，通常是指从普通浏览到完成了某种目标行动的转化比率。

译名，一个能清楚传达品牌特质的悦耳译名对品牌推广有着重要的促进作用。那么，翻译英语品牌名称有哪些方法呢？

第一种方法，直接音译。使用这种方法翻译出来的汉语名称和英文原名的发音一致性很高，但没有太多意义上的关联，举例如下：

英文品牌名	汉语译名	名称起源
Adidas	阿迪达斯	源自创始人名字的一部分
Disney	迪士尼	创始人的姓氏
Rolls-Royce	劳斯莱斯	两位创始人的姓氏
Nokia	诺基亚	非人名，起源不确定
Sony	索尼	拉丁词以及英语俚语

直接音译的翻译方法保留了原品牌名的音韵美感，但并不能直接显示出品牌或产品的特质。

第二种方法，直接意译。使用这种方法翻译出来的汉语名称和英文原名的意义关联很明确，但没有太多发音上的关联，举例如下：

英文品牌名	汉语译名
Apple	苹果
Facebook	脸书、脸谱
Airbus	空客
Shell	壳牌
Microsoft	微软

第三种方法，音译、意译相结合。使用这种方法翻译出来的汉语名称和英文原名既有发音上的相似之处，又有意义上的关联。如果翻译得当，此种方法能够为品牌带来音义和美感兼具的中文译名。试比较以下两组品牌翻译，并和学友讨论你的感受：

第一组：

英文品牌名	汉语译名
Coca-Cola	可口可乐
IKEA	宜家
Carrefour	家乐福
Bing	必应（搜索引擎）
Simmons	席梦思（床垫）
Evian	依云（矿泉水）
Mercedes-Benz	梅赛德斯-奔驰
Estee Lauder	雅诗兰黛（化妆品）

第二组：

英文品牌名	汉语译名
Airbnb	爱彼迎
KPMG	毕马威
Delta Air Lines	达美航空
Best Buy	百思买
Savills	第一太平戴维斯
Rolex	劳力士
Peugeot	标致
Puma	彪马

第四种方法，改义翻译。改义通常有两种情况，第一种是改变英文商标的原义，但保持一定的发音相似性。一般来说，这种译法的主要目的是更加适应汉语文化对某类产品的属性认知。

比如，汽车品牌 Land Rover 的原义是“大地漫游者、漂泊者”，其中 rover 的英文常见义项为：someone who leads a wandering unsettled life——过着非定居的、漂泊生活的人。Land Rover 作为品牌名称，体现了流行于欧美的自由不羁、周游四方的生活理念。但类似“大地漂泊者”这样的名字，不太符合中国汽车消费者对豪华越野车的审美认知，也不能体现车辆的越野属性，而最后定下的官方译名“路虎”既避免了这两方面的问题，又和原英文名保持了一些发音相似性。

另外一个汽车品牌 Hummer 的中文译名有着同样的特色：hummer 的原义为“发嗡嗡声的东西，蜂鸣器”，其中文翻译采取了改义的方法，“悍马”的官方译名很好地传达了这款源自军事用途的越野车的威猛和实力。

再如，可口可乐公司旗下的饮料品牌 Sprite 的英文原义是“小精灵，小妖精”；但在中国文化中，人们难以把小精灵和饮料建立起自然的联系，所以 Sprite 的官方译名“雪碧”改变了其英文原义，用一个对于中国消费者而言非常清凉明澈的含义重新诠释了品牌的内涵。

改义翻译的第二种情况是：对原英文商标的含义和发音都有一定程度的改变。此种翻译方法一般和特定的历史因素相关，近年来的知名案例比较少，举例如下：

英文品牌名	汉语译名
Citibank	花旗银行
HSBC	汇丰银行
Chase Bank	大通银行

续前表

英文品牌名	汉语译名
Cathay Pacific	国泰航空
Pfizer	辉瑞（药物）
Swire Group	太古集团

9.2.3 翻译英语广告

你喜欢下面这五则英语广告和宣传口号吗？为什么？和学友一起讨论一下喜欢或不喜欢的原因，并总结一下广告英语的用语特点。

1. What's a home without a Princess?（Princess 厨房用具）

2. Double your pleasure，double your fun.（箭牌糖果的 Doublemint——双重薄荷）

3. Maybe she's born with it—Maybe it's Maybelline.（美宝莲化妆品）

4. The car in front is a Toyota.（丰田汽车）

要想做好英语广告的翻译，需要熟悉英语广告语言的特征。广告语言和正式语体有显著区别，总的来说，英语广告文案句子简洁，多用修辞，追求独到且耐人寻味。由于广告策略的多样与庞杂，下述英语广告语言的总体特征并非体现在每一则广告中，但都各自有着大量的应用案例。下面我们将从用词、句法和修辞三个方面来探讨英语广告语言的特征及其相对应的翻译技巧、注意事项。

第一，英语广告的用词有如下特点：

1. 用词新颖，追求独特别致。为了更加吸引眼球、给人留下深刻的印象，英语广告中常有创造新词的现象。比如：

TWOGETHER，the ultimate all inclusive one price sunkissed holiday.

这是一则海滨度假酒店打出的广告，其中“twogether”显然是根据“together”一词而衍生创造出来的；这个新造词令人耳目一新，而且简洁轻松地营造出一种温馨的二人世界的氛围，再加上后面对便利性（全包价格）、阳光假期的描述，令人感到温暖和向往。

又如，七喜饮料曾使用的广告语：The Uncola. 其以“非可乐”这一新造词来突出其差异化的产品属性。再比如：“cookability、wonderfuel、eggsactly、lymon（由 lemon 和 lime 拼合而成）”等新造词的产生也都是和广告宣传紧密联系在一起的。为了给广告中的新造词汇匹配合适的汉译，我们需要对其来源词、表达意图、相关背景等做全面的考量。

2. 多用比较级和最高级（comparative and superlative adjectives）。为了显示产品或服

务的优越性，英语广告经常使用比较级和最高级形容词。比如：

It finishes the job in less time，with less fuel and less noise.（汽车广告）

此广告用了三个“less”，体现出该车的优越性，可译为：

更短的时间、更少的燃油、更低的噪声，完成同样精彩的工作。

Making life a little sweeter.（玛氏糖果公司的 Milky Way 产品）
让生活更甜一点儿。（双关：Milky Way 巧克力棒的香甜和生活的甜蜜）
The best a man can get.（吉列剃须刀）

吉列剃须刀这条经典广告语为其销售立下了汗马功劳，它自豪地使用了最高级，我们试译如下：

给男人以最好，吉列剃须刀。

使用比较级和最高级的另外一种情况是：将此类形容词用于和竞争对手的直接比较上。近年来，中国、美国等国家针对“比较性广告（comparative advertising）”的法律法规越来越严格，英语广告中的比较级用语有含义模糊化的发展趋势，译者也应对此有所注意。

3. 采用复合词（compound words）。复合词带有更多的口语会话色彩，也给句子带来新颖的结构特色，因此能增加和受众的亲近感，有时还能产生一定的幽默效果。比如：

The better-than-silk-soft finish and the oh-so-comfortable size give you that oh-so-good-to-be alive feeling!（休闲时装广告）

这句充满长复合词的、口语化的广告语给人这样的感觉：就好像是你熟识的邻居在向你推荐她最近刚买的衣服，带着亲切和幽默，并有着很强的说服力。试比较以下两种翻译：

（1）柔软过丝绸的衣料表面和异常舒适的尺码，让你备感“活着，就足矣”！
（2）“料子比丝绸还柔软，尺寸合适得不能再合适，穿上它让我觉得‘生活是如此地美好’！”

简短的复合词，尤其是两个词组成的复合词在广告中出现的频率更高，比如：

bright-colored，perfectly-textured，top-quality，well-chosen fabric，low-fat formula。

对这类复合词，在翻译时可以考虑采用汉语的四字词组，顺序翻译如下：

色彩鲜艳，质地完美，顶级质量，选料考究，低脂配方。

第二，英语广告的句法有如下特点：

1. 多用简单句，少用复合句。一般来说，相对于复合句，简单句在传递信息时更为快速和直接。比如：

A diamond is forever.（戴比尔斯钻石珠宝）

钻石恒久远，一颗永留传。

You're in good hands.（Allstate 保险公司）

你能得到妥善照顾。（或：你找对人了）

Taste the rainbow.（Skittles 水果糖）

尝尝彩虹的味道。（针对各种色泽和口味的水果糖）

Impossible is nothing.（阿迪达斯）

没有什么不可能。

2. 多用祈使句和疑问句。祈使句有较强的说服力、引导性，常常是英语广告"行为召唤[①]"的关键组成部分；疑问句常常针对目标群体的痛点问题进行发问，从而刺激欲望、促发购买。例如：

Obey your thirst.（雪碧饮料）

服从你的渴望。

Ask the man who owns one.（Packard 汽车）

去问问拥有它们的人。

Buy one and get one free.（被广泛使用的广告词）

买一赠一。

Can you hear me now?（美国 Verizon 移动通信商）

现在，你能听清楚了吗?

这句广告语深深戳中当年其他服务商信号较差、通话者常常听不清楚对方讲话这一痛点问题。Verizon 用一句简单的广告语发起猛烈进攻，在广告打出的当年就为自己斩获无数原本属于竞争者的用户[②]。

---

① 也即 call-to-action（CTA）。

② 本段援引自《超级商务英语话术》，张乐，2020。

Where's the beef?（Wendy's 快餐连锁）

牛肉在哪里?

Wendy's 用这句广告语对竞争对手的汉堡仅放很少的牛肉进行了辛辣的嘲讽。这句广告语如此地切中肯綮，以至于它已经成为一句俗语——用来对最重要的真材实料的含量进行质疑，或是暗示某种事物的空洞无物。

上述五句广告语都是使用祈使句或疑问句的经典案例，了解广告的背景情况特别是目标受众的痛点所在，有助于我们用合适的翻译语句精准地传达广告的主旨。

3. 多用并列结构和分离句式（disjunctive clause)。分离句式是指利用句号、分号、破折号等将原本可以一次传达的信息分割成更短、更多的结构单位。并列结构和分离句式有利于拆解长句、突出对比、吸引注意力和加深受众印象。

并列结构的例子有：

Melts in your mouth，not in your hands.（M&M's 牛奶巧克力）

它在你的嘴里融化，而不是在手里。

如果牛奶巧克力的熔点掌控得当，它就能带给我们入嘴即化的丝滑口感，同时，又不会很讨厌地因为手掌的温度而变软融化，跟包装材料等发生粘连。而在几十年前，并不是所有的巧克力制造商都拥有能够精确控制乳脂和可可粉配比的生产工艺。M&M's 用这句并列结构的广告语充分强化了它和其他竞争者的对比结果，将自己的产品定位成和证明为“贴心的、中高端牛奶巧克力”，为其取得巨大成功立下不小的功劳①。

Tastes great，less filling.（Miller 淡啤）

尝着美味，喝着不胀。

分离句式的例子有：

We strive to send you a vacation faster. Caring more about you.（SkyTeam，航空公司联盟）

我们尽力让您更快度假。更加关心您。

这是一个分离句式的典型例子。这句话的通常说法是“We strive to send you a vacation faster and care more about you”，采用分离句式之后，“更关心您”得到了强调，更能被关注到，更令人印象深刻。

Five stamps，free oil change. It's that easy.（汉克汽车维修连锁）

① 本段援引自《超级商务英语话术》，张乐，2020。

五个印章，免费换机油。就是那样简单。

如果不采用分离句式，这句广告语可以这样来写："Once you've accumulated five stamps you'll get a free oil change，which is very easy."；但是显然，后者远不如前者来得精练、有力、一目了然。

正是因为并列结构和分离句式的这些特点和作用，建议译者在翻译时尽量保留原广告语的句法结构，将其特色原汁原味地充分反映出来。

第三，英语广告大量使用修辞手法（rhetorical devices）。

为了提高说服力、实现广告诉求，英语广告经常使用各种各样的修辞手法。下面我们将对英语广告中常见的修辞手段进行梳理，并讨论相应的翻译对策。

1. 头韵法（alliteration）

头韵法是指在邻近的两个或两个以上的单词或音节中含有相同的起始发音，这一起始发音以辅音为主。比如：

Hi-fi，Hi-fun，Hi-fashion，only from Sony.（索尼音响）
超保真，超享乐，超时尚，仅在索尼。
Its flavor wins favor.（茶叶）
以我茗香，获您品尝。

我们在翻译时也应该尽力做到像以上两例那样，在译文中也体现出韵律，但显然这对译者的中英文水平提出了很高的要求。试试看，你能把下面两例使用了头韵法的广告语翻译得更好吗？

Welcome to the World Wide Wow.（AOL 美国在线）
欢迎来到万维超赞网。
Made to make your mouth water.（Opal 水果糖）
为了让你流口水而生。

2. 尾韵法、中韵法（end rhyme，internal rhyme）

尾韵法是指在词组或句子的末尾使用相同的发音，中韵法是指这一相同发音出现在词汇或其他语言单位的中部。比如：

Big thrills，small bills.（影院广告；尾韵）
大大的激动，小小的费用。

Oh thank heaven for 7-Eleven.（7/11 便利店；中韵）
感谢上天，我们有 7/11 便利店。

我们在翻译时也应该尽力做到像以上两例那样，在译文中也体现出韵律。试试看，你能把下面两例使用了尾韵或中韵法的广告语翻译得更好吗？

Nicorette，Nicorette，you can beat the cigarette.（Nicorette 戒烟糖）
尼古莱特，尼古莱特，打败香烟就是它。
Relax，it's FedEx.（联邦快递）
放轻松，是联邦快递。

3. 夸张法（hyperbole）

广告中的夸张往往是为了强调产品或服务的某种特色或优点——为其勾画出一个"完美的"形象。我们翻译的关键之处在于，既要把夸大的本义体现出来，又要避免让广告受众觉得它完全是在夸张、毫不可信，比如：

There's no better way to fly.（德国汉莎航空）
无与伦比的飞行体验。（试比较"没有比这更好的飞行体验了"。）
Color that stays，come what may.（亚洲涂料公司）
无论怎样，颜色无恙。（试比较"任何事物都无法令其褪色"。）
Rinso gives the whitest wash.（洗衣粉广告）
"Rinso 给你难以超越的白"和"Rinso[①] 洗得最白"，你觉得哪一种翻译更好？

4. 设问法（hypophora）

广告中的设问往往通过自问自答来强调产品的功能、增加可信度，或是灌输某种观点；相应地，我们在翻译中需要抓准这种诉求并把它完满地反映出来，比如：

Should a woman have to worry about tyres? Goodyear says no!（固特异轮胎）
女人也不得不为轮胎发愁吗？固特异说"不用"！

5. 暗喻法（metaphor）

广告中的暗喻经常用来引发消费者的想象，从而更好地就产品的某项优点对消费者进

① 对于没有进入中国市场或是没有正式中文译名的品牌或公司，多数情况下本单元并未对其进行翻译。

行说服。比如某国外投资银行在广告中将自己暗喻成一名杰出的击剑大师，从而向客户传递“我们勇于进取，但又经验丰富”的投资者形象。针对比喻类的修辞，翻译时我们应该顾及英语原文想要激发的想象和感受，将广告创设的意境传达到位。例如：

Your daily ray of sunshine.（Tropicana 果汁）
每天都如沐阳光。（试比较“是你每天的阳光。”）
A woman expresses herself in many languages. Vimal is one of them.（Vimal Sarees 服装）
女人用许多语言表现自己。Vimal 是其中之一。

6. 排比（parallelism）

实质上，排比是对某些语言形式在一定程度上的重复和并列；这些形式可以是句子结构、词组或词汇，尤以句子结构最为典型。因为具有增强语势和说服力、体现对比、加深记忆等作用，排比修辞被广泛地应用于英语广告中。比如：

Live in your world，play in ours.（Sony 电子游戏机）
在你的世界里生活，在我们的世界里娱乐。（试比较“生活由你，娱乐随我”）
Maybe she's born with it—Maybe it's Maybelline.（美宝莲化妆品）
也许是她天生丽质——也许是美宝莲为之。（试比较“美来自内心，美来自美宝莲”）
Is it live，or is it Memorex?（Memorex 音响系统）
究竟是现场演出，还是 Memorex?

要想出色地翻译运用了排比修辞的广告，关键在于要处理好排比元素的一致性。试试看，你能把下面两例使用了排比法的广告语翻译得更好吗？

Easy to buy. Easy to use. Easy to install. Easy to expand.（软件广告）
容易购买。容易使用。容易安装。容易扩展。
Outwit. Outplay. Outlast.（《幸存者》真人实境秀节目广告）
要更聪明。要表现得更好。要活得更久。

7. 拟人法（personification）

广告中的拟人修辞将事物和抽象概念比拟为人，从而使产品优点更加形象生动，使沟通氛围更为亲切友好，使受众的信任感得以提升。在翻译广告拟人修辞的时候，我们应该助力实现该修辞手法的前述主要作用。相关广告举例如下：

The jeans that built America. (Lee 牛仔服)

筑起美国的牛仔服。

也许有译者更倾向于使用“造就”之类的词来替换“筑起”，殊不知那样做会有两点问题。第一，“造就”更为抽象，不利于发挥原文拟人修辞的作用；第二，Lee 牛仔的这个广告是与其品牌历史密切相关的，在美国大规模进行基础设施建设的年代，Lee 品牌的工装牛仔服装的确曾在各行各业都得到青睐，尤其是建筑行业。

The Citi never sleeps. (花旗银行[①])

(为您服务，)花旗永不歇息。

The snack that smiles back! (Goldfish 干酪小吃[②])

我们的干酪，会回眸一笑！(试比较“会报您以微笑的小吃”)

8. 双关法或“多关法”(pun)

双关既是一种修辞方法，也是最流行的文字游戏之一。广告文案中的精彩双关语句往往会引人思考或是令人会心一笑，并由此增进消费者对品牌和产品的好感，从而使受众更倾向于认同广告所传递的观点。因此，英语广告中不乏使用双关修辞方法的宣传文案。

例如：

Coke refreshes you like no other can.

“can”有两个常见含义，第一是作为情态动词表示“能，会”，第二是作为名词表示“装食品或饮料的罐子”，因此这句“可口可乐”的广告语可以有如下两种解读：

Coke refreshes you like no other drinks can do.

没有别的饮料能像可口可乐那样令您神清气爽。

Coke refreshes you like no other can-packed drinks can do.

没有别的罐装饮料能像可口可乐那样令您神清气爽。

一语“多关”的例子比较少见，让我们来看一个典型文案：

---

① 最初，这句广告语是用来推广其在纽约地区 24 小时运营的自助取款机，其借用了纽约市的昵称“The city that never sleeps”。

② 该品牌的切德干酪小吃被制作成了微笑的小鱼的形状。

Give your hair a touch of spring. （Batiste 免水香波[①]）

单词 spring 有多种含义——“泉水；春天；青春活力；弹簧；弹性”等，而该品牌希望人们将其产品和 spring 的诸多含义建立起关联——Batiste 帮助头发锁水、令其恢复弹性和充满活力。那么，如下三种翻译你觉得哪个最好？

给你的秀发一缕春色。

给头发加点弹性，让头发充满活力。

让你的秀发水润、柔韧、充满活力。

通过以上三个典型文案翻译我们可以得出：恰当翻译此类修辞的前提是能够在语句中识别出双关或“多关”词语；然后需要对相关的词语含义进行确定；最后对译句精雕细琢，以求对其中最重要的那一个含义进行强调，或是在适当的情形下努力做到两者或多者兼顾。

英语中的双关或“多关”修辞有如下三种常见的形式：

① 以两种或多种含义均可的方式使用同一个词语；

② 在句子中超过一次地使用相同词语，且每次含义并不相同；

③ 使用同音异义词或是近音异义词，或是使用一个、暗示另外一个。

接下来请思考：下述两例广告语分别是采用了哪种形式的双关？

Money doesn't grow on trees. But it blossoms at our branches. （劳埃德银行）

Spoil yourself and not your figure. （Weight-Watcher 低脂冰激凌）

9. 重复法（repetition）

重复是指反复使用某语言单位，以进行强调和增强说服力；重复法分为紧接重复（epizeuxis）和间隔重复。重复法也是广告英语中比较常见的修辞手段。比如：

Smell like a man，man. （Old Spice 男士沐浴露）

闻起来要像个男子汉，男子汉。

It keeps going，and going，and going… （劲量牌电池）

它仍在供电，仍在供电，仍在供电……

重复法是一种相对直白的修辞手段，被重复的语言单位是广告所要强调的核心。因此，翻译的关键点是确定该语言单位的译文，比如以上两例中对于 man 和 going 的翻译。

---

① 产品英文名为：Batiste Dry Shampoo，详情见其官网：batistehair. com。

试试看，你能把下面两例使用了重复法的广告语翻译得更好吗？

Fast，Fast，Fast relief.（Anacin 止痛药）
快，快，快速止痛。

10. 明喻法（simile）

明喻是使用比喻词将本体和喻体直接进行比较的修辞方法，这些比喻词有 like、as、resemble、as if 等。明喻能将抽象的概念转化为具体的感知，也因此在英语广告中被广泛地使用。比如：

It's what happy tastes like.（Carvel 冰激凌）
品尝幸福的味道。
Smooth as silk.（泰国航空）
平顺如丝。
Like a rock.（雪佛兰 Silverado 皮卡车型）
坚如磐石。
Heavy as a feather.（耐克 ACG 超轻夹克）
像羽毛一样重。

9.2.4　翻译商品配套资料

商品的配套资料主要包括说明书和质量保障信息，这些信息对于商品的正确和安全使用、保护消费者权益、遵守当地法律法规等有着重要的意义。本小节将主要讨论商品说明书的翻译。

随着科学技术不断地向前发展，很多商品的复杂性也在不断提高，说明书的翻译在商品本土化的工作中已经成为一个不可小觑的环节。因为商品种类繁多，商品说明书的内容也随之各有侧重。但指导用户正确和安全地使用产品、确保用户体验是各类说明书的共同属性，基于此，商品说明书一般包含以下几部分信息：

① 商品的功能、成分或规格等；
② 安装、操作或使用、食用、服用等的方法、用量、有效期限等；
③ 安全、存放、保养等的注意事项。

商品说明书具有如下语言特征：

① 存在一定的行业术语，但描述客观具体；
② 语法简单、多使用祈使句、常分成条款或步骤；
③ 某些部分兼有辅助广告的作用、带有广告语体的某些特征。

下面我们将结合具体实例来探讨翻译商品说明书的注意事项。

1. 某电动按摩椅的安全使用须知（节选）

SAFETY PRECAUTIONS

The following persons should not use this unit：

（1）Persons who are prohibited from receiving massages by a physician due to the following：thrombosis，pulmonary embolism，severe aneurism，acute varicose veins or other circulatory disorders；any type of skin infections；etc.；

（2）Persons who have a pacemaker，defibrillator，or other personal medical devices prone to electronic interference；

（3）Persons suffering from osteoporosis，spine fracture，sprain or acute pain；

（4）Persons with symptoms of acute low back pain，herniated disk，spinal stenosis，lumbar spondylosis，etc.；

（5）People with irregular curvatures of the spine.

安全须知

下列人员请勿使用本机：

（1）因下列原因而被医生禁止接受按摩的人员：血栓症、肺栓塞、重度动脉瘤、急性静脉曲张或其他循环系统疾病；各种皮肤感染症；等等；

（2）佩戴心脏起搏器或其他易受电子干扰的个人医疗装置的人员；

（3）骨质疏松患者、脊柱骨折病人、患有扭伤或急性疼痛性疾病的人员；

（4）有如下症状者：急性腰痛、椎间盘突出、脊柱管狭、腰部退化性关节炎，等等；

（5）脊椎异常弯曲患者。

显然，该说明书的上述节选包含非常重要的安全信息，违背上述要求可能导致严重的后果；同时，译文准确翻译了原文中的医学名词，且行文清晰、简洁。由此得出我们翻译商品说明书应该注意的前三点：

① 译者应以非常负责和仔细的态度对待商品说明书的翻译，尤其是其中涉及人身安全、财产损失风险等的警示信息。

② 对于说明书中的行业术语、专业名词等疑点，译者应通过各种可靠的途径寻求准确的翻译，切忌望文生义、模糊不清。这些途径可以是查阅专业词典、请教专业人士等。

③ 应忠实于原文，以清晰、简洁、易读为首要标准。

我们再来看一个保健品的说明书：

2. 某辅酶 Q10 制造商的商品说明书（节选）

(Brand name “XYZ”）CoQ-10 300 mg：Key to Heart Health

This product provides 300 mg of Coenzyme Q-10 in each softgel capsule，which is an important antioxidant and essential component of your heart's energy producing system that's clinically shown to support heart health and a healthy cardiovascular system*.

Unlike many other brands, our CoQ-10 is a NATURAL product derived from microbial fermentation, instead of chemical synthesis.

HOW TO USE:

As a dietary supplement, take one softgel capsule daily after a meal.

WARNINGS:

① Keep out of reach of children.

② Consult your physician prior to using this product if you are pregnant, nursing, or taking medication.

③ Discontinue use two weeks prior to surgery.

* These statements have not been evaluated by FDA[①]. This product is not intended to diagnose, treat, cure, or prevent any disease.

(XYZ 品牌) 辅酶 Q-10 300 毫克：心脏健康之关键

本产品的每一粒软胶囊都提供 300 毫克的辅酶 Q-10，辅酶 Q-10 是重要的抗氧化剂，是您心脏能源制造系统至关重要的组成部分；临床显示，辅酶 Q-10 有益于心脏健康和心血管系统的健康。和许多其他品牌不同，我们的辅酶 Q-10 是一种天然产品，其来自微生物发酵，而不是化学合成。

使用方法：

作为一种膳食补充剂，请每天在饭后服用一粒软胶囊。

注意事项：

① 置于儿童无法接触的地方。

② 如果您正处于孕期、哺乳期，或是正在服用药物，使用本品前请咨询您的医师。

③ 手术前 2 周停止使用。

* 这些论述尚未被 FDA 所评估。本产品不用于诊断、治疗、治愈或预防任何疾病。

除了明示使用方法和注意事项等信息，上述保健品的例子还体现了说明书的广告辅助作用，这提示我们翻译商品说明书应该注意的第四点：识别说明性文字和宣传性文字，可针对后者适度运用文学性语言，但不应夸大其词。

9.3 翻译商贸沟通材料

随着全球化进程的不断深入，国际业务和跨国商贸沟通变得更加普遍和高频，对商贸材料的翻译需求有增无减。商贸沟通材料涉及的主要内容有：产品图册、询价、报价、招投标、意向书[②]、合同与协议、发票、索赔、启事与通知、银行票证、运输和保险单证，

① The Food and Drug Administration，美国食品与药物管理局。

② 即 Letter of Intent，多为重大项目合作之前的框架性、意向性声明。

等等。

商贸沟通材料具有如下语言特征：

① 行文严谨、简洁，用词准确；

② 用语正式、书面化，措辞礼貌；

③ 专业跨度大、细分程度高、术语使用较为频繁。

商贸沟通材料种类繁多，本节将主要论述招标文件和银行信用证的翻译。本书的第10单元“法律英译汉”将会对若干种商业合同的翻译进行探讨。

9.3.1 翻译招投标文件

当前，国际组织、政府部门、大型企业集团等具有规模采购需求的机构，正越来越多地使用招投标的形式来进行商品采买。下面我们将节选一个世界500强企业的招标书并提供译文，读者可以从中体会一下正式商业文书的翻译特点。

某跨国工程公司ABC的运输车辆招标书[①]（节选）

Aug. 10th，2019

Tractor Trucks for Chile（ITT[②]）

ABC，a corporation operating successfully in more than 50 countries with revenues above U. S. $10 billion is aiming to continue adding value to its shareholders and stakeholders by strengthening its supply chain.

By cooperating with Chinese truck manufacturers，we will remain on the right path to continue growing our business，being pioneers on implementing cost-cutting solutions，and being an example and icon for the industry.

Our global fleet footprint：more than 12,000 heavy-duty trucks，80% of which are mixers，tippers and boom pumps，and 20% tractor trucks.

Our fleet growth in South American countries：40% during the next 3 to 5 years；estimated to be worth USD 40 million.

Our demand：to start with 150 tractor trucks for our operations in Chile.

Generals：

Truck type：tractor（day cab）

Trailer type：flat bed

Cargo：bagged cement（35 tons）

---

① ABC为化名，以保护该公司的敏感信息。

② 即 Invitation to Tender，招标，投标邀请。

Distance per trip：400－700 kilometers；90％ on highway

Working altitude：1,000－2,600 meters ASL①

Operational KPIs：

1. Availability：96％＋

2. Workload：to deliver 1,000 bagged cement tons per month

3. Fuel consumption：see the attached file：FUEL CONSUMPTION ANALYSIS. xlsx

4. ROI②：see the attached file：ROI ANALYSIS. xlsx

Offer expected：

Based on the information provided，the potential supplier should provide：

1. A recommendation on the technical specifications；

2. Commercial conditions：pricing（FOB or CIF Valparaiso）for the first 150 tractor trucks，delivery and payment terms，quality guarantee，and after-sales commitment.

3. A statement that clarifies the actions to be taken during our cooperation so that no one else in the construction industry may have the same or lower pricing than the one offered to ABC.

2019 年 8 月 10 日

用于智利的牵引卡车（招标邀请）

作为一家在 50 多个国家成功运营、营业额超过 100 亿美金的大型公司，ABC 正在寻求通过加强供应链来继续为其股东和利益相关者增加价值。

通过和中国卡车制造商进行合作，我们将继续行进在正确的道路上——不断地增长业务，继续作为降低成本解决方案的应用先锋和本行业的榜样范例公司。

我们的全球车队体量：超过 12 000 辆重型卡车，其中 80％为混凝土搅拌车、自卸车和混凝土泵车，20％为牵引卡车。

在南美洲国家我们的车队增长规模：未来 3—5 年增长 40％；估计车辆价值为 4 000 万美金。

我们的需求：首批 150 辆牵引卡车，用于我们在智利的运营。

概况：

卡车类型：牵引车（日间驾驶室③）

① Above Sea Level，海拔高度。

② Return On Investment，投资回报率。

③ 也即驾驶室不带休息铺位。

挂车类型：平板挂车

货物：袋装水泥（35 吨）

单程距离：400—700 千米；90%为高速公路

工作高度：海拔 1 000—2 600 米

关键运营绩效指标：

1.（车辆）可使用性[①]：大于 96%

2. 工作负荷：每月运送 1 000 吨袋装水泥

3. 燃油消耗：详见所附文档：燃油消耗分析 . xlsx

4. 投资回报率：详见所附文档：投资回报率分析 . xlsx

预期的报价信息：

基于上述信息，潜在供应商应该提供：

1. 一份关于技术参数的推荐意见；

2. 商业条款：对首批 150 辆牵引卡车的定价（离岸价或瓦尔帕莱索[②]到岸价），运输和付款条件，质量保障和售后服务承诺。

3. 一份阐明在双方合作期间内应被采取的行动的声明，这些行动是为了确保在建筑行业里没有其他公司能够获得和 ABC 相等或更低的定价。

9.3.2 翻译信用证

信用证（Letter of Credit）是国际贸易活动中一种常见的结算方式，它是指银行根据进口人（买方）的请求，开给出口人（卖方）的一种在规定条件满足时保证支付货款的书面凭证。"规定条件"主要是指收到符合要求的货运单据，有时也包括其他相关的证书或证明。

作为一种承诺付款的银行信用，信用证用语清晰、准确，并常常包含国际贸易和金融术语。比如，用来描述信用证的各相关方的常见术语包括：

Issuing Bank，（信用证）开证行

Beneficiary，（信用证）受益人

Confirming Bank，（信用证）保兑行

Advising Bank，（信用证）通知行

与信用证的种类相关的常见术语包括：

Documentary L/C，跟单信用证（指凭借各种单据议付货款的信用证，国际贸易结算中使用的信用证绝大部分是跟单信用证），与之相对的是 Clean L/C，光票信用证、不跟单信用证。

Irrevocable L/C，不可撤销信用证

Standby L/C，备用信用证、担保信用证

---

① 在这里指去除故障时间、维修保养时间等之后的车辆可用性。

② 智利港市。

与各种单据相关的常见术语包括：

Bill of Lading（B/L），提货单、提单

Packing List（PL），装箱单、箱单

Draft，汇票

Commercial Invoice，商业发票

Proforma Invoice（PI），形式发票、预开发票（PI由出口商开立，包含货物描述、数量、价格、付款方式、包装方式、交货期等，其主要用于进口商向本国当局申请进口许可证、核批外汇和估计进口成本）

Certificate of Inspection，检验证书

Certificate of Fumigation，熏蒸证书（熏蒸是指使用化学药剂对包装用木材、木质箱体等进行灭虫处理）

下面我们将提供一个删去部分信息的真实信用证及其译文，读者可以从中体会一下信用证的翻译特点。

某银行开具的不可撤销信用证（有删节）

Irrevocable Letter of Credit

××× Hong Kong Bank（and its address）

Irrevocable Letter of Credit Ref：××××××

Expiration Date：Feb. 19th，2020

Amount：USD 125,000.00

Beneficiary：The YYY Biodegradables LLC，×××，Santa Barbara，California，93110

Applicant：ZZZ Trading Co.，Ltd.（and its address）

Please be guided by the terms and conditions as follows：

Credit is available by negotiation of your draft(s) in duplicate at sight for 100 percent of invoice value drawn on us accompanied by the following documents：

1. Signed commercial invoice in 2 originals and 3 copies.

2. Full set 3 ocean bills of lading consigned to the order of ××× Hong Kong Bank, notify applicant and marked freight prepaid.

3. Packing list in 3 copies.

Latest shipping date：Jan. 18th，2020

Partial shipment not allowed

Transshipment not allowed

All charges and commissions outside Hong Kong on beneficiary's account. Documents must be presented within 30 days from B/L date.

We engage with you that all draft(s) drawn in compliance with the terms of this credit will be duly honored by us.

Yours truly,

(Bank Officer) (Date)

××× Hong Kong Bank

不可撤销信用证

×××香港银行（及其地址）

不可撤销信用证编号：××××××

到期日：2020 年 2 月 19 日

金额：美元 125 000.00

受益人：YYY 生物降解有限责任公司，×××，圣芭芭拉市，加利福尼亚州，93110（邮编）

申请人：ZZZ 贸易有限责任公司（及其地址）

请知悉如下条款和条件：

在您以一式两份的汇票和以下单证进行议付时，我们将即时支付 100%的发票金额：

1. 两份签字商业发票的正本和三份副本。

2. 三套凭×××香港银行指示的海运提单，通知方为（信用证）申请人，注明运费付讫。

3. 三份装箱单。

最迟装运日期：2020 年 1 月 18 日

不允许分批装运

不允许转运

香港之外发生的所有费用和佣金由受益人承担。单证必须在提单日期之后 30 天内被提交。

本行保证按期兑付符合本信用证所列条款的所有汇票。

此致，

（银行经理）（日期）

×××香港银行

商务英译汉练习

1. 理解与翻译疑难问题练习题（9.1）

（1）请确定下句中词组“sector agnostic”的含义

Prior to joining ABC Group，James spent 2 years at Andy's Special Situations & Corporate Opportunities Team，focused primarily on Pan-Asian assets（sector agnostic）. Invested across the capital structure，including corporate debt & equity securities，real assets，etc.

（2）请确定下句中词组“cap table”的含义（cap 是一个简写）：

When an angel investment group wants to invest in startups by providing private equity funds，an important part of the decision is the cap table startups have，because…

2. 广告语英译汉及修辞（9.2.3）

翻译下列广告语，并指出其使用的修辞方法（可能不止一种）。

（1）The future's bright，the future's orange.（Orange 电信集团）

（2）I got the pride in my ride.（丰田汽车广告节选）

（3）Montblanc Noblesse—an eloquent expression of your personality and individual lifestyle.（笔具广告）

（4）Kleenex says bless you.（Kleenex 面巾纸）

（5）Ingenuity makes it thin. Aluminum makes it strong.（苹果公司电子产品）

（6）Trust us. Over 5,000 ears of experience.（助听器广告）

（7）Open a Coke，open happiness.（可口可乐）

（8）Like a good neighbor，State Farm is there.（State Farm 保险公司）

（9）Don't dream it. Drive it.（捷豹汽车）

（10）For a more intelligent dog，feed them Dado.（Dado 宠物食品）

3. 商品配套资料英译汉练习（9.2.4 部分）

请翻译下面的说明书片段

×××品牌蓝牙电动牙刷（型号 TRI188）

××× brush heads feature red indicator bristles to help you monitor brush head replacement need. With thorough brushing，twice a day for two minutes，the red color will fade halfway down approximately in a 3-month period. If the bristles splay before the color recedes, you may exert too much pressure on teeth and gums.

Your TRI188 uses an interactive wireless display. To avoid electromagnetic interference and/or compatibility conflicts, deactivate the radio transmission before using it in restricted surroundings, such as aircrafts or specially marked areas in hospitals. Deactivate radio transmission by pressing the mode button for 3 seconds until the radio transmission display goes off. Follow the same procedure to reactivate transmission.

4. 招投标文件英译汉练习（9.3.1 部分）

翻译下面的招投标文件语句。

（1）Please list in the table below your motorcycle plant（s）currently in operation that best describes your assembling capacity in our segment（off-road motorcycles）.

（2）We now invite sealed bids from eligible and qualified bidders for the track preparation at the ZZZ Sports Grounds，YYY city，Iowa.

（3）Interested eligible bidders may download the tender package from the following URL. Bid submission deadline：Jan. 15th，2020.

（4）Tenders will be evaluated in accordance with the following criteria：

- Pre-qualification responses
- Technical capacity and equipment availability
- Compliance with specifications
- Financial capability
- Safety

（5）LLL Company does not bind itself to accept the lowest or any tender and reserves the right to award contracts to bidders at its own discretion.

5. 信用证英译汉练习（9.3.2）

请翻译下面的信用证语句。

（1）This credit is subject to cancellation or amendment at any time without prior notice to the beneficiary.

（2）Drafts are to be accompanied by the following documents in English，in duplicate，unless otherwise specified.

（3）Signed commercial invoice in triplicate original and must show breakdown of the amount as follows：FOB value，freight charges and total amount C and F.

（4）Full set clean on board bill of lading made out to the order of YYY Bank，marked freight collect and notify applicant，indicating the full name，address and Tel. No. of the carrying vessel's agent at the port of discharge.

(5) Inspection (health) certificate from Entry & Exit Inspection and Quarantine Bureau of the People's Republic of China stating goods are fit for human beings.

(6) Certificate of Origin duly certified by CCPIT stating the name of the manufacturer and that goods exported are wholly of Chinese origin.

(7) A discrepancy fee of USD 50. 00 will be imposed on each set of documents presented for negotiation under this L/C with discrepancy. The fee will be deducted from the bill amount.

(8) This documentary credit is subject to the Uniform Customs and Practice for Documentary Credits (International Chamber of Commerce, publication No. 600).

第10单元

法律英译汉

法律是维护社会秩序的理据，是公平、严谨、强制力的代名词。随着全球化进程的不断深入，国际贸易往来越来越频繁，跨国并购、跨境诉讼等活动也不断地进入我国的经济和民生中来。为了保障国际交流的秩序、维护各个实体的合法权益和促进法律事件的有效沟通，我们需要法律英语这一有力的工具。

这一单元我们将从法律英语的特点、法律英语的一般性术语和翻译法律文书这三个方面对法律英译汉进行探讨。

10.1 法律英语的特点

基于法律本身的属性和法律发展的历史，法律英语有着如下鲜明的特征：

1. 用语精准，陈述客观

法律文书要求精确表达含义，避免歧义、模糊和个人感情色彩。我们在翻译时同样应该做到准确传达原文的含义、保持其客观性。比如关于有效期，一份协议采取了如下表述方式：

The term of this Agreement shall commence on the date hereof and shall remain in effect for a period not to exceed (24) months.

本协议的有效期自本文件的日期开始且不超过（24）个月。

又如，关于定价调整机制，某协议表述为：

The pricing in this Agreement shall be adjusted in the event that either the exporting country or the importing country experiences currency appreciation or depreciation which exceeds 5%.①

① 本段援引自《超级商务英语话术》，张乐，2020。

本协议中的定价在此种情况发生时将会被调整：当出口国或进口国经历货币升值或贬值且幅度超过5%。

2. 专业术语较多

法律专业术语在英语法律文件中大量存在。狭义上的法律术语指大多数情况下仅出现在法律文件中的特有术语，比如，assignee，指财产、权利等的受让人；force majeure，指影响合同执行的不可抗力；demurrer，指一种特殊的抗辩、异议[①]。

广义上的法律术语指被赋予特定法律意义的常见词语，比如，action在法律语境中的意思是"诉讼，起诉"；alien有"转让（所有权）"的动词含义；又如，execution含有"正式签署"的含义，因此在相关语境下"execution date"的正确翻译是"签署日期"，而不是"执行日期或生效日期"，但很多合同翻译文本甚至是英译汉翻译教材都对这个词组处理不当。"法律词典"网站[②]对此有专门的论述：

The "execution date" is the date on which a contract has been signed by all the necessary parties. This may or may not be the "effective date" of the contract… For example, *Susan signs a lease agreement on April 3rd, with a move-in date of May 1st.* The execution date of the lease is April 3rd, but the effective date is May 1st. [③]

我们在翻译法律文件时，不仅要重视狭义上的法律术语，更要注意识别和探究广义法律术语的准确含义，后者更容易导致想当然、望文生义。

3. 长句、复杂句较多

长句和复杂句在法律英语中，尤其是在合同条款中经常出现。有时为了准确地、完整地表述一项要求或陈述某项事实，往往需要使用各种从句来描述相关的条件和限制，从而使句子变长、复杂性提高。处理此类句子的关键在于抓准句子的主要成分、剔除修饰和限定成分，从而化繁为简、提高翻译效率。我们用以下例子来做具体的说明，下面的条款出自美国一家世界500强公司与其供应商签订的保密协议：

WITH REGARD TO INDEPENDENT DEVELOPMENT. Discloser understands that Recipient may currently or in the future be developing information internally, or receiving information from other parties that may be similar to Discloser's Confidential Information. Nothing in this Agreement will prohibit Recipient from developing products, or having products developed for it, that compete with Discloser's products, provided that in doing so, Recipient does not use or disclose Discloser's Confidential Information.

---

① 根据《韦氏大学词典》第11版，demurrer指"a response in a court proceeding in which the defendant does not dispute the truth of the allegation but claims it is not sufficient grounds to justify legal action"。

② 此处指网站www.legaldictionary.net。

③ 详见https://legaldictionary.net/executed-contract/。

关于独立研制。信息披露方知悉，信息接收方可以在当前或未来，自行研发或从其他方接收信息，而此种信息可能和披露方的保密信息类似。在接受方不使用和不披露信息披露方的保密信息的条件下，本协议的任何条款均不禁止接受方自行研制或令第三方为其研制与披露方产品相竞争的产品。

显然，该段落中的第二句是一个长复杂句。但是，依据前面提到的处理原则“抓准句子的主要成分、剔除修饰和限定成分”，我们很快就能把这个翻译任务解决掉，建议采取如下步骤：

首先，抓准整个句子的主要结构，也即“Nothing… will prohibit Recipient…，provided that…”；然后，再抓住第一个分句中的从句修饰关系，也即“… products，… products…，that compete with…”，将第一个分句翻译完毕；最后，把第一个分句和第二个分句根据“provided that…（在……的条件下）”的逻辑关系组合起来。

4. 逻辑完备、行文缜密

法律英语的另外一个语体特征是：逻辑完善、近乎无懈可击。法律英语封堵逻辑漏洞的一个重要手段是使用完善逻辑的正式用语，比如：

including but not limited to，包括但不限于

except as otherwise expressly provided in（this Agreement），除非（本协议）以其他方式作出了明确规定

any… shall… unless，任何……均应……除非

例如下文（节选自一份外资公司的咨询服务合同）：

In the event of any partial or total breach of the Company Obligations，including but not limited to payment delays and reimbursement delays，the Company shall pay to the Service Provider，as a penalty clause，a sum equivalent to the twenty percent（20%）of the Monthly Payment，and the Service Provider is not entitled to postpone any tasks being fulfilled or yet to be fulfilled and such postponement shall be deemed as failure of meeting delivery dates.

如果部分或全部的“公司义务”未被履行，这些义务包括但不限于报酬支付延迟和报销延迟，公司应向服务提供者支付相当于20%的月度报酬的罚款，服务提供者无权推迟任何正在执行或将要执行的任务，且此种推迟将被视为未能如期交付。

有时，为了最大限度地保证逻辑的完备性和含义的精确性，法律文书中的某些语句和含义甚至接近“冗赘”，因此，在描述法律英语的语体特征时，“简洁”二字很值得商榷。比如，我们考虑上例中的“to postpone any tasks being fulfilled or yet to be fulfilled”这一表达：可被推迟的任务不会包含已经完成的、过去的任务，只可能是“正在执行或将要

执行的任务”；但是，合同拟定者在此处并没有仅仅使用“any tasks”这一简省的说法。

5. 外来语较多

法律英语中存在较多的外来语，其主要来源是法语和拉丁语。这些外来语往往含义特定而精确，在清晰表义的同时，它们也使得法律英语在语体上更加正式、庄严。例如，源自法语的外来语包括：

dossier，（全套）档案，卷宗
feme sole，独身女子（含未婚女子、寡居女子、享有独立财产权的独居女子等）
negotiorum gestor，未受委托的代理人

又如，源自拉丁语的外来语包括：

de facto，事实上存在的（不一定合法）
nudum pactum，不能强制执行的协议，无约因的合约
stare decisis，遵循先例原则
alibi，不在犯罪现场的抗辩（或证明）

有些拉丁语在法律英语中使用频繁，比如“de facto”相关的表达方式有：

de facto tort，事实上的侵权行为
de facto marriage，事实上的婚姻
de facto corporation，未注册公司，事实上存在的公司

10.2 法律英语的一般性术语

准确翻译法律术语是做好法律英语翻译的关键一环，本节将对法律英语的一般性术语进行分类和逐一探讨。

10.2.1 纲目结构类术语

要搞清法律文书的脉络层次，需要我们熟悉表达纲目结构的法律术语。汉语的法律法规和法律文书往往带有“章、节、条、款、项、目”等层次名称，那么，这些名词在英语中都有对应词吗？它们的对应词都是哪些呢？

我们先来看一下于2020年1月中旬签署的中美第一阶段经贸协议[①]所使用的中英纲目类术语：

---

① 全称为“中华人民共和国政府和美利坚合众国政府经济贸易协议”。

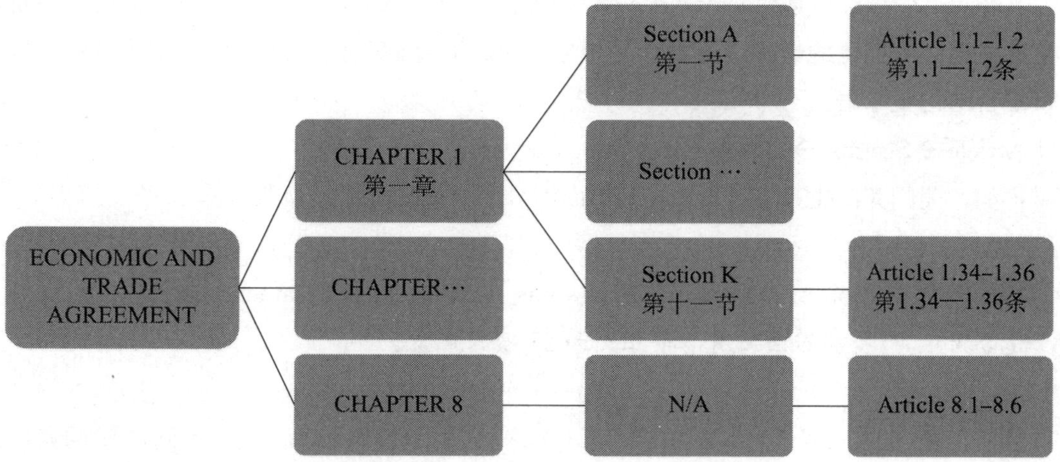

同时，该经贸协议的官方中文版本①以“款”对应英文版本中的“subparagraph”，以“段”来对应“paragraph”，例如：

Notwithstanding the provisions of subparagraph 4 (a), if either the United States Trade Representative or the designated Vice Premier of the People's Republic of China considers that an implementation issue is a matter of urgency, either one may raise the matter directly at a meeting between them without prior discussions at lower level meetings.

尽管有本条第四款第（一）项的规定，如中国国务院分管副总理或美国贸易代表认为某一履行问题是紧急事项，他们其中一位可在双方的会议上直接提出该事项，而无须先在较低级别的会议上进行讨论。

再如：

China shall establish a nationwide system for pharmaceutical products consistent with paragraph 1, including by providing a cause of action to allow the patent holder, licensee, or holder of marketing approval to seek, prior to the marketing approval of an allegedly infringing product, civil judicial proceedings and expeditious remedies for the resolution of disputes concerning the validity or infringement of an applicable patent.

中国应在全国范围内建立与上述第一段相符的药品相关制度，包括规定专利权人、被许可人或上市许可持有人有权在被指控侵权的产品获得上市许可前提起诉讼，就可适用专利的有效性或侵权的纠纷解决寻求民事司法程序和快速救济。

① 详见 http://www.gov.cn/xinwen/2020-01/16/content_5469650.htm。

其实，尽管该经贸协议将“Article”设置在了“Section”之下，但翻译实践中还是能经常遇见将二者反置的情况，比如，一份近40页的美国某著名集团的并购协议①就采用了如下纲目结构类术语：

Article → Section → Paragraph → Subparagraph

再如，美国宪法也是在“article”下面细分了“sections”。例如：

The Constitution of the United States has 7 articles and 27 amendments up to now.

迄今为止，《美国宪法》有7条正文和27项修正案。

其实，在“article”和“section”这两个术语孰大孰小的问题上，不同法律词典的解释②也莫衷一是；此二词的用法问题是法律英语中纲目结构术语不统一的一个典型例子。但是一般而言，多数词语还是有章可循的，现按照用语习惯和词汇的含义将部分此类术语及其通常翻译总结成下表供译者参考：

术语	chapter, part	section, article	article, section, paragraph	subparagraph, subsection, clause	item
参考翻译	章	节	条	款、项	项、目

10.2.2 旧体词语

在法律英语中经常出现的旧体词语主要是一些惯用的公文副词。这些旧体副词可以使相关表述变得更为简练，使法律文句更显正规、严肃。因此，在翻译这类旧体词语时，译者须使用贴切的汉语尽量还原法律英语的语体风格。比如下文中的“herein”：

The present agreement will be terminated by the following grounds:

a) If Party A defaults in the performance of any of the material terms, conditions, obligations, undertakings, covenants or liabilities set forth herein.

本协议应因如下原因被终止：

a）如果甲方未能履行在此文件中列明的任一重要条款、条件、义务、承诺、协定或是责任。

再如以下两例中的“hereinafter、hereunder、thereon”：

THIS AGREEMENT ON THE REFERRAL OF INTERNATIONAL PATIENTS is

① 为了能够尽量呈现法律英语应用前沿的案例和资料，且不违背保密条款，本单元将对敏感信息作删略处理。

② 如 *Dictionary of the Law*（James Clapp, V. 2000）中 article 的释义中包含：subdivision of a written instrument; particularly a. a subdivision of a statute or constitution, usually subdivided into sections. b….

made by and between ____________________ (hereinafter referred to as Party A) and ____________________ (hereinafter referred to as Party B; and collectively the Parties) under the terms and conditions stipulated hereunder (hereinafter referred to as the Agreement).

本"国际病人转诊协议"由____________________(以下简称"甲方")和____________________(以下简称"乙方";统称为"双方")根据下文中所规定的条款和条件共同订立(以下简称为"本协议")。

Party B shall, in addition, pay to Party A any losses, costs, expenses or legal fees (including VAT① thereon).

乙方还须向甲方支付所有损失、诉讼费用、报销费用和法律服务费②(包括与此相关的增值税)。

现将法律英语中经常使用的部分此类旧体副词总结成下表供译者参考:

术语	hereafter	hereby	herein	hereinabove/ hereinbefore	hereinafter/ hereinbelow
参考翻译	在本文其余部分;此后	特此;以此;兹	在此文中,于此处	以上,在上文中	以下,在下文中
术语	hereof	hereto	hereunder	aforementioned/ aforesaid	
参考翻译	关于这个;在本文件中	关于这个,至此	在下面,在下文	上述的;前面提到的	
术语	thereafter	thereinafter	thereinbefore	thereof	thereon
参考翻译	此后;之后	在下文中,在下一部分中	在上文中,在上一部分中	在其中;由此	与此相关;在其上
术语	thereunder	whereas	whereby	whereof	whereto
参考翻译	在其下;据此(根据刚被提到的)	鉴于;然而	凭此;借以	关于什么;关于那个	对于那个;向那里

10.2.3 逻辑衔接类术语

如本单元第一节所述,逻辑完备是法律英语的一大特征,逻辑衔接类术语也由此被大量使用。出于显示法律的庄重、严肃等原因,法律英语中的此类用语也往往异于平常用词,比如以下两例中的"pursuant to":

Pursuant to Article 68 of the Act, employees of the Company have the right to form a representative body.

① 即 Value Added Tax。

② 与法律服务或法律程序相关的费用名目复杂、定义有别,10.3.5 章节为读者提供了更多信息。

根据该法第68条，公司雇员有权成立代表机构。

Dispute Resolution Timeline[①]

1. Pursuant to Article 7.4.3, the Party Complained Against shall have 10 working days from the date of the receipt of the Appeal to carry out and complete an assessment of the Appeal.

争端解决时间表

一、按照第7.4条第三款，被申诉方应在收到申诉之日起10个工作日内，启动并完成对申诉的评估。

在一般用语中，我们更倾向于使用“according to”，而不是“pursuant to”；在线《牛津词典》[②] 对“pursuant”一词的解释也印证了该词在法律领域中的应用：

(formal or law) pursuant to something—according to or following something, especially a rule or law

又如下文[③]中的“by virtue of”：

State and county officers, or former officers, their personal representatives or assigns, claiming the right to a salary as an officer or former officer due by virtue of any law of this state, shall bring an action for such salary within ninety days after the date the salary becomes due, and not thereafter.

依据本州的任一法律，作为现任或卸任官员而要求索取工资的州、郡政府官员或卸任官员或其代理人、受让人，必须在该项工资到期应付日之后的90天内提起诉讼，不得逾期。

在一般用语中，我们更倾向于使用下列词语[④]，而不是“by virtue of”：

by reason of, because of, on account of, in view of, 等等。

现将法律英语中经常使用的部分逻辑衔接类术语总结成下表供译者参考：

逻辑衔接类术语	对应的浅显英语	参考翻译
by virtue of	by reason of, because of, on account of	由于，凭借
give rise to	to cause	导致；使发生
in furtherance of	in support of, to promote, backing	为促进，为了支持
in the event that	if	如果，倘若
in the light of	considering, given	鉴于，根据，考虑到

① 本例节选自《中美第一阶段经贸协议》(2020年1月)。

② 释义来源：https://www.oxfordlearnersdictionaries.com/definition/english/pursuant?q=pursuant。

③ 节选自美国亚利桑那州的一项法规。

④ 参见USlegal.com对“by virtue of law”的解释：https://definitions.uslegal.com/b/by-virtue-of-law/。

续前表

逻辑衔接类术语	对应的浅显英语	参考翻译
in view of（the fact）	because（of），considering	由于，鉴于
notwithstanding	in spite of，nevertheless	尽管，虽然
provided that	（only）if	如果，只有（当）
pursuant to，in accordance with	according to	根据；按照

10.3　翻译法律文书

由于法律文书种类多样、格式纷繁，一个章节难以完整涵盖，本节将从法律英译汉的实践中较多遇见的类型里选取如下几种进行探讨：

合资公司协议、保密协议、竞业禁止协议、独家代理协议和国外律师聘用协议。

10.3.1　翻译合资公司协议

合资公司协议通常包括如下部分和内容：

公司宗旨、经营范围，投资总额和注册资本，董事会、经营管理机构，财务会计，利润分配，职工与工会，期限、终止，适用法律，等等。

除了法律英语基础，准确翻译合资公司协议还需要译者具备一定的工商管理、财务会计等知识，下面我们将从具体的合资公司协议中节选部分内容并提供参考译文，读者可以从中体会一下该类法律文书的行文思路和翻译特点。

例一，节选自某合资公司协议的“董事会”章节

The board of directors shall decide，in its sole discretion，all major issues concerning the joint venture company. As for the following issues，unanimous approval shall be required：

1. discussing and deciding the termination and liquidation of the Joint Venture；

2. deciding the merger，affiliation or consolidation of the joint venture company with any other Person；

3. approving the annual operating budget of the Joint Venture；

4. deciding the plan on profit distribution；

5. appointing，employing or dismissing the general manager or the deputy general manager(s).

董事会自行决定合资公司的一切重大事项。对于下列事宜，董事会应一致通过方可做出决定：

1. 讨论和决定合资公司的终止和清算；

2. 决定合资公司与任何其他法人的合并、并入或联合；

3. 批准合资公司的年度经营预算；

4. 决定利润分配方案；

5. 任命、雇用或解雇总经理或副总经理。

请注意对于“Person”一词的理解和翻译。一般而言，正规的此类英文合同会在“Definitions”部分里对“Person”的外延进行界定，比如针对上文中此词的界定可以是：

“Person” means an individual, a partnership, a joint venture, a corporation, a limited liability company, a trust, an estate, an unincorporated organization, or any other entity or a government or any department or agency of it. ①

例二，节选自某合资公司协议的“财务会计”章节

1. The Joint Venture shall adopt the internationally accepted accrual method of accounting and debit and credit bookkeeping system to keep accounts.

2. The finance department of the Joint Venture shall, within the first three months of a fiscal year, prepare the balance sheet and income statement of the last fiscal year, which should be examined and signed by a qualified auditor before submitting to the board of directors.

3. Each Member of the Joint Venture has the right to engage auditor(s) to examine the accounts of the Joint Venture at its own expense. The Joint Venture shall cooperate with the auditor(s) to have such audits conducted.

1. 合资公司应采用国际通用的权责发生制和借贷记账法记账。

2. 合资公司的财务部门应在每一个会计年度的前三个月编制上一会计年度的资产负债表和损益表，在提交董事会之前，此两项报表须经合格审计师审核并签字。

3. 合资各方有权自费聘请审计师查阅合资公司账簿。合资公司应配合审计师进行审计工作。

例三，节选自某合资公司协议的“经营管理”章节

1. If a dispute between the Members that relates to a Reserved Matter or otherwise materially adversely affects the Joint Venture's ability to carry on its business (a “Deadlock”) cannot be resolved within 30 days after one Member provides written notice to the other Member that a Deadlock exists, then either Member may give written notice (a “Warning Notice”) that it intends to implement the deadlock procedure provided in this Section.

2. If the dispute cannot be resolved within 30 days of the Warning Notice, either Member may within a further 30 days notify the other in writing (a “Deadlock Notice”)

---

① 此段对“Person”的定义节选自美国本土两家公司成立合营公司之时所签订的协议；以美国为例，需要注意，不同的州对“Person”的界定有所不同。

of such fact.

3. A Deadlock Notice is irrevocable.

4. Within a period of 30 days after receiving a Deadlock Notice, both Members shall be required to concur in taking all steps required promptly to place the Joint Venture into liquidation.

1. 如果合资方之间就任何"保留事项"或是就任何其他能够导致合资公司难以继续良好运营的事项产生争议（即"僵局"），且在合资公司的一方向另一方发出"僵局"存在的书面通知之后的 30 天内此争议仍无法被解决，则任一方可以发出书面通知（即"警告书"）表明其意欲执行本节所规定的僵局程序。

2. 如果在警告书发出之后的 30 天内该争议无法被解决，则任一方可以在又一 30 天之内以书面形式（即"僵局告知书"）告知对方此项事实。

3. 僵局告知书不可撤销。

4. 在收到僵局告知书的 30 天之内，合资双方均应迅速采取所有必要步骤令合资公司进入清算流程。

10.3.2 翻译保密协议

保密协议[①]通常包括如下部分和内容：

保密信息定义，保密信息的披露和使用规定，保密例外情况，权利的归属、转让与许可规定，类似信息的独立研发规定，保密期限与协议有效期，信息的归还与销毁规定，信息无担保属性，以及违约条款、权利放弃等常规内容。

有的保密协议非常严格，比如有些协议甚至严格到禁止信息接收方在高管层之外使用信息披露方的公司名称、产品名称等；还有些协议对"保密期限与协议有效期"的规定很特别；另外，大多数保密协议都包含违约责任。因此，在了解了保密协议的一般内容之后，译者仍须对条款细节给予足够的重视，以免误译或遗译。下面我们将从具体的保密协议中节选部分内容并提供参考译文，读者可以从中体会一下该类法律文书的行文思路和翻译特点。

例一，节选自某高科技公司与其供应商签订的保密协议

DEFINITION OF CONFIDENTIAL INFORMATION

The parties agree that the terms and conditions of this Agreement, the fact that one party provides or may provide goods or services to the other, and the parties' discussions with regard to the Project shall be considered Confidential Information covered by this Agreement.

In addition, any other nonpublic information which one party discloses to the other

① 英文通常为 Non-disclosure Agreement 或 Confidentiality Agreement。

party in the course of their communications regarding the Project shall be considered Confidential Information, including but not limited to nonpublic product plans, designs, costs, prices, names, finances, marketing plans, business opportunities, forecasts, orders, customer information, research, development, trade secrets, know-how, third party confidential information or information learned by Recipient from Discloser's employees or agents; provided such information is clearly designated as "Confidential":

a. in writing, if communicated in writing, or

b. at the time of disclosure, if disclosed orally or visually.

保密信息的定义

双方同意，本协议覆盖的保密信息包含本协议的条款和条件、一方为另一方提供或可能提供产品或服务的事实，以及双方进行的关于本项目的讨论。

此外，任何在沟通本项目的过程中由一方向另一方所披露的、未公开的信息应被视为保密信息，包含但不限于未公开的产品计划、设计、成本、价格、名称、财务信息、营销计划、业务机会、预测、订单、客户信息、研究、开发、商业秘密、技术诀窍、第三方保密信息或是接收方从披露方的员工或代理人处获得的信息；只要该信息被清晰地指明为“机密”：

1. 以书面形式，如果是以书面形式传达的，或

2. 在信息被披露之际，如果是以口头形式或视觉形式被披露的。

例二，节选自某保密协议的“信息接收方的义务”章节

OBLIGATIONS OF RECEIVING PARTY

Receiving Party shall carefully restrict access to Confidential Information to employees, contractors, and third parties as is reasonably required and shall require those persons to sign nondisclosure restrictions at least as protective as those in this Agreement. Receiving Party shall not, without prior written approval of Disclosing Party, use for Receiving Party's own benefit, publish, copy, or otherwise disclose to others, or permit the use by others for their benefit or to the detriment of Disclosing Party, any Confidential Information.

信息接收方的义务

接收方应在合理的要求下谨慎地限制其员工、合同方以及第三方对保密信息的获知权，且必须要求相关人士签订与本协议中的披露限制条款至少具有同等保护性的保密协定。在取得信息披露方的书面同意之前，接收方不得为了其自身利益而发表、复制或以其他方式向其他方披露任何保密信息，亦不得允许其他方为了其自身利益或损害披露方的利益而使用任何保密信息。

例三，节选自某保密协议的“协议有效期及终止”章节

TERM AND TERMINATION

Recipient's duty to protect Discloser's Confidential Information expires five (5) years from the date on which that Confidential Information was disclosed to Recipient. Either party may terminate this Agreement upon ten (10) days written notice; however, any termination of this Agreement shall not relieve Recipient of its confidentiality and use obligations with respect to Confidential Information disclosed prior to the date of termination.

协议有效期及终止

信息接收方保护披露方保密信息的义务在该保密信息被披露给接收方之日起的五 (5) 年之后到期。任一方可以在提前十 (10) 天书面通知之后终止此协议；但是，对于终止协议之前所披露的保密信息，本协议的终止并不构成接收方对该类信息的保密和使用义务的解除。

10.3.3 翻译竞业禁止协议

竞业禁止协议（Non-compete Agreement）的核心内容是对“竞业”和“禁止”的外延的规定，比如，网站 The Balance Careers 这样描述竞业禁止协议①：

A non-compete agreement is a contract between an employee and an employer in which the employee agrees not to enter into competition with the employer during or after employment. These legal contracts prevent employees from entering into markets or professions considered to be in direct competition with the employer.

大多数情况下竞业禁止协议的签约方是企业的员工或准员工，但也可能是独立的服务提供商等；本小节将探讨前一种类型，此类竞业禁止协议通常包括全部或部分如下内容：

针对特定产品或服务的限制，针对特定类型客户的限制，针对特定竞争对手的限制，针对与公司现雇员或前雇员之间关系的限制，时长限制和/或地域限制，竞业禁止赎回规定，以及违约条款、适用法律等常规内容。

下面我们将从具体的竞业禁止协议中节选部分内容并提供参考译文，读者可以从中体会一下该类法律文书的行文思路和翻译特点。

例一，节选自某上市公司高管与该公司签订的竞业禁止条款

COVENANT NOT TO COMPETE

Due to the strategic, sensitive and far-reaching nature of the Employee's current and former positions at the Company, and the Confidential Information to which the Employee is and has been exposed, Employee agrees, promises, and covenants that:

(A) For a period of two (2) years from the date on which Employee's employment with the Company terminates, and regardless of the cause or reason for such termination, Employee will not directly or indirectly:

(i) own, manage, operate, finance, join, control, advise, consult, render serv-

① 本段 URL 为：https://www.thebalancecareers.com/what-is-a-non-compete-agreement-2062045。

ices to, have a current or future interest in, or participate in the ownership, management, operation, financing, or control of, or be employed by or connected in any manner with, any Competing US Business as defined below in Section 8 (B) (i), and/or any Global Logistics Business as defined below in Section 8 (B) (iii).

竞业禁止承诺

因为雇员在本公司的当前以及先前职位具有战略性、敏感性和影响深远的属性，以及雇员当前正在和已经接触过保密信息，雇员同意、承诺并订约保证：

1. 在雇员与本公司的雇用关系终止之后的两年中，无论该终止的起因或原因如何，雇员不得直接或间接地：

(1) 与任何在第八条第二款第一项中所界定的、竞争性的美国公司和/或任何在第八条第二款第三项中所界定的全球物流公司以任何方式发生如下关系：拥有、管理、运营、资助、加入、控制、建议、咨询、向其提供服务或持有其当前或未来权益；或部分拥有，参与对其管理、运营、融资、控制，或是受其雇用。

下面的例子将会在“针对特定类型客户的限制”方面，为读者提供翻译参考。

例二，节选自某销售经理与其雇主公司签订的竞业禁止协议

During the Time Period stated in Section 6 of this Agreement the Employee shall not directly or indirectly engage in any similar business activities to those of the Company while being in contact with the Company's current or former clients. Nor shall the Employee solicit any client of the Company for the benefit of a third party that is engaged in a similar business to that of the Company.

在本协议第六条所规定的时间内，雇员不得直接或间接地参与任何与本公司的商业活动相类似的商业活动并同时与本公司的现有或前客户保持联系。雇员亦不得为了与本公司有类似业务的第三方的利益而向本公司的任何客户进行推销。

下面的例子将会在“针对与公司现雇员或前雇员之间关系的限制”方面，为读者提供翻译参考。

例三，节选自某公司高管与该公司签订的竞业禁止协议

The Employee shall not solicit for employment, hire or offer employment to, or otherwise aid or assist any person or entity other than the Company in soliciting for employment, hiring, or offering employment to, any Manager or Senior Manager or the Company, or any of its subsidiaries or affiliates.

雇员不得对本公司及附属公司、成员公司的任何经理或高级经理请求雇用、进行雇用或提供职位，亦不得帮助或协助除本公司以外的任何人或实体向前述经理或高级经理请求雇用、进行雇用或提供职位。

10.3.4 翻译独家代理协议

独家代理协议或独家经销协议（Exclusive Distribution Agreement）是产品代理方和产品供应方之间订立的、由代理方在一定时空范围内独家经营某项或全部产品的经销协议。在全球化的背景之下，国内外各公司之间的产品经营代理关系得到了长足的发展，对相关协议的翻译需求也随之不断增加。

一份完善的独家代理协议通常包括如下内容：

独家经销授权，商标、标识、商誉使用许可与保护及其他知识产权保护，产品采购与售后服务，信息管理及质量控制管理，供应商保留条款，协议终止，以及名词定义、保密条款、不可抗力、适用法律等常规内容。

由上可见，由于独家经销承载着厂商和品牌较多的责任，相关协议也因而涉及多方面的知识，译者在翻译过程中应该不吝请教和探索，以免造成不良商业后果。下面我们将从具体的独家代理协议中节选部分内容并提供参考译文，读者可以从中体会一下该类法律文书的行文思路和翻译特点。

例一，节选自某上市公司与别国代理商签订的独家经销协议

DEFINITIONS AND EXPLANATIONS

Unless otherwise expressly provided in the context of this Agreement, all the terms set out below shall have the meanings as follows:

1. “Minimum Purchase Quantity” means the minimum quantity of Products which Distributor shall buy from Supplier in one Gregorian Calendar Year in accordance with Article 5.8.

2. “Authorized Wholesalers and/or Retailers” means the wholesalers and retailers authorized by Distributor with the prior written approval of Supplier, who shall purchase Products from the Distributor.

定义与说明

除非在本协议的语境中另有清晰的规定，所有下列术语的含义是指：

1. “最低购买数量”指本协议第五节第八条所规定的、在一个年度内经销商从供应商处购买的最低经销产品数量。

2. “授权的批发商和/或零售商”指供应商事先书面同意的、由经销商授权的、从经销商处购买经销产品的批发商和/或零售商。

下面的例二涉及独家代理协议翻译中比较常见的一个条款——对双向排他性的规定。该双向性是指“你独家销售我的产品，那么在同一地区、针对同一产品类别，你只能经营我的产品或品牌。在一定程度上，双向排他性是一种公平性的体现①。”

① 本段援引自《超级商务英语话术》，张乐，2020。

例二，节选自两家美国公司之间的独家代理协议

Section 1. Appointment of Distributor

The Company appoints the Distributor, and the Distributor accepts appointment, as the exclusive distributor of the Products as defined in Exhibit A, only within the Territory as defined in Exhibit B.

In exchange for this right of exclusive distribution of the Products, Distributor agrees that it shall not sell, represent or accept appointment as distributor for products having similar users, purpose, features and usage as the Products described in Exhibit A, in accordance with Section 12. 2 herein.

第一条　委任经销商

公司现委任经销商，且经销商接受委任作为仅在附件 B 所规定区域之内的、针对附件 A 所界定之产品的独家经销商。

作为对该产品独家经销权的交换，根据本协议的第十二条第二款，经销商同意其不得销售、代理和附件 A 所描述之产品具有类似使用者、用途、特征及用法的产品，且不得接受该类产品的经销权委任。

由于独家代理协议的有效期一般至少为一年，在此期间往往会经历产品的改动或改进，因而与此相关的条款也比较常见，例如：

例三，节选自某上市公司与别国代理商签订的独家经销协议

3. 1　Supplier shall be entitled to modify the design or specification(s) of the Products identified in Article 2. 5 at any time. However, such modification shall not affect the basic structure and safety of the Products.

3. 2　In case the Sales Contract is entered into prior to the modification of design and/or specification(s) of the Products, Supplier shall be entitled to manufacture Products according to the modified design and/or specification, provided that the modified Products have no fundamental difference from what is required in the Sales Contract and have been designed for the same purpose. However, this Article 3. 2 shall not be interpreted that Supplier is under any obligation to apply the modified design and/or specification to the products which have been completed or partly completed.

3. 1　供应商有权随时变更在第二条第五款中所明确的产品的设计式样或规格，但该变更不得影响产品的基础构造和安全性能。

3. 2　如销售合同在产品式样和/或规格更改之前即已订立，只要更改后的产品与销售合同所规定的要求没有重大差异且其设计是基于相同的用途，则供应商有权根据更改后的式样和/或规格进行生产。但本第三条第二款不得解释为供应商负有将该式样和/或规格变更应用于已完成或已部分完成产品的义务。

在独家经销期间，对厂商知识产权的保护是一个重要事项，相关条款也因此比较常

见，下例将为读者在此类条款的翻译上提供参考：

例四，节选自某跨国公司与别国代理商签订的独家经销协议

Article 5 Licensing and Protection of Trademarks, Identifiers and Goodwill; Protection of other Intellectual Property Rights

5.1　Supplier undertakes to register or renew the registration of the trademarks and/or identifiers identified in Article 5.5 in Territory during the term of this agreement. Distributor shall fully assist and cooperate with Supplier in having the registration completed in a timely manner.

5.2　Distributor or its subsidiaries or affiliates shall not apply to register Supplier's trademarks and/or identifiers identified in Article 5.5 in Territory or any other country, regardless of whether they are registered independently or jointly with other characters, letters, images, symbols, designs or their combinations. Neither shall Distributor, its subsidiaries or affiliates attempt to obtain the aforesaid registration by any other means.

第五条　商标、标识、商誉的使用许可与保护；其他知识产权保护

5.1　供应商承诺在本协议的有效期内、在经销区域内对第五条第五款中明确的商标和/或标识进行注册。经销商应充分及时协助和配合供应商完成注册。

5.2　经销商、其附属公司或成员公司均不得在经销区域或任何其他国家申请注册第五条第五款中明确的商标和/或标识，无论是单独注册还是与任何其他文字、字母、图形、符号、设计或这些元素的组合一并注册。经销商、其附属公司或成员公司亦不得试图通过任何其他途径取得前述注册。

在很多情况下，“独家经销权”并非是完全的、绝对的，某些例外情况需要在协议中进行明确，否则有可能为双方合作埋下隐患；下例将为读者在此类条款的翻译上提供参考：

例五，节选自某跨国公司与别国代理商签订的独家经销协议

Article 8 Exclusivity Exceptions

This Exclusive Distribution Agreement applies in all cases except:

8.1　At the invitation of any local government in the Territory, Supplier may participate in government procurement and/or biddings. Distributor shall fully assist or cooperate with Supplier in such government projects.

8.2　Supplier may donate the Products to any entity in the Territory, regardless of whether the donations are requested by any United States government agencies or state agencies or charity organizations, or made by Supplier on his own initiative.

第八条　独销权例外

本独家经销协议有如下例外：

8.1　供应商有权应经销区域内的当地政府邀请参加政府采购和/或投标。经销商应在

此类政府项目中积极协助和配合供应商。

8.2 供应商有权将经销产品捐赠给经销区域内的任何实体，而无论这些捐赠是出于美国政府机构、美国州政府机构、慈善机构的请求，还是出于供应商的自主决定。

10.3.5 翻译国外律师聘用协议

出于各种原因，越来越多的中国企业和中国公民需要在欧美国家雇请律师进行诉讼或其他法律沟通；在这一过程中，无法绕开的一个环节就是理解和签订律师聘用协议，这也正是此类翻译需求不断增加的重要原因。

一份完善的律师聘用协议通常包括如下内容：

律师的服务内容、当事人的责任义务、律师服务费、其他费用、账单明细说明、解聘与辞聘、和解/妥协条款、代理终结、无担保条款、授权条款，以及生效日期、争议解决、可分割性等常规内容。

协商一份律师聘用协议，当事人相当于是在“和搞法律的人谈法律协议”，透彻理解协议内容非常重要，特别是关于律师服务费和其他费用的内容，此类内容能让当事人对相关代价和偿付机制有一个清晰的认知。下面我们将从具体的律师聘用协议中节选部分内容并提供参考译文，读者可以从中体会一下该类法律文书的行文思路和翻译特点。

例一涉及“律师服务内容”的相关条款，该部分内容套话较多，译者多加留心即可掌握；此例节选自美国加利福尼亚州某律所与委托人签订的聘用协议：

SCOPE OF SERVICES

You are retaining us as your attorneys to represent you in the following matter: ____________________. We will provide those legal services reasonably required to represent you. We will take reasonable steps to keep you informed of the progress of the matter, and to reasonably respond to your inquiries. If a court action is filed, and subject to the terms and conditions set forth herein, we will represent you until a settlement or judgment is reached.

Furthermore, we may associate with other attorneys and/or delegate to other attorneys or third-party services some or all of the attorney services to be provided to client. Any such delegation will not increase or otherwise affect client's obligation to pay attorney fees asprovided for in this agreement.

服务范围

您正聘请我们作为您的律师代理下述事宜：____________________。我们将提供这一代理所要求的合理必要的法律服务。我们将采取合理的措施告知您事件的进展，以及合理地响应您的询问。如果提起诉讼，我们将依据本协议中的条款和条件代表您直至达成和解或裁决。

此外，我们可以与其他律师合作，并且/或者将提供给委托人的全部或部分服务委托给其他律师或第三方服务机构。任何此种委托关系不得增加或以其他方式影响委托人根据本协议规定支付律师费的义务。

与费用相关的条款是律师聘用协议的核心内容之一，为确保精确翻译译者应了解律师服务费的两种主要收费模式：一种是风险收费方式，主要应用于诉讼类服务，通常是从帮助委托人追索到的金额之中抽取一定的比例，如果未能追索成功，则委托人只须支付“其他费用”，无须支付律师服务费；另外一种是累计时间收费，而无论是否有任何追索结果。下例将在律师服务费相关条款的翻译上为读者提供参考。

例二，节选自美国某律所与当事人签订的聘用协议：

LEGAL FEES，COSTS，AND BILLING PRACTICES

We will only be compensated for attorney fees related to legal services rendered in a contingency matter if a recovery is obtained for you. If no recovery is obtained，then no attorney fees will be charged and you will only be obligated to pay for costs，disbursements and expenses，as described herein.

The attorney fees to be paid to us will be a percentage of the gross recovery，depending on the stage at which the settlement or judgment is reached (the term “gross recovery” means the total of all amounts received [compensatory，special，general，and punitive damages] by settlement，mediation，arbitration，judgment or otherwise).

If settlement or judgment is reached before filing a lawsuit，then attorneys' fees shall be 33.33% of the gross recovery. If settlement or judgment is reached after filing a lawsuit and up to thirty (30) days before an arbitration or mediation date or，prior to the date of the first court hearing including but not limited to a Case Management Hearing，Status Conference，Evaluation Conference，Mandatory Settlement Conference，or Trial Setting Conference，whichever is earlier，then attorneys' fees shall be 35% of the gross recovery. If settlement or judgment is reached after the times set forth above，then attorneys' fees shall be calculated at 40% of the gross recovery.

法律服务费，诉讼费，以及计费方法

仅当在为您获得了赔偿金的情况下我们才会获得律师服务费。如果没能获得赔偿金，则不会收取律师服务费，且您将只须支付本协议明确的诉讼费、杂费和报销费用。

律师服务费将是总获偿金额的一个百分比，该比例取决于在何种阶段达成和解或裁决(“总获偿金额”是指通过和解、调节、仲裁、判决或其他方式收到的全部[赔偿性的、专用的、一般性的，以及惩罚性赔偿的]金额总和)。

如果和解或裁决在提起诉讼之前达成，则律师服务费应为总获偿金额的33.33%。如果和解或裁决的达成日期是在提起诉讼之后、仲裁或调解日期之前的(30)天之内，或是在提起诉讼之后、第一次法庭聆讯日期之前，则律师服务费应为总获偿金额的35%，第一次法庭聆讯是指包括下述各项在内的类似事件之中的最早发生者：案件管理听证会、进度讨论会、评估会、强制和解会谈或庭审安排会议。如果和解或裁决的达成日期是在前述日期之后，则律师服务费应为总获偿金额的40%。

除了律师服务费，调解、仲裁或诉讼还可能导致其他各种费用，让当事人知悉此类费用是律师聘用协议的另一必备内容，下例将就此为读者提供比较全面的翻译参考。

例三，节选自美国加利弗尼亚州某律所与委托人签订的聘用协议：

Costs and expenses are defined and include, but are not limited to, the following: All costs, expenses, disbursements and litigation expenses associated with this matter, including court filing fees, service of process charges, photocopy services, notary fees, computer-assisted legal research, long distance telephone charges, messenger and delivery fees, postage, in-office photocopying at $0.20 per page, facsimile charges, deposition costs, parking, mileage at $2.30 per mile, investigation expenses, consultants' fees, expert witness related fees and expenses, trial preparation and related exhibit expenses, jury fees, reporter fees, actual trial related expenses and other similar items.

诉讼费和其他费用包含但不限于下述各项：全部与本案相关的开支、报销费用、杂费和诉讼费用，包含立案费、传票送达费、影印服务费、公证费、计算机辅助法律检索费、长途电话费、递送费、邮寄费、办公影印费每页0.2美金、传真费用、质证费用、停车费、里程费每英里2.3美金，调查费、顾问费、专家证人相关费用、诉讼准备和相关物证费用、陪审团费用、书记员费用、实际审判相关费用和其他类似名目。

针对某些案件，律师会要求委托人支付一笔预付费用，下例将就此为读者提供翻译参考。

例四，节选自美国某律所与当事人签订的中小案件聘用协议：

3. ATTORNEY'S FEES: Client agrees to pay attorney a retainer of $8,500. If this matter settles by way of pre-litigation negotiation attorney will attempt to recover attorney's fees from Company ABC. If Company ABC pays any attorney's fees as part of the pre-litigation settlement the amount paid up to $8,500 will be refunded to client. However, it is expressly understood by client that should Company ABC refuse to pay attorney's fees the retainer is not refundable/reimbursable.

If the matter does not settle by way of pre-litigation negotiation, then attorney will file a lawsuit on client's behalf. Any attorney's fees incurred thereafter will only be recovered from Company ABC, by way of court order, or as set forth below in 3 (a). Client will not be responsible for these additional attorney's fees except as set forth below in 3 (a).

FOR LAWSUIT ONLY: Attorney's rate for legal services is $450.00 per hour. This $450.00 an hour rate will be paid by defendant (s) Company ABC, except as set forth below in 3 (a), and will be recovered only after the final settlement or judgment of this matter.

3. 律师服务费：委托人同意支付代理人一笔 8 500 美金的聘用金。如果本案通过讼前协商达成和解，则代理人将努力从 ABC 公司处追索律师费。如果作为讼前和解的一部分ABC 公司支付任何律师费用，则委托人将收到最多不超过 8 500 美金的退款。但委托人清楚地理解，如果 ABC 公司拒绝支付律师费，则该笔聘用金不可退款或收回。

如果本案未能通过讼前协商达成和解，则代理人将代表委托人提起诉讼。此后产生的律师费将仅会通过法庭命令向 ABC 公司进行追索，或依下述第三条第一款执行。除下述第三条第一款规定的情形之外，委托人将不对这些增加的律师费负责。

仅适用于诉讼情形：代理人的法律服务费率为每小时 450 美金。除下述第三条第一款规定的情形之外，这一 450 美金的小时费率将由被告方 ABC 公司支付，且仅会在本案的最终和解或裁决达成之后被取得。

在某些情况下，“和解/妥协条款”是保障律师和/或委托人利益的重要方式，在大案要案中该类内容往往自成一条，在中小案件中也能遇见和律师费条款合并的情形，比如上述例四中所指的 3（a）条款：

例五，简单的和解/妥协条款：

3（a）ATTORNEY'S FEES UPON CLIENT'S REFUSAL TO SETTLE CASE AFTER ATTORNEY'S RECOMMENDATION

Should attorney recommend that client settle the case，and client refuse to settle the case on Attorney's recommendation，and client wishes to proceed with the case，client agrees that he will be responsible for Attorney's fees not recovered from defendant from the date of the refusal to settle the case on Attorney's recommendation.

第三条第一款 委托人拒绝接受代理人和解建议情形下的律师服务费

如果代理人建议委托人进行和解，但委托人拒绝接受代理人的和解建议，且希望继续推进本案进程，则委托人同意自拒绝接受代理人和解建议之日起，一切没能由被告赔付金涵盖的律师费部分都将由委托人负担。

以上例二到例五反映了在风险收费方式下诉讼相关费用的主要构成元素，在实际翻译实践中还会遇见更多、更复杂的情形，请译者格外注意、准确翻译。

法律英译汉练习

1. 合资公司协议英译汉练习（10.3.1）

请翻译下面的合资公司协议语句。

(1) It is understood and agreed that neither Member，nor such Member's Represent-

atives, shall be required to devote full time to the business of the Joint Venture and each Member may at any time possess interests in other business ventures of any and every type and description, independently or with others, provided that such ventures shall not relate to the design, development, manufacture or marketing of any Product within the Field of Activity.

(2) The Joint Venture's auditor shall be XXX LLP or such other firm of certified public accountants of recognized international standing as both Members may agree from time to time.

(3) Within 30 days after the end of each of the first three quarters of a fiscal year, the Joint Venture shall cause to be delivered to each Member a quarterly report containing:

a. a balance sheet as of the end of such quarter and a statement of operations for such quarter, each of which may be unaudited but which shall be certified by the chief financial officer of the Joint Venture as fairly presenting the financial position of the Joint Venture at the end of such quarter, and

b. a description of any material event regarding the business of the Joint Venture during such quarter.

(4) No Member shall transfer any membership interests, except as permitted by this Article VII or with the prior written consent of every other holder of membership interests.

(5) No Member may transfer membership interests unless it and its Affiliates transfer all (and not some only) of the membership interests collectively held by them.

(6) The Members shall share profits and losses in the proportion of 45% to Party A and 55% to Party B.

(7) The overall direction, supervision and management of the business and affairs of the Joint Venture shall be vested solely in the Board, except as may be otherwise provided in this Agreement. The Board shall have five members, three of which shall be appointed by Party A and two of which shall be appointed by Party B. The Board shall meet at least quarterly and decide on matters by simple majority vote.

(8) PRODUCT LIABILITY CLAIMS. No Member shall be liable, responsible or accountable in damages or otherwise to the Joint Venture or the other Member for any act or omission performed or omitted by the Joint Venture.

2. 保密协议英译汉练习（10.3.2）

请翻译下面的保密协议语句。

(1) "Know-How" shall mean all production procedures, all design, engineering, production, manufacturing and other technical data, information, specifications, de-

signs, methods, processes, systems, test reports, guidelines and trade secrets relating to the manufacture, use and sale of the Products, which either Discloser or Recipient has separately acquired or may acquire from time to time and reasonably considers confidential, which are not generally known, and which are of material commercial value.

(2) If Recipient provides any ideas, suggestions or recommendations to Discloser with regard to Discloser's Confidential Information ("Feedback"), Discloser is free to use and incorporate such Feedback in Discloser's products and/or services, without payment of royalties or other consideration to Recipient, so long as Discloser does not infringe Recipient's patents, copyrights or trademark rights in the Feedback. Nothing in this Agreement is intended to grant a license or waive any rights in either party's patents, copyrights or trademarks.

(3) NO LICENSE TO CONFIDENTIAL INFORMATION. Except as expressly set forth herein, no license or other rights to confidential information are granted or implied hereby and the Discloser retains all of its rights therein.

3. 竞业禁止协议英译汉练习（10.3.3）

请翻译下面的竞业禁止协议语句。

(1) DURING EMPLOYMENT. Except as described in paragraph (c) below, during Employee's employment, Employee shall not engage, directly or indirectly, as an employee, officer, director, partner, manager, consultant, agent, owner (other than a minority shareholder or other equity interest of not more than 1% of a company whose equity interests are publicly traded on a nationally recognized stock exchange or over-the-counter) or in any other capacity, in any competition with the Company or any of its subsidiaries.

(2) Non-solicitation. For a two-year period following the termination of Employee's employment for any reason or without reason, Employee shall not solicit or induce any person who was an employee of the Company or any of its subsidiaries on the date of Employee's termination to leave their employment with the Company.

(3) No Conflicts. To the extent that they exist, Employee will not disclose to the Company or any of its subsidiaries any of Employee's previous employer's confidential information or trade secrets. Further, Employee warrants that Employee has not previously assumed any obligations inconsistent with those of this Agreement and that employment by the Company does not conflict with any prior obligations to third parties.

(4) Employee and the Company agree that it is important for any prospective employer to be aware of this Agreement, so that disputes concerning this Agreement can be avoided in the future. Therefore, the Employee agrees that, following termination of employ-

ment with the Company, the Company may forward a copy of Article V of this Agreement (and any related Exhibits hereto) to any future prospective or actual employer, and the Employee releases the Company from any claimed liability or damage caused to the Employee by virtue of the Company's act in making that prospective or actual employer aware of Article V of this Agreement (and any related Exhibits hereto).

(5) Agreement on Fairness. Employee acknowledges that:

(i) this Agreement has been specifically bargained between the parties and reviewed by Employee,

(ii) Employee has had an opportunity to obtain legal counsel to review this Agreement, and

(iii) the covenants made by and duties imposed upon Employee hereby are fair, reasonable and minimally necessary to protect the legitimate business interests of the Company, and such covenants and duties will not place an undue burden upon Employee's livelihood in the event of termination of Employee's employment by the Company and the strict enforcement of the covenants contained herein.

4. 独家经销协议英译汉练习（10.3.4）

请翻译下面的独家经销协议语句。

(1) 2.1 Company ABC hereby appoints Company DEF as its exclusive distributor for the sale, purchase and resale of the Products into the Cosmetics Market in the Territory subject to the terms and conditions of this Agreement. Company DEF accepts the appointment and agrees to purchase the Products from Company ABC under the terms and conditions of this Agreement.

(2) 3.3 Non-Infringement. Company DEF shall not advertise, promote or sell any product which infringes any Patent, Trademark or copyright, or which violates any trade secret of Company ABC. The provisions of clause 3.3 shall not apply until such time as Company DEF has knowledge, or reasonably should have knowledge, that a Patent, Trademark, copyright or trade secret is being violated in the manufacture or use of a particular product.

(3) 5.2 Price. Company DEF shall purchase the Products from Company ABC at the prices in effect, as reflected in Exhibit A at the time Company ABC accepts Company DEF's order. Initial prices for the Products are listed in Exhibit A. Prices may be changed at any time by Company ABC on ninety (90) days' prior written notice to Company DEF. Exhibit A may be revised as necessary to reflect the implementation of mutually

agreed upon price changes.

5. 律师聘用协议英译汉练习（10.3.5）

请翻译下面的律师聘用协议语句。

（1）Client shall be truthful with Attorney，cooperate with Attorney，keep Attorney informed of developments，abide by this Agreement，and keep Attorney informed of Client's current address，telephone number，and whereabouts.

（2）Client agrees to appear，if Attorney so requests，for all meetings and hearings including but not limited to all depositions and court appearances.

（3）Client may discharge Attorney at any time. Attorney may withdraw with Client's consent or for good cause. Good cause includes，but is not limited to，Client's breach of this Contract，Client's refusal to cooperate with Attorney or to follow Attorney's advice on a material matter or any other fact or circumstance that would render Attorney's continuing representation unlawful or unethical.

第11单元

旅游英译汉

随着科技的进步、世界经济的发展，国际商贸联系越发密切，各国民间文化交流日益深化，世界旅游业日益发达。在一般意义上，旅游即旅行游览。根据旅行游览的目的、距离、时长、组织方式、主体与范围等要素，可将旅游分为许多不同的类型。例如，以目的为标准，可分为休闲旅游、度假旅游、娱乐旅游、公务旅游、宗教旅游、探亲访友旅游、求学旅游等；以距离为标准，可分为长途旅游和短途旅游；以时长为标准，可分为一日游、多日游；以组织方式为标准，可分为自助游和旅行团；以主体与旅行范围为标准，可分为出境游和境内游。可见，旅游行为包含的因素非常多，包括游客、交通、餐饮、住宿、参观访问、购物、支付等。

关于一次完整的旅游过程，有个公认的六要素描述：吃、住、行、游、购、娱。所有六要素除了大量的实物外，还会涉及各种各样的文本。在六要素中，以景区景点为核心的第一位要素“游”尤其会涉及大量的文本。在广义上讲，旅游文本应该包括吃、住、行、游、购、娱六要素涉及的各种文本，如旅游广告、旅游指南、景区景点介绍、宣传册、出行需知、菜谱、住宿信息、客房提示、交易说明、交通信息、购物和游乐场所的介绍文本、公示语等。可谓包罗万象，涵盖多个社会生产领域。从狭义上讲，旅游文本主要指对景区景点的介绍性文本及公示语。本单元所论的旅游文本用其狭义。

本单元从译者翻译行为角度出发，以三个英语国家景区景点的介绍性文本为分析对象，以两个我国同类景区景点的中文介绍性文本为平行参比对象，分析英语旅游文本的文体特征，据以探讨其翻译策略和翻译方法。

译者的翻译行为大体可分为三个阶段：（一）通读文本，在了解内容的同时进行文体特征分析。（二）参考平行文本的文体特征，根据翻译项目委托方提供的译本使用去向，选择翻译策略。（三）译文生产及审校修改。本单元即依照这三个阶段划分为三节，加上一个小结，共四节内容。

请看下面的五个旅游网站景区景点推介文本：

1. Niagara Falls Canada

(1) Niagara Falls Canada attractions create an authentic Niagara experience. (2) Ride a Hornblower Niagara Cruise in the morning and head off to the Whirlpool Aero Car in the

afternoon. (3) Take a stroll through the Botanical Gardens, or test your courage on a Zipline towards the Falls. (4) Visit the Skylon Tower for the best view around. (5) There are so many things to do in Niagara Falls! (6) Greg Frewin Theatre Magic Show will amaze you and kids can even get a photo with a tiger. (7) Find your inner thrill seeker at Whirlpool Jetboats, Nightmares Fear Factory or Niagara Free Fall.

(8) Honeymooners and empty nesters have more things to do in Niagara Falls than ever. (9) Start the day with a round of golf, relax on a Niagara wine tour in the afternoon, and finish with a candlelit dinner. (10) You may want to relax at a spa, or enjoy a Niagara sightseeing tour. (11) A romantic kiss at the Niagara Falls fireworks is the perfect ending to any evening. ①

2. Niagara Falls USA about Niagara Falls

(1) From picturesque views to the roar of the rapids—immerse yourself in the wonder and awe that is Niagara Falls USA.

(2) Since its formation 12,000 years ago, Niagara Falls has been a destination for world explorers, honeymooners and daredevils alike. (3) Only here can you get closer than you ever imagined to the American, Horseshoe and Bridal Veil Falls—and create mist-covered memories to last a lifetime.

(4) Don your poncho (provided) and soak in the power and beauty of Niagara Falls aboard the iconic Maid of the Mist, or climb the wooden stairs to the Hurricane Deck on Cave of the Winds and feel tropical-storm like conditions as you stand underneath the Bridal Veil Falls. (5) Or if you're more of an explorer, follow the walking path throughout Niagara Falls State Park, designed by landscape architect, Frederick Law Olmsted—and enjoy over 400 acres of natural, lush terrain and protected wildlife.

(6) Open year-round, 24 hours a day, 7 days a week, Niagara Falls State Park offers a nightly illumination of the Falls, along with seasonal fireworks, setting the scene for your next adventure with family, friends or your significant other.

(7) Venture beyond the Park and hike the Niagara Gorge, or skim across the mighty Niagara River through Class V rapids on a high-speed jet boat with Niagara Jet Adventures or Whirlpool Jet Boat Tours. (8) Hire a charter boat captain and reel in a catch of a lifetime, or get a birds-eye view of the action with a helicopter ride over Niagara Falls with Rainbow Air, Inc. Helicopter Tours. (9) Be part of history at Old Fort Niagara, or cruise through it in Lockport on the historic Erie Canal. (10) Whatever adventure you

---

① 文本来源：Niagara Falls Canada. https：//www.niagarafallstourism.com/play/。

choose, you're certain to be moved by the sights, sounds and soul of Niagara Falls USA. ①

3. Niagara Falls State Park (United States)

(1) America's oldest state park, open 365 days a year, 24 hours a day, brings you closer than you ever thought possible to the grandeur of the Falls. (2) Niagara Falls State Park is always the trip of a lifetime—any time of the year—making it "a park for all seasons."

SUMMER

(3) There is nothing quite like summer at Niagara Falls State Park. (4) With the sun on your face and the wind in your hair, you can soak in the memories along with the views aboard the iconic Maid of the Mist, or enjoy a thrilling walk on the Cave of the Winds and feel the rushing torrents of the Bridal Veil Falls. (5) Don't miss the nightly illumination or seasonal firework displays over Niagara Falls from Prospect Point, or one of the many viewing areas throughout the park.

(6) Since it's high season, you can take advantage of the Niagara Falls USA Discovery Pass, which bundles admission to the Maid of the Mist, Cave of the Winds, Niagara Adventure Theater, Niagara Gorge Discovery Center, Aquarium of Niagara and unlimited rides on the Niagara Scenic Trolley for one day—although the pass is valid for the entire season.

FALL

(7) Changing leaves, long walks and hiking trails galore conspire to make fall a stunning time to visit Niagara Falls USA. (8) Ride the Niagara Scenic Trolley for a historical overview of this Frederick Law Olmsted-designed park, or explore its scenic terrain and stunning views by foot. (9) All trails are flat and accessible for beginners, with self-guided tours and professionally led outings offering many choices. (10) A helicopter ride provides an incredible aerial view of the Falls and the park's foliage.

WINTER

(11) You haven't really experienced the Falls until you've seen them in all their snow-white frosted majesty—and there's no better place to catch a view (and a selfie!) than the park's Prospect Point. (12) Elsewhere in the park, the World Changed Here Pavilion and the Niagara Adventure Theater are open year-round, each providing a terrific introduction and overview of this natural wonder.

SPRING

(13) When the snow has melted and spring arrives, Niagara Falls State Park, with

---

① 文本来源：Niagara Falls USA. https://www.niagarafallsusa.com/planning-tools/about-niagara-falls/。

more than 400 acres of lush landscape, reclaims its rightful place as one of the most enchanting places imaginable. (14) Blossoming gardens and abundant sunshine complement awe-inspiring scenery, and the attendant pleasures of relaxing and recreating in the natural world. (15) Birding and hiking are in bloom this time of year, and a number of guided tours are available to make sure that you don't miss a thing. ①

4. 贵州省安顺市黄果树大瀑布景区介绍

(1) 黄果树瀑布景区以黄果树瀑布为中心，以瀑布、溶洞、地下湖为主体。

(2) 黄果树瀑布位于贵州省安顺市镇宁布依族苗族自治县境内的白水河上。(3) 周围岩溶广布，河宽水急，山峦叠翠，气势雄伟，历来是连接云南、贵州两省的主要通道。(4) 白水河流经当地时河床断落成九级瀑布，黄果树为其中最大一级。(5) 以水势浩大著称，也是世界著名大瀑布之一。(6) 瀑布对面建有观瀑亭，游人可在亭中观赏汹涌澎湃的河水奔腾直泄犀牛潭。(7) 腾起水珠高 90 多米，在附近形成水帘，盛夏到此，暑气全消。(8) 瀑布后绝壁上凹成一洞，称"水帘洞"，洞深 20 多米，洞口常年为瀑布所遮，可在洞内窗口窥见天然水帘之胜境。

(9) 它以其雄奇壮阔的大瀑布、连环密布的瀑布群而闻名于海内外，十分壮丽。(10) 并享有"中华第一瀑"之盛誉，是除尼亚加拉瀑布和维多利亚瀑布之外的第三大瀑布。(11) 黄果树风景名胜区位于贵州西线旅游中心安顺市西南 45 千米处，镇宁布依族苗族自治县境内，东北距贵州省会贵阳市 150 千米，有滇黔铁路、株六复线铁路、黄果树机场、320 国道、贵(阳)黄(果树)高等级公路贯通全境，新建的清(镇)黄(果树)高速路直达景区。②

5. 贵州省安顺市黄果树大瀑布景区特色

(1) 黄果树风景名胜区以黄果树大瀑布景区为中心，分布有石头寨景区、天星桥景区、滴水滩瀑布景区、霸陵河峡谷、三国古驿道景区、陡坡塘景区、郎宫景区等几大独立景区。(2) 是全国第一批国家重点风景名胜区和首批获得国家评定的 AAAAA 级旅游区，景区先后被评为全国科普教育基地、"全国文明风景区"示范点、"西部最具魅力旅游景区"。(3) 2005 年，被中国国家地理杂志社评为"中国最美丽的地方"，被《人民日报》评为"中国风景名胜区顾客十大满意品牌"，荣获"欧洲游客最喜爱的中国十大景区"等荣誉称号。

(4) 黄果树景区内风景秀丽、环境优美、空气清新(经省级环保部门测定每立方厘米的空气含负氧离子 2.8 万个以上)、气候宜人(每年平均气温 16℃左右)。(5) 有着悠久的历史文化，设施完善，是休闲、度假、观光、疗养、吸氧"洗肺"、追求谧静的理想胜地。

(6) 风景区内瀑布成群，洞穴成串，峰峦叠翠，植被奇特，伏流、溶洞、石林、石

① 文本来源：Niagara Falls State Park. https：//www. niagarafallsusa. com/niagara-falls-state-park/。

② 文本来源：图行贵州 . https：//www. txgz. cc/xw-485-1. html。

壁、峡谷比比皆是，呈现出层次丰富的喀斯特山水旖旎风光。(7) 黄果树瀑布落差 74 米，宽 81 米，河水从断崖顶端凌空飞流而下，瀑布对岸高崖上的观瀑亭上有对联曰："白水如棉，不用弓弹花自散；虹霞似锦，何须梭织天生成"，此乃黄果树瀑布的真实写照。(8) 但黄果树瀑布的形态因季节而有变化，冬天水小时，它妩媚秀丽，轻轻下泻；到了夏秋，水量大增，那撼天动地的磅礴气势，简直令人惊心动魄。(9) 有时瀑布激起的雪沫烟雾，高达数百米，漫天浮游，竟使其周围经常处于纷飞的细雨之中。(10) 瀑布后的水帘洞相当绝妙，134 米长的洞内有 6 个洞窗、5 个洞厅、3 个洞泉和 2 个洞内瀑布。(11) 游人穿行于洞中，可在洞窗内观看洞外飞流直下的瀑布；每当日薄西山，凭窗眺望，犀牛潭里彩虹缭绕，云蒸霞蔚，苍山顶上绯红一片，迷离变幻，这便是著名的"水帘洞内观日落"。(12) 洞内还有一个冰制金箍棒。①

11.1　英语旅游文本的特征

事物的特征是该事物所特有的征象或标记。特征就是使一事物区别于其他事物的那些东西。一物的特征是在与他物的参照、比较下显现出来的。例如，地球上的自然界物质可以分为生物和非生物两大类。二者的区别在于，生物是有生命的物质，非生物则是无生命的物质。有生命就是生物的特征，无生命就是非生物的特征。同理，英语旅游文本的特征就是在与其他语种写成的旅游文本进行对比时显现出来的独特的东西。就本单元而言，英语旅游文本的特征就是在与中文旅游文本进行对比时显现出来的独特的东西。

对比来看，例 1、例 2、例 3 的英语文本与例 4 和例 5 的中文文本有一定相似性或曰共通性。首先，从外形上看，五个文本最显著的共同点是：它们都是用文字记录下来的占有一定空间的语篇。其次，从内容上看，它们都是围绕某个特定主题展开的相对独立的意义单元。最后，在文本功能上，它们都致力于提供有用、有趣的信息，以唤起读者的强烈兴趣，让文本内容在读者心中留下深刻的印象，让读者成为游客。

更详细地对比起来，会发现这两组文本具有更多的相异性。根据这些在各种细节对比下呈现出来的相异性，我们就可以判断、归纳中英旅游文本的各自特征。

第一，最显著的仍然是文本的外形。先看例 4 和例 5 的中文文本。其字体是方块形的，较为具象，不少文字还保留着较为直观的物象关联。例如，"瀑""溶洞""河""流""浩""汹涌澎湃""洩""潭""海""消""深""泻""沫""漫""浮游""激""滴""滩""清""洗"等字，都是"氵"部首，与它们所介绍、描写的瀑布这一主题有着紧密的形象关联。相同的偏旁部首还会创造一种视觉上的连续性和韵律感，本单元称之为眼韵。除了"氵"部首的上述例子，还有"山峦""通道""峰峦""旖旎""妩媚""磅礴""缭绕""绯红"等词均可形成眼韵。中文每个字都占有相同空间，而笔画四通八达、疏密相间，因而

① 文本来源：图行贵州 . https：//www. txgz. cc/xw-485-1. html。

灵动立体、意蕴丰富，带有强烈的具象感和表现力。

与中文旅游文本相比，例 1、例 2、例 3 的英语旅游文本是抽象的、流线型的字母串，字形参差，高低宽窄各不相同，与其所介绍、描写的瀑布景区这一自然物象没有显著关联。英语旅游文本使用的是百分之百的拼音文字，而中文旅游文本使用的是形声字。因此，英语旅游文本天然缺失中文旅游文本那种视觉上的直观性与诱导力。

第二，缩略语的使用情况。缩略语此处指英语旅游文本中系动词、情态动词和否定词的省音缩略形式，如“'m”“'re”“'s”“'t”“'ll”“'d”“'ve”等。它们的使用密度是英语旅游文本口语化程度的重要标识。例 1 文本较短，没有出现缩略语。例 2 中使用了 2 次“you're”。例 3 中使用了 2 次“don't”，“it's”“haven't”“you've”各 1 次，共 5 处缩略形式。这说明，例 2 和例 3 是正式程度不高的口语化文本。中文不是拼音文字，所以文本中不存在这种省音缩略现象。

第三，文本的内容侧重。观察发现，整体而言，英语旅游文本的指示性和信息性更强，而中文旅游文本更侧重知识性和审美性。如果将五个文本按内容侧重分成概况和特色两类看，这一特征就更为明显。例 1 和例 2 加美两国对尼亚加拉大瀑布的概况介绍性英语旅游文本，与例 4 对黄果树大瀑布的概况简介性中文旅游文本相比，形成了鲜明对照。例 3 美国的景点特色介绍和例 5 黄果树大瀑布的景点特色介绍相比较，也形成了强烈对比。

例 1 加拿大的景区简介，在短短 163 词的篇幅中密集地提到了 Hornblower Niagara Cruise、Whirlpool Aero Car、Botanical Gardens、Zipline、Skylon Tower、Greg Frewin Theatre Magic Show、Whirlpool Jetboats、Nightmares Fear Factory、Niagara Free Fall、golf、wine tour、candlelit dinner、spa、sightseeing tour、Niagara Falls fireworks 等 15 个景点或游玩、娱乐项目。例 2 美国尼亚加拉大瀑布的景区简介共 294 词，也囊括了 the American Falls、Horseshoe Falls、Bridal Veil Falls、Maid of the Mist、Cave of the Winds 顶上的 Hurricane Deck、Niagara Falls State Park 中的 walking path、terrain、wildlife、nightly illumination、seasonal fireworks、Niagara Gorge、Niagara River、Class V rapids、Niagara Jet Adventures、Whirlpool Jet Boat Tours、charter boat、helicopter ride over Niagara Falls、Rainbow Air，Inc. Helicopter Tours、Old Fort Niagara、Lockport、Erie Canal 等约 20 个各种景点或娱乐项目。相比之下，例 4 黄果树大瀑布的景区介绍，也涉及瀑布、溶洞、地下湖、白水河、观瀑亭、犀牛潭、水帘洞等景点和景区所处的地理位置、道路交通等重要信息。对比来看，例 4 在提供知识和信息的同时，提供了较多的景观描写。例 3 美国尼亚加拉大瀑布国家公园的四季特色游览描写文本与例 1、例 2 相比，提供了更多的景物细节，但与例 5 黄果树大瀑布景区的特色描写相比，仍然是以提供具体信息为主，在审美吸引上着墨不多。

第四，用字用词的音响效果。首先，根据词语的音节数量判断其复杂程度和文体特征。例 1 除标题之外的所有 163 个单词中，单音节词为 104 个、占比约 63.8%，双音节词为 39 个、占比约 23.9%，三音节词 18 个、占比约 11.0%，四音节词 2 个、占比约

1.2%。例 2 的正文所有 294 个单词中，包括单音节词 188 个、占比 63.9%，双音节词 57 个、占比约 19.4%，三音节词 41 个、占比 13.9%，四音节词 7 个、占比约 2.4%，五音节词 1 个、占比约 0.3%。例 3 的正文中所有 411 个单词中，包括单音节词 267 个、占比 65.0%，双音节词 84 个、占比约 20.4%，三音节词 48 个、占比 11.7%，四音节词 9 个、占比约 2.2%，五音节及五个以上音节词 3 个、占比约 0.7%。分别如图 1、图 2 和图 3 所示。显然，这三篇旅游英语文本中所使用的词汇以单音节词、双音节词和三音节词为主，三个音节以上的多音节词寥寥。其效果是：在拼音文字构成的文本中，词汇简短易读，会形成一种轻松而紧凑的节奏和氛围，产生一种休闲愉悦的劝诱力，对各年龄段的游客都具有良好的适用性。不难看出，这三个分别来自加拿大和美国的旅游英语文本，虽然总字数不尽相同，写景状物的粗细程度不尽相同，但在文本用词的音响效果和繁简程度选择方面却高度趋同。

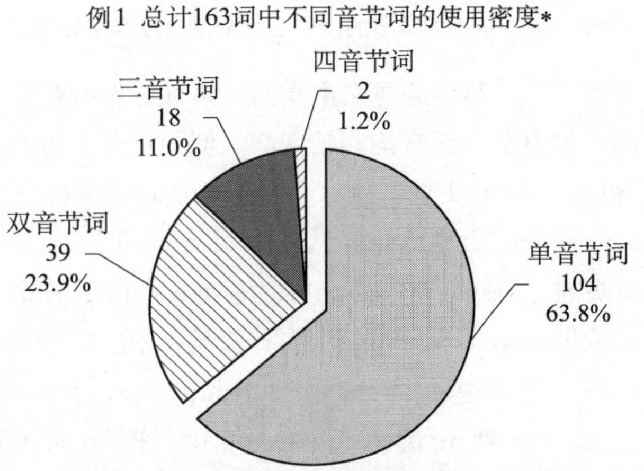

图 1　例 1 中不同音节的词汇使用密度（以音节计算）

*注：比例百分数因小数位上的四舍五入，各部分比例之和不是 100%。

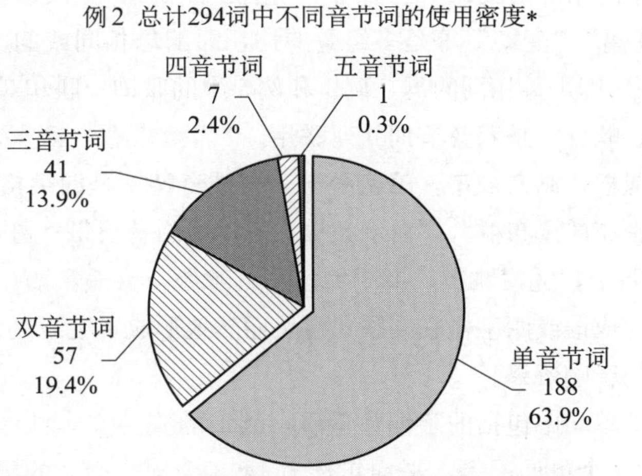

图 2　例 2 中不同音节的词汇使用密度（以音节计算）

*注：比例百分数因小数位上的四舍五入，各部分比例之和不是 100%。

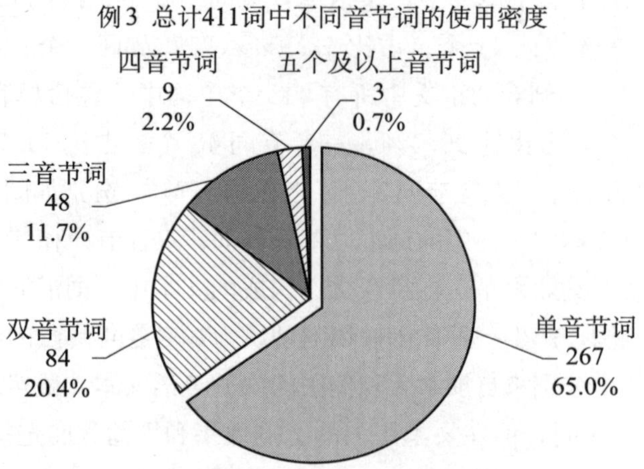

图 3　例 3 中不同音节的词汇使用密度（以音节计算）

除了词汇音节的多寡之外，英语旅游文本受其英语词汇发音特征等因素制约，用韵较中文为少，主要是头韵，另有部分元音韵和辅音韵。例如：例 1 中的 Fear、Factory、Free、Fall 押/f/头韵，take 和 test 押/t/头韵。例 2 中的 roar、rapids 押/r/头韵，mist-covered、memories 及 Maid、Mist 押/m/头韵，sights、sounds、soul 押/s/头韵。例 3 中的 Park、Prospect、Point 押/p/头韵，scenic 和 stunning 及 snow 和 spring 押/s/头韵，lush 和 landscape 押/l/头韵，relaxing、recreating 押/r/头韵。例 1 中的 Niagara、Canada、attractions 押/ə/和/æ/韵，例 3 中的 abundant sunshine 押/ʌ/韵，finish with a candlelit dinner 押/i/韵，honeymooners 押/n/韵，sightseeing tour 押/s/和/t/韵。

中文每字一个音节，所有音节基本等长，所以比英语文本更容易形成工整、明显的用韵；加上四个声调和联词、联句中的平仄对仗，十分容易形成抑扬顿挫、跌宕回环的音响效果。例 4 和例 5 中的用韵情况如下："瀑布""溶洞""山峦""风景名胜""悠久""完善""旖旎""缭绕""迷离""变幻"等是多组叠韵词，即韵母相同或韵尾相同的词。"丰富""观光"等是双声词，即声母相同的词。例 4 和例 5 中的联词、联句对仗情况如下："伏流、溶洞、石林、石壁、峡谷"是双音节词并列联用。"岩溶广布，河宽水急，山峦叠翠，气势雄伟"和"瀑布成群，洞穴成串，峰峦叠翠，植被奇特"是四字格并列联用。"雄奇壮阔的大瀑布、连环密布的瀑布群"，"白水如棉，不用弓弹花自散；虹霞似锦，何须梭织天生成"，"每当日薄西山，凭窗眺望，犀牛潭里彩虹缭绕，云蒸霞蔚，苍山顶上绯红一片，迷离变幻"等词语、成语或四字格联词联句自然而然地形成了上下周遍的意象、奔涌排比的气势和回荡环绕的音响效果。

另外，从句长即单句中包括的字词数量看，例 1 的旅游文本共计 11 句，每句的字词容量从 9 个单词到 23 个单词不等，平均句长为 14.8 个词。例 2 的旅游文本共 10 句，每句的字词容量从 19 个单词到 48 个单词不等，平均句长 29.4 个词。例 3 的旅游文本共 15 句，每句的字词容量从 11 个单词到 57 个单词不等，平均句长 27.4 个词。例 4 的旅游文本共 11 句，每句的字数（含标点）从 20 字到 117 字不等，平均句长为 40.8 字。例 5 的旅游文本共 12 句，每句的字数（含标点）从 12 字到 85 字不等，平均句长为 60.1 字。五个例文的句长对比情况如表 1 所示。

表 1　英中两组旅游文本句长对比

		例 1	例 2	例 3	例 4	例 5
句数		11	10	15	11	12
句长（词数、字数）	最长	23	19	57	117	85
	最短	9	48	11	20	12
	平均	14.8	29.4	27.4	40.8	60.1

显然，虽然三篇英语旅游文本都是在推介尼亚加拉大瀑布，但加拿大一方的例 1 文本和美国一方的例 2、例 3 文本在句长上差别很大。同理，例 4 和例 5 虽然都是我国某旅游推介组织撰写的介绍黄果树大瀑布景区景点的文本，但二者的句长差别也非常显著。一般而言，句数大致相同的情况下，文本全篇的句子越短，句法结构就越趋向简单，单句信息含量就越少，描述就越粗疏，节奏就越快，文体正式程度就越低。反之，句子的容量越大，句法结构就越趋向复杂，单句信息含量就越多，描述就越精细，节奏就越慢，文体正式程度就越高。结合表 1 所示的句长数据来看，中文旅游文本单句的信息含量显然远高于英语旅游文本单句的信息量，描述的精细程度也远高于后者。在同语种内进行对比，同样是对黄果树大瀑布景区景点的描述，例 5 比例 4 的信息含量大，写景状物更精细。同理，同样是对尼亚加拉大瀑布景区景点的描述，例 2、例 3 美国的文本显然比例 1 加拿大的文本信息含量大，写景状物更为精细。

第五，从句式上看，英语旅游文本中以简单句或结构简单的并列复句为主，且较多使用祈使句和第二人称叙述句，中文旅游文本中则以小句组成的流水句为主，且没有祈使句和第二人称叙述句。例 1 加拿大的旅游文本 11 个句子中有（2）（3）（4）（7）（9）5 个祈使句，加上（10）"You may want to…"这一劝诱性叙述句，共使用了 6 个句子直接对读者进行游览动员、号召和鼓励，在全文篇幅中占比约 54.5%。其余 45.5%为陈述句。例 2 美国的旅游文本 10 个句子中有（1）（4）（5）（7）（8）（9）6 个祈使句，加上（3）和（10）两个以"you"做主语的句子，共使用了 8 个句子对读者进行号召和劝诱，在全篇中占比 80%。其余 20%为陈述句或描写句。例 3 的旅游文本 15 个句子中有（5）（8）两个祈使句，另加（1）（4）（6）（11）直接对读者"you"讲话的劝诱性叙述句，也使用了 6 个句子对读者进行旅游召唤和劝说，在全文篇幅中占比 40%。其余 60%为陈述句和描写句。例 4 和例 5 的中文本中则全部使用第三人称的叙述句。这一区别反映了英语旅游文本更侧重模拟与读者的对话和交流场景，口语性较强，正式程度较低。中文旅游文本则更侧重向读者展示景点景区的美景画面，客观性较强，正式程度很高。

值得注意的是，同样是英语旅游文本，例 1 共使用了 5 个祈使句，占全篇句数的

41.3%，例 2 使用了 6 个祈使句，占全篇句数的 60%。这两个例文的对话感和口语色彩更强，正式程度更低，文本显得更加随意。例 3 中的 2 个祈使句只占全篇句数的 20%，其余 13 个句子均为陈述句，对话感和口语色彩较弱，书面语程度较高，所以文本显得较为正式。

第六，从修饰词的使用看，英语旅游文本中的形容词使用频率显著低于中文旅游文本。起精描、润色作用的形容词是写景状物时常用的重要语言手段，故此，其使用密度可以作为判断旅游文本文体特征的重要指标。例 1 加拿大的旅游文本使用了 12 个形容词，约占正文全文的 7.4%；例 2 美国的旅游文本使用了 22 个形容词，约占正文全文的 7.5%；例 3 旅游文本使用了 52 个形容词，约占正文全文的 12.7%。例 4 黄果树大瀑布的推介文本中使用的形容词共计 73 字，约占正文全文的 18.4%；例 5 推介文本中使用的形容词共计 204 字，占正文全文的 32.5%。如图 4 所示。

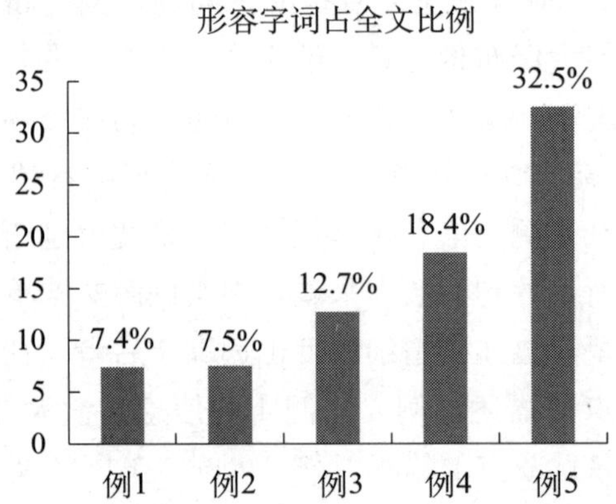

图 4　形容字词在五个中英旅游文本全文中所占的比例

据图示直观可见，在形容字词的分布密度上，虽然在同一语种的两个例子之间也存在差异，但例 1、例 2、例 3 三种英语旅游文本与例 4、例 5 两种中文旅游文本形成了鲜明的对比。例 1 加拿大和例 2 美国的简介性旅游文本形容词用量较小，词句较为朴素、描写较为笼统和粗疏，从微观层面表明了其口语化特征较强。例 3 美国旅游文本中的形容词使用更为频繁，藻饰较为丰富，对尼亚加拉大瀑布的四季描写更加细致，从微观层面表明其书面语色彩相对较强。例 4 的主题是黄果树大瀑布景区概况介绍，虽然也有一定量的描写性词句，但它以提供信息为主，形容字词用量较少，行文相对客观。例 5 的主题是黄果树大瀑布景区特色介绍，以劝诱打动读者为主。为突出本景区特色，旅游文本在形容字词使用上就不惜笔墨，更加充分细腻地进行深描，以便创造出诗情画意、引人入胜的美好氛围。

综合以上六条可知，英语旅游文本侧重提供导览信息，指示“乐”处，在文体形态上讲究简明和交互性，选词造句较为简易平实、口语色彩浓厚，营造出一种富有娱乐感的轻松氛围，直接劝诱甚至催促读者的踊跃参与。中文旅游文本侧重在提供基本信息的同时唤起强烈的审“美”体验，在文体形态上讲究修辞工整，忌用平淡随意的日常白话，而喜用辞藻和典故，正式程度很高，创造出直观画面场景和典雅闲适的审美氛围，靠深厚的文化品质唤起读者愉悦的心灵共鸣，景中有情、情寓于景，建立人与自然的和谐交融。

11.2　英语旅游文本的翻译策略

在中文旅游文本对比下，分析归纳出英语旅游文本的特征之后，可以根据英语旅游文本的原文特征、中译文本意向读者的审美习惯和译文使用目的，灵活选择翻译策略。

需要注意的是，中译文的预期读者与中文旅游文本的常规文体特征是相互嵌合的。习惯了中文旅游文本特征的预期读者，不论参观哪个景点景区，都自然而然地期待自己所看到的推介文本是“正常的景点景区介绍”。他们的这种“阅读期待”之中，既有寻求“乐”的可能，更有全面了解景点景区的主要特色信息的需求，以及从文本描述中初步欣赏和享受景区景点之“美”的需求。

这意味着，从普通旅游者的读者角度看，或者为了达到向游客或潜在游客推介景点景区的目的，旅游文本应符合中文意向读者的审美习惯，既要提供关于景区景点的重要信息，也要力求带给读者愉悦的审美融入感。这时，翻译的天平就会向读者一方倾斜，旅游文本译文的特征和预期功能必须向中文原创旅游文本看齐，使译文偏离英语原文的文体特征。需要采用的翻译策略可归入传统所谓“归化”大类，甚至要增添原文字面上没有的修饰语，进行编译和一定程度的文案创作，使中译旅游文本达到推介劝诱效果。本文称之为“增色”翻译策略。

具体说来就是，作为推介劝诱型文本，旅游文本的中译文除了用明白易懂的语言介绍景点景区基本信息之外，还应使用具有视觉、听觉、感情色彩丰富的语句唤起译文读者的好奇心，加深其初步审美体验。例如，使用“增色”翻译策略时，例 1 可以如此翻译：

【例 1】Niagara Falls Canada	【译文 A】尼亚加拉大瀑布景区（加拿大境内）
(1) Niagara Falls Canada attractions create an authentic Niagara experience. (2) Ride a Hornblower Niagara Cruise in the morning and head off to the Whirlpool Aero Car in the afternoon. (3) Take a stroll through the Botanical Gardens, or test your courage on a Zipline towards the Falls. (4) Visit the Skylon Tower for the best view around. (5) There are so many things to do in Niagara Falls! (6) Greg Frewin Theatre Magic Show will amaze you and kids can even get a photo with a tiger. (7) Find your inner thrill seeker at Whirlpool Jetboats, Nightmares Fear Factory or Niagara Free Fall.	(1) 加拿大境内的尼亚加拉大瀑布景区美景多多，令人赞叹不已、流连忘返。(2) 在这里，您可以真真切切地体验到尼亚加拉河的无穷魅力。(3) 上午，您可以乘坐“吹号者”游轮在清澈的碧波上游弋，零距离亲密接触大瀑布的汹涌与淋漓。(4) 下午，您可以去旋涡公园乘坐高空缆车，俯瞰浩瀚湍急的激荡洪流。(5) 您可以漫步在郁郁葱葱的植物园中观赏姹紫嫣红，可以乘着水雾勇者高空滑索“飞”向瀑布挑战自我。(6) 当您登上摩天塔观景台放眼眺望，整个尼亚加拉大瀑布的最佳景观将尽收眼底。(7) 美景无处不在，项目精彩纷呈！(8) 在大名鼎鼎的格雷格 · 弗雷温剧院，不可思议的魔术表演会令您目瞪口呆。(9) 表演结束后，孩子们还有机会跟兽中之王老虎合影。(10) 坐上穿越河谷的旋涡喷气艇，走进漆黑恐怖的梦魇工厂，试试尼亚加拉自由降落跳伞，感受您灵魂深处渴望的刺激与劲爆吧！

续前表

【例 1】Niagara Falls Canada	【译文 A】尼亚加拉大瀑布景区（加拿大境内）
(8) Honeymooners and empty nesters have more things to do in Niagara Falls than ever. (9) Start the day with a round of golf, relax on a Niagara wine tour in the afternoon, and finish with a candlelit dinner. (10) You may want to relax at a spa, or enjoy a Niagara sightseeing tour. (11) A romantic kiss at the Niagara Falls fireworks is the perfect ending to any evening.	(11) 您和您的伴侣无论是要欢度蜜月，还是空巢自由行，在尼亚加拉大瀑布都将享受到丰富多彩的二人时光：(12) 清晨可以在茵茵绿地上挥动高尔夫球杆。(13) 下午可以开启酒庄之旅，品尝各种葡萄美酒。(14) 傍晚可以享用温馨甜蜜的烛光晚餐。(15) 你们还可以在水疗馆放松身心，或者乐享尼亚加拉观光游。(16) 夜幕降临后，当烟花点亮夜空，将瀑布映衬成绚丽仙境，你们的浪漫一吻会为全天画上完美的句号。

从作为语言学习者和研究者的读者角度看，或者为了更加客观地呈现旅游文本原文的特点，就要既再现原文的指示功能、信息功能和召唤功能，又要尽力保留原文的某些文体特征。这时，翻译的天平就会向原文一方倾斜，译文就必须向英语旅游文本看齐，尽量不增不减原文的所有信息，使译文偏离中文原创旅游文本的文体特征。需要采用的翻译策略可归入传统所谓“异化”大类。本文称之为“本色”翻译策略。在使用“本色”翻译策略时，例 1 可以如此翻译：

【例 1】Niagara Falls Canada	【译文 B】尼亚加拉大瀑布景区（加拿大境内）
(1) Niagara Falls Canada attractions create an authentic Niagara experience. (2) Ride a Hornblower Niagara Cruise in the morning and head off to the Whirlpool Aero Car in the afternoon. (3) Take a stroll through the Botanical Gardens, or test your courage on a Zipline towards the Falls. (4) Visit the Skylon Tower for the best view around. (5) There are so many things to do in Niagara Falls! (6) Greg Frewin Theatre Magic Show will amaze you and kids can even get a photo with a tiger. (7) Find your inner thrill seeker at Whirlpool Jetboats, Nightmares Fear Factory or Niagara Free Fall.	(1) 尼亚加拉大瀑布景区（加拿大境内）可以带给你对尼亚加拉河的真实体验。(2) 早上你可去乘坐“吹号者”尼亚加拉河游轮，下午可去乘坐旋涡高空缆车。(3) 你可在植物园中漫步，或在通往瀑布的高空悬索上试试自己的勇气。(4) 你可登上摩天塔，获得最佳景观。(5) 在尼亚加拉大瀑布景区，有很多事情可做！(6) 格雷格·弗雷温剧院的魔术表演会让你惊叹，孩子们甚至可以和老虎合影。(7) 试试旋涡喷气艇、梦魇工厂或尼亚加拉自由降落室内跳伞项目吧，感受你的内心是多么寻求刺激。
(8) Honeymooners and empty nesters have more things to do in Niagara Falls than ever. (9) Start the day with a round of golf, relax on a Niagara wine tour in the afternoon, and finish with a candlelit dinner. (10) You may want to relax at a spa, or enjoy a Niagara sightseeing tour. (11) A romantic kiss at the Niagara Falls fireworks is the perfect ending to any evening.	(8) 在尼亚加拉大瀑布景区，蜜月旅行者和空巢夫妇可做的事情比在别处都要多。(9) 你们可以打高尔夫球开始新的一天，下午轻松踏上尼亚加拉葡萄美酒之旅，以烛光晚餐结束全天的活动。(10) 你们可能想在水疗中心放松身心，或享受一次尼亚加拉观光游。(11) 到了夜晚，当尼亚加拉大瀑布烟花表演开始，你们的浪漫之吻标志着一天的完美结束。

显然，在不同的意向读者和译文用途考量下，译者可以采纳不同的翻译策略。在不同

翻译策略指导下产生的译文会呈现出繁简程度、文质程度相差很大的面相和风貌。需要特别指出的是，“增色”和“本色”翻译策略只是两个大概归纳。绝大多数时候，旅游文本的翻译之路并非一条边界清晰的高速公路，而像是在人迹罕至的原野上自行探路。在探路前行的过程中，“增色”和“本色”翻译策略可以同时并存、交互使用，并非水火不容、绝对互斥。要根据具体情况做具体分析，可以依时、依地、依预期读者群而定，进行适当的选择和调整，生产出多种译本。

11.3 英语旅游文本的翻译方法解析

上文中的两个译例展示了不同的翻译策略对译文宏观行文特征的影响和制约作用。本节将根据 11.1 节分析归纳的英语旅游文本文体特征，重点结合 11.2 节所示的“增色”翻译策略，仍以例 1 为例，从词组选择、句式句法、语篇连贯角度，解析研讨具体的翻译方法。

11.3.1 遣词

以建筑作比，字词就是组构文本的砖石，从基础和细节上决定着文本整体的质量。因此，应该高度重视字词的选择。中文是形音文字体系，字义词义与字词的外形和读音熔融不分。具体说来，遣词包括字词外形、词组结构、深描增饰和词性。

1）字词外形。本旅游文本的主题是瀑布景区，参考例 4 和例 5 的中文原创旅游文本可知，在翻译的时候，应当有意识地使用“氵”部首的字词。译文 A 中频频使用了“瀑”“河”“清澈”“波”“游”“汹涌”“淋漓”“旋涡”“浩瀚”“湍”“激荡洪流”“漫”“滑”“深”“渴”“洒”“浪漫”等字词，来衬托瀑布景区的主题与“玩水”有关。考虑到中文原创旅游文本正式程度很高，英语原文中的缩略词口语化特征应当淡化，而可在某些句子中添加“吧”这样的语气词，在一定程度上再现原文的交互性和随意感。

2）词组结构。在字形考虑之外，译文 A 还多处使用了中文旅游文本中常用的四字格结构，从语文内部的节奏和韵律上对原文信息加以润饰，以更加精细地描写景区的景点和娱乐项目。例如：

原文：(1) Niagara Falls Canada attractions create an authentic Niagara experience.

译文 A：(1) 加拿大境内的尼亚加拉大瀑布景区<u>美景多多</u>，令人<u>赞叹不已</u>、<u>流连忘返</u>。(2) 在这里，您可以<u>真真切切</u>地体验到尼亚加拉河的<u>无穷魅力</u>。

原文中的 attractions 先用“美景多多”对译其复数形式的语义，并根据中文旅游文本喜用对仗联句的特点，连用“赞叹不已、流连忘返”两个词语来补足、强化 attractions 内涵的“吸引人”之意。authentic 一词译为“真真切切”，并增加四字格结构“无穷魅力”，通过其语义和抑扬顿挫的语调来营造尼亚加拉大瀑布景区的胜景和乐趣。

原文：(2) …head off to the Whirlpool Aero Car in the afternoon.

译文A：(4) 下午，您可以去旋涡公园乘坐高空缆车，俯瞰浩瀚湍急的激荡洪流。

原文中的Whirlpool是尼亚加拉大瀑布下游的一个景点，峡谷拐弯呈“之”字形，河水奔流至此，产生了巨大的旋涡。峡谷上方有往返缆车索道横跨两岸的加拿大和美国国境，供游客从高空观览河景。译文A增添“湍急回旋”和“浩瀚河流”四字结构，且包含响亮的/an/尾韵和三个/h/声，来扼要摹写尼亚加拉河狂浪奔腾的壮观景象。

原文：(3) Take a stroll through the Botanical Gardens….

译文A：(5) 您可以漫步在郁郁葱葱的植物园中观赏姹紫嫣红……

原文中的Botanical Gardens若按本色策略译为“植物园”则显得淡而无味，增加“郁郁葱葱”“姹紫嫣红”修饰之后，植物园的形象就立即鲜活生动起来。

原文：(4) Visit the Skylon Tower for the best view around.

译文A：(6) 当您登上摩天塔观景台放眼眺望，整个尼亚加拉大瀑布的最佳景观将尽收眼底。

原文只有visit一个动词，而在中文中，仅仅一个动词的力量是难以带动后面的一连串宾语的。增加“放眼眺望”之后，后文的best view around就有了落点。以“尽收眼底”煞尾呼应“放眼眺望”，可以突出摩天塔观景台之高、建造位置之佳、所见景象之美。

原文：(5) There are so many things to do in Niagara Falls!

译文A：(7) 美景无处不在，项目精彩纷呈！

原文用词十分简单平淡，不能原样译出。译文A增加“无处不在”“精彩纷呈”两个四字成语，使之能够在音韵和气势上承接前文。

原文：(6) Greg Frewin Theatre Magic Show will amaze you and kids can even get a photo with a tiger.

译文A：(8) 在大名鼎鼎的格雷格·弗雷温剧院，不可思议的魔术表演会令您目瞪口呆。(9) 表演结束后，孩子们还有机会跟兽中之王老虎合影。

原文提到的Greg Frewin Theatre Magic Show是老少咸宜、广受称道的魔术表演，故此译文A中增加音效响亮的成语“大名鼎鼎”作其修饰语，并用“不可思议”“目瞪口呆”来强化传达amaze的效果。“老虎”前面增加四字格“兽中之王”，会特别符合少年儿童的认知特点和心理偏好，增强文本效果，强化该游乐项目的魅力。

原文：(7) Find your inner thrill seeker at Whirlpool Jetboats, Nightmares Fear Factory…

译文A：(10) 坐上穿越河谷的旋涡喷气艇，走进漆黑恐怖的梦魇工厂……

原文的Whirlpool Jetboats和Nightmares Fear Factory两组名词仅仅是对娱乐项目名称的简单列举。在原文中，Whirlpool、Nightmare、Fear已经算是修饰语了，但在中文旅游文本中，仅仅使用专有名词是不够的，增加额外的修饰语能够更加精确地突出这两个娱乐项目的特点。故此，译文A增加“穿越峡谷”和“漆黑恐怖”两个四字定语，从辅助信息和审美感受两方面强化中译文的有用性和正式度。

原文：(8) Honeymooners and empty nesters have more things to do in Niagara Falls than ever.

译文 A：(11) 您和您的伴侣无论是要欢度蜜月，还是空巢自由行，在尼亚加拉大瀑布都将享受到丰富多彩的二人时光。

原文的 have more things to do 也非常朴素平淡，但若像译文 B 那般平铺直叙，是难以吊起游客的想象力和对美好时光的追求的。译文 A 中使用了“欢度蜜月”“丰富多彩”“二人时光”等四字词语，来为原文增加斑斓色彩和审美力度。

原文：(9) Start the day with a round of golf, relax on a Niagara wine tour in the afternoon, and finish with a candlelit dinner.

译文 A：(12) 清晨可以在茵茵绿地上挥动高尔夫球杆。(13) 下午可以开启酒庄之旅，品尝各种葡萄美酒。(14) 傍晚可以享用温馨甜蜜的烛光晚餐。

原文句 (9) 的 a round of golf 和 a candlelit dinner 都是平铺直叙，译文 A 使用“茵茵绿地”、“酒庄之旅”、“葡萄美酒”、“温馨甜蜜”和“烛光晚餐”可以增加视觉、听觉、味觉情景，从多个角度渲染夫妇二人游的舒适浪漫氛围。

3）深描增饰。除了上述成语和四字结构，译文 A 还增加了多种其他修饰语。通过增色深描来提供尼亚加拉大瀑布景区的知识性信息，可以更精细、更充分地展现在本景区游览“乐”在何处，增强文本的审美感染力，使读者感到如同身临其境。例如：

原文句 (2) 中用 and 连接的两个并列祈使句 ride a Hornblower Niagara Cruise 和 head off to the Whirlpool Aero Car 仅仅简单陈述了两个行为，若像译文 B 那般照字面处理，译成“乘坐‘吹号者’尼亚加拉河游轮”和“去乘坐旋涡高空缆车”，就变成了纯粹的指示。译文 A 增补了细节描述“在清澈的碧波上游弋，零距离亲密接触大瀑布的汹涌与淋漓”和“俯瞰浩瀚湍急的激荡洪流”。其中有意使用了多个“氵”旁的联边字，而且“碧波”“游弋”“淋漓”“浩瀚”是双声词，“汹涌”是叠韵词，来全面引发读者的视觉、听觉、触觉感受，使景区特色透过文本在其意识中留下生动的初步印迹。

原文：(11) A romantic kiss at the Niagara Falls fireworks is the perfect ending to any evening.

译文 A：(16) 夜幕降临后，当烟花点亮夜空，将瀑布映衬成绚丽仙境，你们的浪漫一吻会为全天画上完美的句号。

原文中仅仅提到了 Niagara Falls fireworks，译文 A 添补的“夜幕降临”、“将……映衬成绚丽仙境”等语句，是在原文提供的信息基础上，合理补充深度细节描述，增加旅游文本的画面感和知识性。

4）词性。除非是服务于特定语言教学与研究目的，旅游文本这类应用型文本翻译的一个大忌，就是严守词性的逐词或逐字译（word-for-word translation）：用名词译名词，用动词译动词，用形容词译形容词，等等。逐词译的起因之一是将单词看成语义的基本单位，认为一个语句的意义就是其中所有单词语义累加之和，所以翻译成另一种语言时就不能遗漏任何一词，更改任何词的词性。本文将这种看法称为“语言神学”。“语言神学”有个很大的误解：把自然语言对当成了语义边界相同、成分相同、指向相同而唯有读音和书写外在形式不同的平行对称系统。就像一个人无论是穿西装还是穿长袍马褂，其人其身都不会改变一样。有一定经验的外语学习者都会多多少少地意识到，没有哪两种自然语言在语义和词性上互为镜像。语际差异不仅仅表现在读音和书写等外在形式上，更表现在不同语言“对世界的不同切分”上。一个词的具体词义和词性高度依赖其所在的语境。如 fall 这个词，在例 1 原文中绝大多数时候指的是“瀑布”，但在句（7）的专有名词 Niagara Free Fall 中，则为“下落”。同一句中 Nightmares Fear Factory 的 fear 一词，此处是名词，但在“They fear the military skills of Mr. White”一句中，fear 则是动词。

英语旅游文本由于受到自身语法的规约，出于文本类型的信息简明、指示清楚要求之需，经常将动词名词化。本单元将其结果称为动词性名词。将这些动词性名词译成中文时，一个简便易行的办法就是译成动词。例如：

原文句（1）中的 an authentic Niagara experience 是以 experience 为中心词的名词短语。译文 A 则将它改作以“体验”为主轴的动词短语“真真切切地体验到尼亚加拉河的无穷魅力”。原文句（3）Take a stroll 中的 stroll 是名词，若在中文中也译成名词“进行一次散步”，就会显得十分怪异。译文 A 将其译为动词，以求符合中文的表述习惯。

原文句（7）中的 your inner thrill seeker 是一个很典型的动词性名词。它在语义上实为一个小句，即 your inner self seeks thrills，但由于原文本的句法功能和文体要求束缚，便以动词性名词的面貌出现了。中文文本本来就以灵活而丰富的小句见长。译文既可将其像译文 B 那样还原为小句“你的内心寻求刺激”，也可增色译为译文 A“您灵魂深处渴望刺激与劲爆”一类的小句。

原文句（8）中的 honeymooners 和 empty nesters 都是名词，用“本色”翻译策略的话，译成“蜜月旅行者”和“空巢夫妇”足够达意，但译文在文本的情感渲染和审美力度上，显得逊色。细究起来，这两个词在语义上也带有小句性质。honeymooners 即 newlywed couples who spend their honeymoon，empty nesters 即 middle-aged or older parents whose children have grown up and moved out of home。因此，译文 A 将二者译成小句“您和您的伴侣无论是要欢度蜜月，还是空巢自由行”，将第三人称转换为第二人称，直接向读者发出呼唤，可以增强文本交互性的吸引力。

11.3.2 造句

英语旅游文本原文语句都较为简短朴素，按照“本色”策略译成的中文如译文 B，显得冷淡无味，难以直接唤起其意向读者——潜在游客的游玩兴趣。按照“增色”翻译策略译出的文本，若仅考虑增加辞藻提高美感，而不在句式句法上用心，则可能导致出现佶屈聱牙的句子。

如上节所述，原文句（1）为开篇的主题句，必须提纲挈领、吸引眼球，分量很重。

译者若忽视它的重要性，仅考虑“达意而已”，像译文B那样作简单化、淡漠化处理，是难以抓住读者的兴趣让他读下去的。译文A则将它一分为二，在增色渲染之外，还避免了指示性长句造成的单句信息负担过重。此外，原文中值得留心的还有句（2）、句（6）和句（9）。

原文：（2）Ride a Hornblower Niagara Cruise in the morning and head off to the Whirlpool Aero Car in the afternoon.

译文A：（3）上午，您可以乘坐“吹号者”游轮在清澈的碧波上游弋，零距离亲密接触大瀑布的汹涌与淋漓。（4）下午，您可以去旋涡公园乘坐高空缆车，俯瞰浩瀚湍急的激荡洪流。

译文B：（2）早上你可去乘坐“吹号者”尼亚加拉河游轮，下午可去乘坐旋涡高空缆车。

原文：（6）Greg Frewin Theatre Magic Show will amaze you and kids can even get a photo with a tiger.

译文A：（8）在大名鼎鼎的格雷格·弗雷温剧院，不可思议的魔术表演会令您目瞪口呆。（9）表演结束后，孩子们还有机会跟兽中之王老虎合影。

译文B：（6）格雷格·弗雷温剧院魔术表演会让你惊叹，孩子们甚至可以和老虎合影。

原文句（2）和句（6）均为and连接的两个单层次并列复句，在译文A中均译为两句，在译文B中则保留为一句。对比两种翻译方法的效果，译文A显然优于译文B。

原文：（9）Start the day with a round of golf，relax on a Niagara wine tour in the afternoon，and finish with a candlelit dinner.

译文A：（12）清晨可以在茵茵绿地上挥动高尔夫球杆。（13）下午可以开启酒庄之旅，品尝各种葡萄美酒。（14）傍晚可以享用温馨甜蜜的烛光晚餐。

译文B：（9）你们可以打高尔夫球开始新的一天，下午轻松踏上尼亚加拉葡萄美酒之旅，以烛光晚餐结束全天的活动。

原文句（9）是由3个祈使句连接而成的一个并列复句，仍然保持了原文句（2）和句（6）那样的单层次结构特征，所以可以如法炮制，像译文A中那样，分成三个句子。译文B仍然保持一个句子的译法，显然失掉了原文中那种面对面交谈式的熟络和热情氛围。译文A分成三句之后，反而形成了一种细腻周到、温馨好客的气氛。

11.3.3 谋篇

有些正式发表的译文总有股浓浓的“翻译腔”，读起来磕磕绊绊、踉踉跄跄，甚至佶屈聱牙、不知所云。重要原因之一就是，译者在翻译过程中，视点往往集中在词组、单句上，认为单句就是最大的意义单位，所有句子的语义累加起来就构成了全篇的完整语义。本文称这种见解和做法为“逐句译”（sentence-for-sentence translation）。它同前述“语句的意义就是所有单词语义之和”的逐词译机械主张那样，也属于“语言神学”。哲学界有句名言：整体大于部分之和。这就像只把人体的四肢、躯干组装到一起，看似完整，但若没有一脉贯通肢体的精、气、神，是不可以视作人的。“语言神学”在逐句译上的偏颇，就是误将罗列在一起的单句等同于语篇，忽略了语篇的整体性，忽略了篇内的有机联系和前后呼应，造成译文语流不畅。如同 11.2 节中提出的“增色”翻译策略和本节中论及遣词、造句增色译法时所展现的那样，译者需要在组装完词组、句子这些“半成品”之后，对比原文，反复通读译文，依照中文原创旅游文本的文体特征和中文读者的阅读习惯，进行审校和润色修饰，赋予译文一脉灵气，使之成为浑然一体、生动活泼的圆整成品。

语篇的圆整性主要体现在句子之间、段落之间的连贯性上面。句段的连贯性又是靠句子之间、段落之间的语义或形式衔接手段来实现的。以例 1 的旅游文本为对比，先看英语原文使用了何种衔接手法，达成了连贯效果。

(1) Niagara Falls Canada attractions create an authentic Niagara experience. (2) Ride a Hornblower Niagara Cruise in the morning and head off to the Whirlpool Aero Car in the afternoon. (3) Take a stroll through the Botanical Gardens, or test your courage on a Zipline towards the Falls. (4) Visit the Skylon Tower for the best view around. (5) There are so many things to do in Niagara Falls! (6) Greg Frewin Theatre Magic Show will amaze you and kids can even get a photo with a tiger. (7) Find your inner thrill seeker at Whirlpool Jetboats, Nightmares Fear Factory or Niagara Free Fall.

(8) Honeymooners and empty nesters have more things to do in Niagara Falls than ever. (9) Start the day with a round of golf, relax on a Niagara wine tour in the afternoon, and finish with a candlelit dinner. (10) You may want to relax at a spa, or enjoy a Niagara sightseeing tour. (11) A romantic kiss at the Niagara Falls fireworks is the perfect ending to any evening.

仍以有生命的动物之精、气、神和活动视角为喻，作一剖析。句 (1) 开宗明义，以 attractions 为主语、create 为驱动、以动词性名词 experience 结束。抽象的动词性名词 experience 如同一辆旅游大巴，开到句 (1) 末尾停了下来。大巴车门一开，立即跑出来 (2) (3) (4) 三个祈使句，像三列队伍，带着 ride、head、take、test、visit 五个行动灵便的动词，以及 off、to、stroll、towards、for、view 共六个动作意义强烈、短小灵活的介词或动词性名词，奔向各个景点，与句 (1) 中的 authentic 在语义上遥相呼应。这三句都以 You 为内隐的逻辑主语，既对读者有很强的催促劝诱力，又令读者有很强的代入感。句 (5) 的主位蓦然变成了 There，其作用宛如出现了一名导游，对着四散的游客大喊道：“各位别急，请听我说，这个景区又大又酷，many things to do!”列举起来，many things 包括 (6) (7) 两句中的 Magic Show、photo、tiger、Whirlpool Jetboats、Nightmares Fear Factory、Free Fall 等景点和项目，标准的核心家庭、两代四口人 you 和 kids 都将乐在其中。句 (7) 的祈使句既介绍了信息，又进行了触动 you 全家灵魂的动员劝诱：去

seek thrills 吧！

导游随即用句（8）告诉那些无孩而相对自由稳重的 honeymooners 和 empty nesters：你们除了这些酷炫的项目，还可享受更有质感的 more things，比如句（9）（10）（11）。祈使句（9）中列举的 start、golf、relax、wine tour、finish、candlelit dinner 动作都颇为从容自如，项目散发着令人心动、难以抗拒的诱惑力。句（10）中的 You may 则用更婉转的语气继续建议 relax、spa、enjoy、sightseeing tour 等充满舒适和愉悦感的游玩项目。句（11）主位上出现的不再是明言的 you，而是镜头调转，聚焦到了貌似与谈话对象无关、实则细腻透入 honeymooners 和 empty nesters 心扉的 romantic kiss。这个代表了心满意足的温柔动作，与室外远处夜空下的 Niagara Falls fireworks 的声浪和光芒形成了鲜明的对比，确实可以称得上是 perfect ending 的标记。至此，句（1）中的 attractions 和 experience 已得到了动静结合的充分展现和深入人心的饱满响应。全文架构可图示如下（见图 5）：

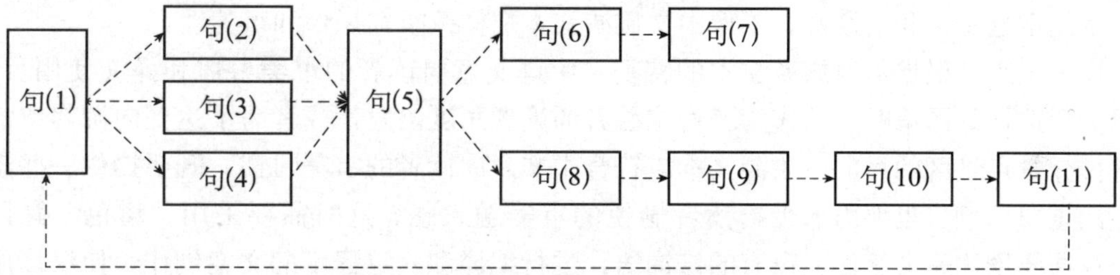

图 5　例 1 旅游文本各句间的衔接关系

例 1 文本中的系列动词和 attractions—experience—many—more—ending 系列名词，形成了动—静的协调与合—分的运动，完成了该文本的谋篇布局。这种语言形式的和语义的双重衔接手段，保证了语流的连贯。译文 A 体现和延续了这一衔接逻辑，并且在各句中大量使用显化的主语“您”“你们”，强化形式上的衔接，保证全篇精、气、神的贯通。

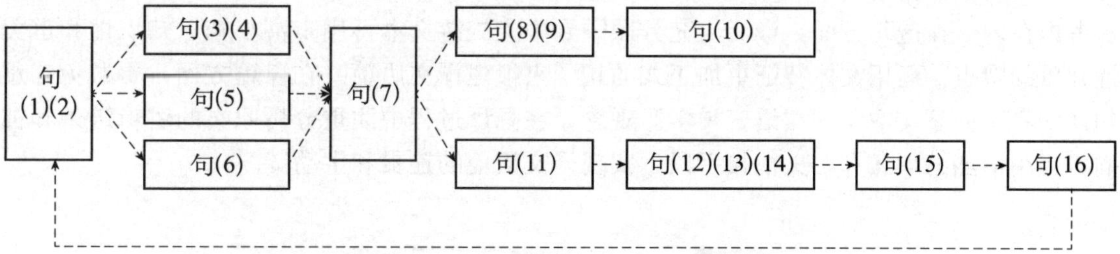

图 6　译文 A 中文译本各句间的衔接关系

11.4　本单元小结

旅游即旅行游览，根据不同的分类标准，可以将旅游分成不同的类别。一次典型的旅游过程通常包含吃、住、行、游、购、娱六大要素。其中，以景区景点为核心的“游”是第一位的要素。本单元所说的旅游文本包括广义和狭义。广义旅游文本指吃、住、行、游、购、娱六要素所涉及的所有文本。狭义旅游文本指对景区景点的介绍性文本及公示语。

在简要辨析核心概念旅游和旅游文本的基础上，本单元根据同类主题标准，以中外著名大瀑布景区景点推介文本为着眼点，选取了中英文两组五个旅游文本。其中，三个英语旅游文本是美国和加拿大边境共享的尼亚加拉大瀑布景区推介文本，一个文本来自加拿大，两个文本来自美国。两个中文旅游文本是我国贵州黄果树大瀑布景区的推介文本。本单元以三个英语旅游文本为研讨对象，以两个中文介绍性文本为平行对比对象，分析归纳了英语旅游文本的文体特征，据以探讨其翻译策略和翻译方法。

对文本字词的形、音、义、法进行全面细致的对比之后，本单元发现，英语旅游文本天然缺乏中文旅游文本那样直观的视觉诱导力，音韵修辞手段也比较欠缺。英语旅游文本中的绝大部分词长都在 3 个或 3 个音节以内，尤以单音节和双音节词居多。其句长也相对较短，句式以简单句或结构简单的并列复句为主，较多使用祈使句和第二人称叙述句。因此，英语旅游文本的口语色彩、交互程度较高，正式程度较低。从文本内容上看，英语旅游文本侧重指示性和信息性，不像中文旅游文本那样侧重知识性和审美性。

译无定则。根据英语旅游文本的特征、中译文意向读者的审美习惯和译文使用目的，可以灵活选择翻译策略。从作为普通旅游者的读者角度出发，或者为了达到向游客或潜在游客推介景点景区的目的，旅游文本应符合中文意向读者的审美习惯，既要提供一些景区景点的重要信息，也要力求带给读者愉悦的审美融入感。这时需要采用“增色”翻译策略，往往要增添原文字面上没有的修饰语，进行编译和一定程度的文案创作，使汉译旅游文本达到推介劝诱效果。从作为语言学习者和研究者的读者角度出发，或者为了更加客观地呈现旅游文本原文的特点，中译文就要既再现原文的指示功能、信息功能和呼唤功能，又要尽力保留原文的某些文体特征。这时，需要采用“本色”翻译策略。根据英语旅游文本的主要目的设计——吸引游客来看，译者通常要采用“增色”翻译策略。

根据“增色”翻译策略，英语旅游文本在译成中文时应该在遣词、造句、谋篇等方面都要有所斟酌。在遣词方面，译者应将字词外形、语词结构、精细描述、词性转换等环节都考虑在内。在造句方面，译者应充分照顾到中文旅游文本喜用丰富小句、知识性和审美性并重的特点，运用文体特征更加正式的句子来组建译文语篇。在谋篇方面，要避免“逐句译即等于完整文本”的“语言神学”观念，在翻译过程中注重分析原文的逻辑链条和神韵，运用恰当的形式和语义衔接手段，实现译文语篇的连贯和生动。

旅游英译汉练习

1

Niagara Falls USA about Niagara Falls

(1) From picturesque views to the roar of the rapids—immerse yourself in the wonder

and awe that is Niagara Falls USA.

(2) Since its formation 12,000 years ago, Niagara Falls has been a destination for world explorers, honeymooners and daredevils alike. (3) Only here can you get closer than you ever imagined to the American, Horseshoe and Bridal Veil Falls—and create mist-covered memories to last a lifetime.

(4) Don your poncho (provided) and soak in the power and beauty of Niagara Falls aboard the iconic Maid of the Mist, or climb the wooden stairs to the Hurricane Deck on Cave of the Winds and feel tropical-storm like conditions as you stand underneath the Bridal Veil Falls. (5) Or if you're more of an explorer, follow the walking path throughout Niagara Falls State Park, designed by landscape architect, Frederick Law Olmsted—and enjoy over 400 acres of natural, lush terrain and protected wildlife.

(6) Open year-round, 24 hours a day, 7 days a week, Niagara Falls State Park offers a nightly illumination of the Falls, along with seasonal fireworks, setting the scene for your next adventure with family, friends or your significant other.

(7) Venture beyond the Park and hike the Niagara Gorge, or skim across the mighty Niagara River through Class V rapids on a high-speed jet boat with Niagara Jet Adventures or Whirlpool Jet Boat Tours. (8) Hire a charter boat captain and reel in a catch of a lifetime, or get a birds-eye view of the action with a helicopter ride over Niagara Falls with Rainbow Air, Inc. Helicopter Tours. (9) Be part of history at Old Fort Niagara, or cruise through it in Lockport on the historic Erie Canal. (10) Whatever adventure you choose, you're certain to be moved by the sights, sounds and soul of Niagara Falls USA.

2

Niagara Falls State Park (United States)

America's oldest state park, open 365 days a year, 24 hours a day, brings you closer than you ever thought possible to the grandeur of the Falls. Niagara Falls State Park is always the trip of a lifetime—any time of the year—making it "a park for all seasons."

SUMMER

There is nothing quite like summer at Niagara Falls State Park. With the sun on your face and the wind in your hair, you can soak in the memories along with the views aboard the iconic Maid of the Mist, or enjoy a thrilling walk on the Cave of the Winds and feel the rushing torrents of the Bridal Veil Falls. Don't miss the nightly illumination or seasonal firework displays over Niagara Falls from Prospect Point, or one of the many viewing areas throughout the park.

Since it's high season, you can take advantage of the Niagara Falls USA Discovery

Pass，which bundles admission to the Maid of the Mist，Cave of the Winds，Niagara Adventure Theater，Niagara Gorge Discovery Center，Aquarium of Niagara and unlimited rides on the Niagara Scenic Trolley for one day—although the pass is valid for the entire season.

FALL

Changing leaves，long walks and hiking trails galore conspire to make fall a stunning time to visit Niagara Falls USA. Ride the Niagara Scenic Trolley for a historical overview of this Frederick Law Olmsted-designed park，or explore its scenic terrain and stunning views by foot. All trails are flat and accessible for beginners，with self-guided tours and professionally led outings offering many choices. A helicopter ride provides an incredible aerial view of the Falls and the park's foliage.

WINTER

You haven't really experienced the Falls until you've seen them in all their snow-white frosted majesty—and there's no better place to catch a view（and a selfie!）than the park's Prospect Point. Elsewhere in the park，the World Changed Here Pavilion and the Niagara Adventure Theater are open year-round，each providing a terrific introduction and overview of this natural wonder.

SPRING

When the snow has melted and spring arrives，Niagara Falls State Park，with more than 400 acres of lush landscape，reclaims its rightful place as one of the most enchanting places imaginable. Blossoming gardens and abundant sunshine complement awe-inspiring scenery，and the attendant pleasures of relaxing and recreating in the natural world. Birding and hiking are in bloom this time of year，and a number of guided tours are available to make sure that you don't miss a thing.

第12单元

科技英译汉

科技英语汉译指将非人文社科领域的自然科学及工程技术领域的英语文本翻译成汉语文本。科技英语种类内容异常丰富、复杂，可包括理学、工学、医学、农学、新兴交叉学科等诸多学科门类中各个专业领域的文本；语言形式可包括语体正式、程式化、术语化、专业化的论文以及专著、教材等科技文献，还有形式通俗、表达生动但仍具有不同专业程度的科普文章或著作；也有大量科技类文本介于正式文体与通俗文体之间。译者需要首先关注其术语、核心概念、原理、程序等基本要素的翻译，同时尽量关照其文体特点，在汉译文本中体现相应的语言特征。本单元概述科技英语特征，阐述汉译方法，提供译例和练习。

12.1 科技英语语言特征与翻译方法

12.1.1 内容与形式的客观性、事实性

与文学文本的生动、感性、情感、想象形成鲜明对照，科技英语注重文本客观准确的描述与清晰严谨的论述，强调文本的逻辑性和精确度。

例如以下生物、基因工程领域英语文本的汉译：

Plasmid classification

The most useful classification of naturally occurring plasmids is based on the main characteristic coded by the plasmid genes. The five major types of plasmid according to this classification are as follows:

- **Fertility** or **F plasmids** carry only *tra* genes and have no characteristic beyond the ability to promote conjugal transfer of plasmids. A well-known example is the F plasmid of *E. coli*.
- **Resistance** or **R plasmids** carry genes conferring on the host bacterium resistance to one or more antibacterial agents, such as chloramphenicol, ampicillin, and mercury. R

plasmids are very important in clinical microbiology as their spread through natural populations can have profound consequences in the treatment of bacterial infections. An example is RP4, which is commonly found in *Pseudomonas*, but also occurs in many other bacteria.

- **Col plasmids** code for colicins, proteins that kill other bacteria. An example is ColE1 of *E. coli*.
- **Degradative plasmids** allow the host bacterium to metabolize unusual molecules such as toluene and salicylic acid, an example being TOL of *Pseudomonas putida*.
- **Virulence plasmids** confer pathogenicity on the host bacterium; these include the **Ti plasmids** of ***Agrobacterium tumefaciens***, which induce crown gall disease on dicotyledonous plants. (Brown, 2006, p. 16)

质粒的分类

天然存在的质粒的最有用的分类是基于质粒的主要特征来进行的，这种主要特征本质上又是由质粒的基因所决定的。根据这一分类方法，把质粒分为以下 5 种：

(1) 致育 (fertility) 质粒或称 F 质粒 (F plasmid)，仅携带转移基因，并且除了能够促进质粒间有性接合的转移外，不再具备其他的特征，如大肠杆菌中的 F 质粒。

(2) 耐药性 (resistance) 质粒或称 R 质粒 (R plasmid) 携带有能够赋予宿主细菌对某一种或多种抗菌剂的耐药性的基因，如抗氯霉素、氨苄青霉素或水银。R 质粒因其通过正常的繁殖而传播，在临床微生物学上具有重要作用，能够对细菌感染的治疗产生深远的影响，如 RP4，通常在似单胞菌中被发现，但也能够在其他细菌中出现。

(3) Col 质粒 (Col plasmid) 编码大肠杆菌素，一种能够杀死其他细菌的蛋白，比如大肠杆菌的 ColE1 质粒。

(4) 降解质粒 (degradative plasmid) 使宿主菌能够代谢一些通常情况下无法利用的分子，如甲苯和水杨酸，例如，恶臭假单胞菌中的 TOL 质粒。

(5) 毒性质粒 (virulence plasmid) 赋予宿主菌致病性，比如根瘤农杆菌 (Agrobacterium tumefaciens) 中的 Ti 质粒 (Ti plasmid)，能够在双子叶植物中诱导冠瘿瘤。

(布朗著 (2007)，魏群等译，p. 16)

此文本依照基因特征客观界定出 5 种不同的“质粒”及其生物医用性能。其中没有任何主观情感色彩，其词汇的术语性、文体的客观性显而易见。

12.1.2 词汇的专业性与术语化

科技英译词汇的最大特点是术语化、专业性、单一性。据有关统计，70%以上的科技英语词汇来自拉丁语和希腊语，绝大多数医学、兽医学及植物学词汇源于拉丁语、希腊语。此类来源的科技英语词汇保证了词义的稳定性和专用性。另一方面，普通的词汇在科技英语语境中也会拥有特定的专业语义与表达形式，而且同一词汇在不同的专业领域含义也会不同。在翻译中最直接的解决办法就是查对应的英汉专业技术词典，同时也要关注该词的上下文，确定准确、恰当的汉译词语。例如以下科技术语：

单一型科技术语：此类英语科技术语词义固定、单一，汉语也都有固定的术语表达，一般可以在综合性科技英汉词典或专业科技英汉词典查到对应的汉语词语。例如以下的词汇就涵盖采矿、医学、电子、化学、光学、食品科学、天文学等诸多领域：abichite 砷铜矿、abitilguanide 病毒灵、cathode 负极、enthanol 乙醇、fluorinate 氟化、heliofilter 滤光镜、idioelectric 非导体、mutage 断酿、orrery 太阳系仪、orthicon 正析摄像管，等等。

复合型科技术语：此类英语科技术语一般由两个或多个常用词构成，形成固定的不同科技领域的确切含义，相对应的汉语科技术语的形式和内容也都固定不变，因此切忌望文生义。在翻译此类词语时，首先要确定其术语性，然后查相对应领域的科技英汉词典，确定其汉语名称。显而易见，各个领域的科技英汉词典是科技英语汉译的必备工具，需要勤勉查询，以确保译文的准确性和专业性。例如以下术语就包括生物、气象、建筑、冶炼、电子、航空航天、能源、天文等科技学科领域：macrochain 大分子链、nowcast 即时天气预报、sighting pendant 瞄准锤、pendulum relay 摆动子继电器、quench hot 高温淬火、uncontrolled rectifier 非稳压整流器、uncooperative satellite 非协同式卫星、white coal 水力、whole depth 全齿高、Zebra time 世界时间，等等。

缩略语也是科技英语词汇常用的构词手段。其中有部分截缩构词法，如 parachute—chute（降落伞）；首字母缩略构词法，如 Unidentified Flying Object—UFO（不明飞行物）；部分字母构词法，如 telegram exchange—telex（电传），等等。

12.1.3　科技英语文体的正式性和非人称性

科技英语强调书面表达的客观性，表现为形式上的正式性和非人称性。以下英语文本介绍了电子学中万用表的基本知识，包括类型、功能、工作原理等。

MULTIMETERS

There are numerous instruments that let you measure voltages and currents in a circuit. The oscilloscope is the most versatile: it lets you "see" voltages versus time at one or more points in a circuit. Logic probes and logic analyzers are special-purpose instruments for troubleshooting digital circuits. The simple multimeter provides a good way to measure voltage, current, and resistance, often with good precision; however, it responds slowly, and thus it cannot replace the oscilloscope where changing voltages are of interest. Multimeters are of two varieties: those that indicate measurements on a conventional scale with a moving pointer, and those that use a digital display.

The traditional (and now largely obsolete) VOM (volt-ohm-milliammeter) multimeter uses a meter movement that measures current (typically 50μA full scale). (See a less-design-oriented electronics book for pretty pictures of the innards of meter movements: for our purposes, it suffices to say that it uses coils and magnets.) To measure voltage, the VOM puts a resistor in series with the basic movement; for instance, one kind of VOM will generate a 1V (full-scale) range by putting a 20k resistor in series with the standard 50μA movement: higher voltage ranges use correspondingly larger resistors. Such a VOM is specified as 20,000Ω/V, meaning that it looks like a resistor whose value is 20k multiplied by the full-scale voltage of the particular range selected. Full scale on any voltage range is 1/20,000 amps, or 50μA. It should be clear that one of these voltmeters disturbs a circuit less on a higher range, since it looks like a higher resistance (think of the voltmeter as the lower leg of a voltage divider, with the Thévenin resistance of the circuit you are measuring as the upper resistor). Ideally, a voltmeter should have infinite input resistance.

(Horowitz, Hill, 2006, p. 10)

万用表

通常有较多的仪器用于测量电路中的电压与电流。示波器就是最通用的一种。它能让我们“看见”电路中一个点或多个点随时间变化的电压。逻辑探测仪与逻辑分析仪则属于数字电路中排除故障的专用仪器。简单的万用表则提供了一种能以较高精度测量电压、电流与电阻的便利途径。然而，万用表的反应速度慢，它不可能替代示波器用于那些要关注电压变化的场合。现在，万用表有两大类型：用移动的指针在常规刻度盘上显示测量结果，或采用数字显示。

传统的VOM（伏-欧-毫安表）万用表（现已基本弃用）采用一个测量电流满刻度为50μA的表头装置（参见一本面向简单设计的电子学书籍，可以看到这种表头的内部结构图；在此，出于我们的需要，只提及它内部采用了线圈与磁铁）。为了测量电压，这个VOM中有一个电阻与这个基本表头串联。例如，将一个20kΩ的电阻与这个标准50μA的装置串联，即可得到一个测量1V（满刻度）范围的VOM；而用较大阻值的电阻与其相连，则可相应地测量较高的电压范围。这样的VOM规定为20kΩ/V，看起来像一个电阻，阻值为20 kΩ，它总是与选择的一个特定量程满刻度电压值相乘。而在任何电压量程上，其满刻度总是1/20 000，即50μA。现在，我们就明白了较高电压量程的电压表对电路的影响较小，因为它看起来像一个较大的电阻（把这个电压表视为一个分压器的下部支路，而将正在测量的电路的戴维南电阻看成分压器的上部电阻）。理想的期望值是，一个电压表应当具有无限大的输入电阻。

(Paul, Hill, 2017, 吴利民，余国文，欧阳华，梅进杰等译，p. 8)

非人称性自然地体现在与内容相关的主语名词与代词的使用上，如：instruments（仪器）、oscilloscope（示波器）、multimeter(s)（万用表）以及相对应的代词 it（它）、those（汉译中省略）。文中除了少量判断性形容词，没有抒情性形容词。文体的正式性体现在句式及词语表达的规整以及倾向于书面语的表达形式上，如：There are numerous instruments…（There＋be 句型），of interest…，of two varieties…（be＋of＋*n.* 词组构型），It should be clear that…（主语从句）。由于英汉语言在句法与词法上的巨大差异，在实际翻译中，这些形式特点很难彼此对应，但在英汉科技文本中，彼此都形成了各自的写作定式，需要大量阅读相关文本，才能熟悉其定式，以便完成准确地道的科技文本翻译。

12.2　科技英译汉实例

Flyball governors sometimes go into oscillation. Similar behaviors plague many other kinds of control systems, which are often unstable or easily destabilized by small changes in system parameters. These problems attracted the attention of physicists and mathematicians who had a traditional interest in the stability of dynamic systems, especially the solar system. In 1868 Maxwell studied governors as dynamic systems represented by differential equations, and eleven years later Edward Routh found a stability criterion. As applications multiplied and system complexity soared, problems also multiplied whose solutions demanded mathematical analysis. Soon engineers such as Nicolas Minorsky and Harold Hazen took up theories for automatic control. Minorsky analyzed performances of various types of steering servomechanisms in 1922. He carefully studied the performance of human helmsmen, whose skill and knowledge he tried to incorporate in controllers, not only physically but also theoretically. Discovering that the rudder's deviation from its desired position is as important as the rate change of its deviation, he arrived at a clear formulation of the three-term PID (proportional, integral, derivative) controller that corrects transient, steady-state, and destabilizing errors. A similar steering mechanism had been constructed by Elmer Sperry eleven years earlier relying on rational empiricism, but Minorsky's theoretical analysis opened up vast new territory. Partly because of its conceptual clarification, the PID controller has been generalized to many applications and is still in wide use today. (Auyang, 2004, p43)

飞球节速器有时会陷入上下摆动的状态。类似的情况烦扰着许多其他种类的控制系统，这些系统经常也是不稳定的，或者容易受到系统参数微小变化的干扰。这些问题引起了那些对动力系统的稳定性、特别是关于太阳系稳定性问题具有传统兴趣的物理学家和数学家的注意。1868年麦克斯韦（Maxwell）把节速器当作由微分方程表示的动力系统来加以研究，11年以后劳思（Edward Routh）发现了一个稳定性标准。随着应用对象的不断增多和系统复杂性的提高，问题也随之复杂化了，要求用数学分析来解答。不久，米诺斯基（Nicolas Minorsky）和黑曾（Harold Hazen）等工程师提出了自动控制理论。1922年，米诺斯基分析了各种类型的驾驶伺服机构。他仔细研究了舵手们的人工操作，力图把他们的技能与知识不仅在自然形态上，而且在理论上结合到控制器里去。他发现，知道船舵偏离了所要求的位置与知道它的偏离变化率一样重要，并得出了清晰表述的三个项：比例、积分和微分公式（即 PID）。他研制的这种 PID 控制器能够纠正瞬时的、静态的，以及不稳定性的误差。虽说早在此 11 年前，斯佩里（Elmer Sperry）依靠理性经验主义已经造出了一个类似的操舵装置，但是正是米诺斯基的理论分析开拓了巨大的新领域。PID 控制器已推广到很多应用领域，直到今天仍在广泛使用，部分原因在于它在概念澄清方面的作用。

（欧阳莹之，2008，李啸虎，吴新忠，闫宏秀译，p. 52）

该文本介绍了控制系统装置节速器的研究与演变，属于工程学领域。翻译之前首先要明确其介绍对象、术语、专有名词、描述结构、重点概念等基本要素。对象是工程学中一种控制系统装置节速器。查英汉科技词典翻译其中科技术语：Flyball governors，control systems，system parameters，dynamic systems，stability criterion，automatic control，steering servomechanisms，controllers，rudder，three-term PID（proportional，integral，derivative）controller。查英汉人名词典翻译人名：Maxwell，Edward Routh，Nicolas Minorsky，Harold Hazen，Elmer Sperry。对不熟悉的术语和人名都需要通过查专业词典给出准确专业的汉译。该文本的描述结构基本是按照科学家的研究发明时间顺序排列，其中包括重要的概念和节点，如：数学分析、自动控制理论、以研究船舵操作为例得出比例、积分和微分公式、发明 PID 控制器、自动控制理论分析与概念的澄清开拓了巨大领域、PID 控制器至今仍广泛使用，等等。在把握好以上诸多要素后，还需要考虑原文的文体风格，在关注其客观真实性的同时，还要考虑其逻辑性以及描述科学家活动的连贯性和一定的再现性。考虑到以上诸多要素才能翻译出准确、专业、流畅的汉语文本。

科技英译汉练习

1.

Hedgehogs Host the Evolution of Antibiotic Resistance

Hedgehogs are a lot of things. They're small and spiky，covered in quills. And some people even say they're cute. Now，a new study says that they are also the origin of resistance to methicillin，an antibiotic derived from penicillin. That pointed observation appears in the journal *Nature*.

Antibiotic resistance is a huge clinical problem. And methicillin-resistant *Staphylococcus aureus* … otherwise known as M-R-S-A or MRSA … can be difficult to treat as many have developed resistance to a handful of our frontline therapeutics.

Historically, it has been assumed that resistance in disease-causing bacteria, including Staph aureus, is a modern phenomenon driven by clinical use of antibiotics.

Methicillin resistance was thought to be tied to prescription, in part because methicillin-resistant bugs were first isolated from British hospitals just a year after the drug became available for clinical use.

But a couple of years ago we found out by chance that MecC M-R-S-A is present in more than 60 percent of hedgehogs from Denmark and Sweden.

What's MecC M-R-S-A? Methicillin and penicillin belong to the so-called "beta lactam" family of antibiotics. They kill bacteria by inhibiting enzymes the bugs use to build their protective cell walls. MecC … and a related gene MecA … encode versions of the enzymes that the antibiotics don't latch onto as well.

Staph aureus bacteria that carry these genes are therefore resistant to most beta lactam antibiotics.

But where did these resistance genes come from? They've been spotted not only in folks with staph infections, but in livestock … like pigs and cattle … and in some wild animals. And in Sweden, Larsen found that MecC is really common in hedgehogs.

So the big question was why hedgehogs carry so much MecC MRSA.

To find out, Larsen went to the library and he came across an old study from the 1960s which showed that a particular fungus in hedgehogs is able to produce a penicillin-like antibiotic that is very similar to methicillin.

So hedgehogs with this particular skin fungus would naturally be exposed to penicillin. And that could have launched an evolutionary arms race that drove the hedgehog's resident bacteria to evolve resistance.

This was a real eureka moment and led us to hypothesize that wild hedgehogs have been a natural reservoir of MecC MRSA long before penicillin and methicillin came on the market.

To confirm this suspicion, Larsen and his colleagues screened hedgehogs from Europe and New Zealand and found that hedgehogs in Scandinavia and the UK harbor a heavy load of MecC MRSA. And they also found that the fungus carried by those hedgehogs had all the genes they needed to produce penicillin.

We then went on and sequenced and analyzed the genomes of around one thousand

MecC MRSA isolates. Which showed that they first appeared in hedgehogs in the early 1800s long before we started to use antibiotics in human and veterinary medicine.

Now, that doesn't mean that we should feel free to use antibiotics all over the place, because it's not our fault…it's the hedgehogs'. Because if having antibiotics around encourages bacteria to evolve resistance, taking antibiotics away robs them of their superpower…and leaves them a little bit weaker than their non-resistant kin.

It is often very energy consuming to produce the enzymes that inactivate the antibiotics. This means that resistant bacteria will often be outcompeted by susceptible bacteria in periods when they are not exposed to antibiotics.

So if we really want to show MRSA no mercy, we should keep the methicillin to a minimum. And maybe keep at least a quills-length away from Scandinavian hedgehogs.

methicillin：*n.* 甲氧西林

penicillin：*n.* 青霉素

Staphylococcus aureus：金黄色葡萄球菌

lactam：*n.* 内酰胺

（领研网，2022/06/23）

2.

Nutrition Guidelines Healthy for the Planet, Too

You know those nutrition guidelines the government issues every few years? It turns out that following them isn't just good for your health. It's good for the planet, too.

"What we found is that impacts vary across nations, but in the high-impact nations, in general, you can see that, if you follow a nationally recommended diet, despite the fact that these diets don't mention explicitly—or most of them don't explicitly mention—environmental impacts, that you are going to have lower environmental impacts due to that. So that's sort of fairly clear across all the high-income nations," said Paul Behrens, an environmental scientist at Leiden University in the Netherlands.

The food we eat takes a big toll on the environment. A third of the ice-free land on Earth is used for agriculture, and according to some estimates, producing food accounts for roughly a fifth of all human-caused greenhouse gas emissions. Fertilizer runoff also leads to other problems, like the algae blooms in Lake Eerie and the Dead Zone in the Gulf of Mexico.

However, following dietary guidelines would reduce those impacts, especially in wealthy countries like the US. "Most of the reductions come from meat and dairy," which have an outsized impact on land use and pollution, and are a major source of greenhouse gases.（That's partly due to cow farts. Seriously.）Heeding recommendations would also mean eating fewer calories，since many people here eat more than they need.

Overall，in high-income countries，Behren's team estimates that following the rules could result in as much as a 17 percent reduction in land use，a 21 percent reduction in nutrient pollution，and a 25 percent drop in agricultural greenhouse gas emissions. Cutting down on how much food we waste—which is roughly a third in the US—could help even more. The results are in the *Proceedings of the National Academy of Sciences*.

Of course，people are notoriously bad at following diets. But：“These nationally recommended guidelines do actually have a knock-on effect to other areas of policy making. So if I'm developing a new healthy-eating-for-schools program then that's going to be based off a lot of detail that I get from the nationally recommended guidelines. So while it might not necessarily be the case that people follow directly… they actually are quite influential on the preparation of other advice.”

It seems that a smaller environmental footprint and a healthier lifestyle could go hand in hand.

runoff：*n.* 地表径流

knock-on effect：连锁反应

（领研网，2022/06/30）

参考文献

白贵（2018），《当代新闻写作》，北京：中国人民大学出版社。

（英）布朗（2007），魏群等译，《基因克隆和DNA分析（第五版）》，北京：高等教育出版社。

曹明伦（2019），《英汉翻译二十讲》（增订版），北京：商务印书馆。

陈福康（1992），《中国译学理论史稿》，上海：上海外语教育出版社。

崔永禄（2001），《文学翻译佳作对比赏析》，天津：南开大学出版社。

方梦之（2011），《中国译学大辞典》，上海：上海外语教育出版社。

冯庆华（2010），《实用翻译教程》，上海：上海外语教育出版社。

傅敬民，张顺梅，薛清（2005），《英汉翻译辨析》，北京：中国对外翻译出版公司。

华先发，邵毅（2004），《新编大学英译汉教程》，上海：上海外语教育出版社。

黄忠廉等（2009），《翻译方法论》，北京：中国社会科学出版社。

杰里米·芒迪（2014），《翻译学导论：理论与应用》，李德凤等译，北京：外语教学与研究出版社。

靳梅琳（1995），《英汉翻译概要》，天津：南开大学出版社。

连淑能（2006），《英译汉教程》，北京：高等教育出版社。

李长栓（2020），《联合国文件翻译 译·注·评/翻译名师讲评系列》，北京：清华大学出版社。

刘宓庆（2019），《文体与翻译》，北京：中译出版社。

李运兴（2003），《语篇翻译引论》，北京：中国对外翻译出版公司。

吕俊，侯向群（2001），《英汉翻译教程》，上海：上海外语教育出版社。

罗新璋（1984），《翻译论集》，北京：商务印书馆。

骆正林（2010），《新闻理论教程》，北京：北京大学出版社。

吕叔湘（2014），《中国文法要略》，北京：商务印书馆。

马会娟（2014），《汉英文化比较与翻译》，北京：中国对外翻译出版公司。

穆雷（2008），《英汉翻译基础教程》，北京：高等教育出版社。

（美）Paul Horowitz，Winfield Hill 著（2017），吴利民，余国文，欧阳华，梅进杰等译，《电子学》（第2版），北京：电子工业出版社。

彭宣维（2001），《英汉语篇综合对比》，上海：上海外语教育出版社。

钱歌川（1982），《翻译的技巧》，北京：商务印书馆。

秦洪武，王克非（2010），《英汉比较与翻译》，北京：外语教学与研究出版社。

王海等（2011），《传媒翻译概论》，广州：暨南大学出版社。

王宏印（2010），《文学翻译批评论稿》，上海：上海外语教育出版社。

吴波（2011），《新闻翻译：理论与实践》，杭州：浙江大学出版社。

谢天振等（2009），《中西翻译史》，北京：外语教学与研究出版社。

徐莉娜（2014），《英汉翻译原理》，北京：上海外语教育出版社。

许建平（2003），《英汉互译——实践与技巧》（第二版），北京：清华大学出版社。

许均（2009），《翻译概论》，北京：外语教学与研究出版社。

（美）欧阳莹之（2008），李啸虎，吴新忠，闫宏秀译，《工程学——无尽的前沿》，上海：上海科技教育出版社。

叶子南（2008），《高级英汉翻译理论与实践》（第 2 版），北京：清华大学出版社。

叶子南（2013），《认知隐喻与翻译实用教程》，北京：北京大学出版社。

张培基（2009），《英汉翻译教程》（修订本），上海：上海外语教育出版社。

郑保卫（2012），《新闻理论教程》，北京：北京师范大学出版社。

（领研网 2022/06/23ce）

中华人民共和国国家质量监督检验检疫总局，中国国家标准化管理委员会（2005），《中华人民共和国国家标准 GB/T 19682—2005：翻译服务译文质量要求（Target Text Quality Requirements for Translation Services）》。

Auyang, S. Y. (2004). *Engineering: An Endless Frontier*. Cambridge: Harvard University Press.

Bassnett, S. (2010). *Translation Studies* (3rd Ed.). Shanghai: Shanghai Foreign Language Education Press, 2010.

Brown, T. A. (2006). *Gene Cloning and DNA Analysis: An Introduction* (5th Ed). Oxford: Blackwell.

Dryden, J. (1970). *John Dryden: Selected Criticism*. Ed. James Kinsley and George Parfitt. Oxford: Oxford University Press.

Horowitz, P, Hill, W. (2006). *The Art of Electronics* (2nd Ed). Cambridge: Cambridge University Press.

Munday, J., Pinto, S. R. and Blakesley, J. (2022). *Introducing Translation Studies: Theories and Applications*. London: Routledge.

Newmark, P. (2001). *Approaches to Translation*. Shanghai: Shanghai Foreign Language Education Press.

Robinson, D. (2006). *Western Translation Theory from Herodotus to Nietzsche*.

Beijing：Foreign Language Teaching and Research Press.

2020—2022 英美新闻报刊、电视台及通讯社：

ABC News

Associated Press

BBC

CNN

China Daily

Financial Times

NBC NEWS

NPR

The Guardian

The New York Times

The Sun

The Times

The Washington Post

USA TODAY

图书在版编目（CIP）数据

英汉笔译教程/朱源，李慧明，庞建荣主编．-- 北京：中国人民大学出版社，2024.5
ISBN 978-7-300-32216-2

Ⅰ．①英… Ⅱ．①朱… ②李… ③庞… Ⅲ．①英语-翻译-高等学校-教材 Ⅳ．①H315.9

中国国家版本馆 CIP 数据核字（2023）第 183239 号

英汉笔译教程
主编 朱 源 李慧明 庞建荣
编者 朱 源 李慧明 庞建荣 牛云平 张 乐
Yinghan Biyi Jiaocheng

出版发行	中国人民大学出版社		
社　　址	北京中关村大街 31 号	**邮政编码**	100080
电　　话	010－62511242（总编室）		010－62511770（质管部）
	010－82501766（邮购部）		010－62514148（门市部）
	010－62515195（发行公司）		010－62515275（盗版举报）
网　　址	http://www.crup.com.cn		
经　　销	新华书店		
印　　刷	北京昌联印刷有限公司		
开　　本	787 mm×1092 mm　1/16	**版　　次**	2024 年 5 月第 1 版
印　　张	15	**印　　次**	2024 年 5 月第 1 次印刷
字　　数	318 000	**定　　价**	49.00 元

中国人民大学出版社读者信息反馈表

尊敬的读者：

感谢您购买和使用中国人民大学出版社的________________一书，我们希望通过这张小小的反馈卡来获得您更多的建议和意见，以改进我们的工作，加强我们双方的沟通和联系。我们期待着能为更多的读者提供更多的好书。

请您填妥下表后，寄回或传真回复我们，对您的支持我们不胜感激！

1. 您是从何种途径得知本书的：

□书店　□网上　□报纸杂志　□朋友推荐

2. 您为什么决定购买本书：

□工作需要　□学习参考　□对本书主题感兴趣　□随便翻翻

3. 您对本书内容的评价是：

□很好　□好　□一般　□差　□很差

4. 您在阅读本书的过程中有没有发现明显的专业及编校错误，如果有，它们是：

____

____

____

5. 您对哪些专业的图书信息比较感兴趣：

____

____

____

6. 如果方便，请提供您的个人信息，以便于我们和您联系（您的个人资料我们将严格保密）：

您供职的单位：______________________________

您教授的课程（教师填写）：____________________

您的通信地址：______________________________

您的电子邮箱：______________________________

请联系我们：黄婷　程子殊　王新文　王琼　鞠方安

电话：010-62512737，62513265，62515580，62515573，62515576

传真：010-62514961

E-mail：huangt@crup.com.cn　chengzsh@crup.com.cn　wangxw@crup.com.cn

crup_wy@163.com　jufa@crup.com.cn

通信地址：北京市海淀区中关村大街甲 59 号文化大厦 15 层　邮编：100872

中国人民大学出版社